Christoph Menzel

Bestandsentwicklung von Wohnimmobilien

**AUS FORSCHUNG UND PRAXIS
BAND 12**

Christoph Menzel

Bestandsentwicklung von Wohnimmobilien

Schriftenreihe des Instituts für Baubetriebswesen
der Technischen Universität Dresden
Herausgegeben von Prof. Dr.-Ing. R. Schach

expert verlag

Bibliografische Information der Deutschen Bibliothek
Die Deutsche Bibliothek verzeichnet diese Publikation
in der Deutschen Nationalbibliografie;
detaillierte bibliografische Daten sind im Internet über
http://dnb.ddb.de abrufbar.

Bibliographic Information published by Die Deutsche Bibliothek
Die Deutsche Bibliothek lists this publication
in the Deutsche Nationalbibliografie;
detailed bibliographic data are available in the internet at
http://dnb.ddb.de.

Der vorliegende Band 12 der Schriftenreihe des Instituts für Baubetriebswesen wurde durch die Fakultät Bauingenieurwesen der Technischen Universität Dresden als Dissertationsschrift *„Entwicklung von Immobilienportfolios am Beispiel von Wohnungsbeständen"* angenommen und am 22.03.2012 in Dresden verteidigt.

ISBN-13: 978-3-8169-3087-7

Bei der Erstellung des Buches wurde mit großer Sorgfalt vorgegangen; trotzdem können Fehler nicht vollständig ausgeschlossen werden. Verlag und Autoren können für fehlerhafte Angaben und deren Folgen weder eine juristische Verantwortung noch irgendeine Haftung übernehmen. Für Verbesserungsvorschläge und Hinweise auf Fehler sind Verlag und Autoren dankbar.

© 2012 by expert verlag, Wankelstraße 13, D-71272 Renningen
Tel.: +49 (0) 7159-9265-0, Fax: +49 (0) 7159-9265-20
E-Mail: expert@expertverlag.de, Internet: www.expertverlag.de
http://www.expertverlag.de
Alle Rechte vorbehalten
Printed in Germany

Das Werk einschließlich aller seiner Teile ist urheberrechtlich geschützt. Jede Verwertung außerhalb der engen Grenzen des Urheberrechtsgesetzes ist ohne Zustimmung des Verlags unzulässig und strafbar. Dies gilt insbesondere für Vervielfältigungen, Übersetzungen, Mikroverfilmungen und die Einspeicherung und Verarbeitung in elektronischen Systemen.

Vorwort des Herausgebers

In Deutschland wohnt etwa 53 % der Bevölkerung in Mietwohnungen. Ein nicht unbeträchtlicher Teil der Mietwohnungen wird von Genossenschaften und Wohnungsbauunternehmen gehalten, die teilweise in privatem, in vielen Fällen jedoch in kommunalen Besitz sind. Die Wohnungsbestände dieser Gesellschaften gehen von einigen wenigen bis zu zehntausenden von Wohnungen. Da sich verschiedene Randbedingungen permanent ändern, sind alle Gesellschaften gezwungen, ihren Wohnungsbestand kontinuierlich den Bedürfnissen der potenziellen Mieter anzupassen. Nur unter diesen Bedingungen ist eine hohe Vermietungsquote erreichbar. Dies ist die Grundlage für den wirtschaftlichen Erfolg der Gesellschaften.

Als Randbedingungen, die sich in den vergangenen Jahren als besondere Herausforderungen dargestellt haben, sind insbesondere die demografische Entwicklung der Gesellschaft und der gesellschaftliche Konsens zu sehen, dass Wohnungen möglichst wenig Energie verbrauchen sollten (Niedrigenergiehaus, Passivhaus). Die demografische Entwicklung zeichnet sich dadurch aus, dass die deutsche Bevölkerung zunehmend älter wird. Mit der vorliegenden Arbeit nimmt der Autor diese Fragestellungen auf und beschäftigt sich in einem zentralen Teil der Arbeit mit den Anforderungen an Wohnungsbestände, die sich aus der demografischen Entwicklung ergeben. Grundlage hierfür ist eine breit angelegte empirische Untersuchung. Die Ergebnisse sind hoch interessant und wurden zum Teil auch von Fachleuten so nicht erwartet.

Die Kenntnisse über die Erwartungen von Mietern an Wohnungen sind Grundlage einer Weiterentwicklung eines existierenden Wohnungsportfolios. Als grundlegende Alternativen kommen Neubau von Wohnungen, Reduktion des Wohnungsbestandes durch Verkauf oder Abbruch und schließlich die Sanierung von Wohnungen in Frage. Für die Beurteilung der optimalen Strategie zur Weiterentwicklung eines Wohnungsportfolios entwickelt der Autor ein multikriterielles Zielsystem, das wirtschaftliche Gesichtspunkten, Funktionsfaktoren und Gestaltungsfaktoren einbezieht. Zur Lösung des Systems verwendet der Autor die Nutzwertanalyse.

Die Anwendung des vorgestellten Verfahrens wird durch ein Beispiel erläutert und ist für die praktische Anwendung leicht nachvollziehbar, kann an spezifische Festlegungen leicht adaptiert werden und kann somit eine wissenschaftlich fundierte Grundlage für die Entscheidungsträger in Wohnungsgesellschaften bilden.

Es wäre sehr erfreulich, wenn das vom Autor vorgestellte Modell zur Entwicklung von Immobilienportfolios in der Praxis eine möglichst breite Akzeptanz findet und damit die schwierigen Entscheidungsprozesse bei der Portfolioentwicklung innerhalb der Wohnungsgesellschaften transparenter gestaltet werden kann.

Dresden, im Mai 2012   Prof. Dr.-Ing. Rainer Schach

Vorwort des Verfassers

Die Prämissen, welche mit dem demografischen Wandel verbunden sind, bilden derzeit ein paradoxes Bild. Einerseits vor allem wegen der zu erwartenden negativen Auswirkungen auf die sozialen Sicherungssysteme, den Arbeitsmarkt und die Innovationsfähigkeit der Wirtschaft. Andererseits sind sich die Unternehmen der Immobilien- und Wohnungswirtschaft dieser soziodemografischen Herausforderung oftmals bewusst und sehen gerade in der Zielgruppe der älteren Menschen als zahlungskräftige potenzielle Mieter eine Chance. Ein weiterer Ansatzpunkt, welchen die Unternehmen dabei verstärkt in den Fokus ihrer Betrachtung ziehen, sind die sozioökonomischen Erfordernisse, welche sich durch das Ansteigen der Kosten für die Energieträger des Wohnens ergeben. So ist die bauphysikalische und damit insbesondere energetische Ertüchtigung der Bestandsgebäude Basis für eine hohe Energieeffizienz bei der Bewirtschaftung der Immobilie.

Der Sachverhalt der Entwicklung von Immobilienportfolios ist letztendlich somit in Forschung und gesellschaftlichem Kontext von großer Bedeutung. Eine der zentralen Fragen für die Unternehmen der Wohnungswirtschaft lautet dabei: „Wie gelingt es durch Veränderungen des eigenen Produktportfolios von Wohnimmobilien den Bedürfnissen und Erwartungen der Kunden zu entsprechen und somit letztendlich im Wettbewerb bestehen zu können?"

Im Rahmen dieser in der Zeit von 2006 bis 2012 entstandenen Arbeit wurden mehrere thematisch verwandte Forschungsarbeiten begleitet und substanziell mit bearbeitet. Sie bildeten den Ansatzpunkt, um Entwicklungspotenziale für Immobilienunternehmen zu analysieren und daraus resultierend Empfehlungen abzuleiten. Darauf aufbauend wurde mit einem methodischen Ansatz eine Bewertungsmethode zur Bestandsentwicklung von Wohnimmobilien entwickelt. Diese ist letztendlich die Basis für ein strategisches Analyseinstrument und bietet den am Markt aktiven Unternehmen ein Entscheidungshilfsmittel zur Weiterentwicklung des eigenen Produktportfolios.

Für die Betreuung und Begleitung der vorliegenden Arbeit bedanke ich mich bei folgenden Personen ganz herzlich: Allen voran bei Herrn Prof. Dr.-Ing. Rainer Schach für die anregenden Diskussionen und die kritische, aber stets konstruktive und intensive Begleitung dieser Arbeit, gleicher Dank gebührt Herrn Prof. Dr.-Ing. Hans-Joachim Bargstädt M. Sc., der als Gutachter den Prozess mit wertvollen Hinweisen unterstützte.

Bedanken möchte ich mich weiterhin bei meinen Eltern und besonders bei meiner Frau Mireille sowie meinen Söhnen Oliver, Gideon und Jonas für ihren Ansporn. Durch ihre beharrliche Unterstützung ist es Ihnen gelungen, mir die notwendigen Freiräume für das Erstellen der Arbeit zu gewähren und dabei ebenfalls persönliche Bestrebungen nicht aus den Augen zu verlieren.

Dresden, im Mai 2012   Christoph Menzel

Inhaltsverzeichnis

Abbildungsverzeichnis XIII

Anlagenverzeichnis XV

Abkürzungsverzeichnis XVII

1   Einführung 1
1.1   Problemstellung der Arbeit 2
1.2   Ziel und Abgrenzung der Arbeit 4
1.3   Aufbau und Lösungsweg der Arbeit 5
2   Demografische Entwicklung und ihre Auswirkungen auf Wohnungsmärkte 7
2.1   Demografische Entwicklungen 8
2.1.1   Entwicklung der Bevölkerung 9
2.1.2   Entwicklung der Haushalte 11
2.1.3   Entwicklung der Wohnraumnachfrage 13
2.1.4   Entwicklung der sozioökonomischen Rahmenbedingungen 15
2.2   Analyse der Wohnungsmärkte 17
2.2.1   Entwicklung der Marktlage 17
2.2.2   Entwicklung der Kosten für das Wohnen 19
2.2.3   Entwicklung der Wohnraumangebote 20
2.3   Analyse der Wohnungsbestände 21
2.3.1   Der Lebenszyklus einer Immobilie 22
2.3.2   Betrachtung der wirtschaftlichen Nutzungs- und der technischen Lebensdauer eines Gebäudes 24
2.3.3   Beeinflussende Parameter 25
3   Anforderungen an die Bestandsentwicklung von Wohnungsunternehmen 29
3.1   Wohnungsnachfrageentwicklung durch demografische Veränderungen 31

3.1.1 Demografische Einflussfaktoren auf die Bevölkerungs- und Haushaltsentwicklung 32

3.1.2 Auswirkungen des demografischen Wandels auf den Wohnungsbestand 33

3.2 Innovative Dienstleistungen rund um das Wohnen 35

3.2.1 Wohnangebote im Bestand in Kombination mit Serviceangeboten 37

3.2.2 Berücksichtigung wirtschaftlicher Prämissen der Dienstleistungen 38

3.3 Untersuchung zur nachhaltigen Bestandsentwicklung 38

3.3.1 Wohnbedürfnisse älterer Menschen 39

3.3.2 Beschreibung von Maßnahmen für lebenslanges Wohnen im Bestand 40

3.3.3 Sicherheitsbedürfnis mit zunehmendem Alter 42

3.3.4 Bauphysikalische Anforderungen an die Bestandsentwicklung 43

3.3.4.1 Gesetzliche Forderungen 46

3.3.4.2 Wirtschaftliche Lösungsansätze 48

3.3.4.3 Nutzer-Investor-Dilemma 54

4 Entwicklung der Anforderungsprofile 57

4.1 Entwicklung eines Fragebogens 57

4.1.1 Analysemethode der Befragung 58

4.1.2 Anwendung des Fragebogens 60

4.1.3 Verfahren zur Auswertungsmethodik 61

4.2 Demografischer Wandel und Wohnansprüche älterer Menschen 62

4.2.1 Ergebnisanalyse der Nutzerbefragung 63

4.2.1.1 Ergebnisanalyse der Nutzerbefragung - Wohnumfeld 64

4.2.1.2 Ergebnisanalyse der Nutzerbefragung - Wohngebäude 66

4.2.1.3 Ergebnisanalyse der Nutzerbefragung - Wohnung 70

4.2.1.4 Ergebnisanalyse der Nutzerbefragung - wohnbegleitende Dienstleistungen 73

4.2.2 Ergebnisanalyse der Nutzerbefragung - Regionale Betrachtungen 80

4.2.3	Ergebnisanalyse der Nutzerbefragung - Prioritäten der Anpassungsmaßnahmen	83
4.2.4	Ergebnisanalyse der Nutzerbefragung - Zusammenfassende Betrachtung	85
5	Bestandsentwicklung von Wohnungsunternehmen in der Anwendung	87
5.1	Entwicklungsstrategie zur Bestandsentwicklung	88
5.1.1	Vorüberlegungen	88
5.1.2	Wirtschaftliche Betrachtung der erfolgten Nutzerbefragung	90
5.1.2.1	Standardisierungsansatz für eine nachhaltige Bestandsentwicklung	92
5.1.2.2	Kooperationsansatz für eine nachhaltige Bestandsentwicklung	93
5.1.2.3	Effizienz von Sanierungsmaßnahmen	95
5.1.2.4	Implementierung der Sanierungsmaßnahmen unter wirtschaftlichen Prämissen	97
5.2	Entwicklungsstrategie zur Bestandsentwicklung - Multidimensionaler Ansatz	98
5.2.1	Methodische Ansätze für Bewertungsverfahren	101
5.2.2	Multidimensionale Betrachtung von Zielkriterien	105
5.2.3	Modell der Analyse von Maßnahmen zur Bestandsentwicklung	107
5.2.4	Bewertungsanalyse von Maßnahmen zur Bestandsentwicklung in der Anwendung	112
5.2.5	Verifikation der Bestandsentwicklungsanalyse von Wohnimmobilien	114
5.3	Entwicklungspotenziale von Immobilienunternehmen	115
6	Schlussbetrachtung	117
6.1	Zusammenfassung und Ergebnisse der Arbeit	117
6.2	Ausblick	119
Literaturverzeichnis		121
Anlagenverzeichnis		137

Abbildungsverzeichnis

Abbildung 1: Die Maslowsche Bedürfnispyramide 1
Abbildung 2: Besonderheiten des Wohnungsmarktes 4
Abbildung 3: Bevölkerungsentwicklung bis 2060 9
Abbildung 4: Entwicklung der Altersstruktur bis 2060 10
Abbildung 5: Entwicklung der durchschnittlichen Haushaltsgröße 11
Abbildung 6: Entwicklung der Haushalte bis 2050 13
Abbildung 7: Wohnfläche je Haushalt in m² 14
Abbildung 8: Struktur der Haushalte bis 2050 15
Abbildung 9: Struktur der Konsumausgaben privater Haushalte 2003 16
Abbildung 10: Entwicklung der Fluktuationsrate in deutschen Großstädten 18
Abbildung 11: Entwicklung der Verbraucherpreise für das Wohnen 19
Abbildung 12: Wohnungsleerstand in Ost und West 1994 - 2010 20
Abbildung 13: Lebenskosten im Wohnungsbau 22
Abbildung 14: Lebenszyklusphasen (zyklische Darstellung) 24
Abbildung 15: Kostenbeeinflussbarkeit einer Immobilie 26
Abbildung 16: Endenergieverbrauch 2006 43
Abbildung 17: Anteil energetischer Wohnungssanierungen seit 1990 44
Abbildung 18: Hebel zur Senkung des Energieverbrauchs in Gebäuden 45
Abbildung 19: Wirtschaftlichkeit von Modernisierungsmaßnahmen 47
Abbildung 20: Den energetischen Standard beeinflussende Faktoren 50
Abbildung 21: Energiepreisprognose bis zum Jahr 2030 51
Abbildung 22: Wohnkostenprognose bei sanierten und unsanierten Immobilien 53
Abbildung 23: Refinanzierung energiesparender Maßnahmen 54
Abbildung 24: Mögliche Lösung mittels „Ökoeffizienzzuschlag" 55
Abbildung 25: Forschungsmethoden für empirische Erhebungen 59
Abbildung 26: Soziale Situation der Befragung 60
Abbildung 27: Anwendung des Fragebogens 61
Abbildung 28: Statistische Verfahren in SPSS 62

Abbildung 29: Nutzerbefragung - Wohnzufriedenheit ... 63
Abbildung 30: Merkmale Wohnumfeld ... 65
Abbildung 31: Anzahl vorhandener Ausstattungsmerkmale im Wohnumfeld ... 66
Abbildung 32: Merkmale Wohngebäude ... 67
Abbildung 33: Erreichbarkeit der Wohnung ... 68
Abbildung 34: Ausstattungsmerkmal Aufzug ... 69
Abbildung 35: Anzahl Ausstattungsmerkmale im Wohngebäude ... 69
Abbildung 36: Anzahl Ausstattungsmerkmale in der Wohnung ... 70
Abbildung 37: Erreichbarkeit der Wohnung ... 71
Abbildung 38: Sicherheit und Komfort ... 72
Abbildung 39: Nutzung des Badezimmers ... 73
Abbildung 40: Art der wohnbegleitenden Dienstleistungen ... 74
Abbildung 41: Wohnbegleitende Dienstleistungen differenziert nach dem Alter ... 76
Abbildung 42: Wohnbegleitende Dienstleistungen differenziert nach Haushaltsgröße ... 77
Abbildung 43: Art der Hilfe bei Einschränkungen ... 78
Abbildung 44: Bereitschaft zur Inanspruchnahme professioneller Hilfe ... 79
Abbildung 45: Bereitschaft zum Einsatz neuester Technik ... 79
Abbildung 46: Nutzerbefragung - Ausstattungsmerkmale differenziert nach Regionen 80
Abbildung 47: Nutzerbefragung - finanzielle Möglichkeiten zur Mieterhöhung ... 82
Abbildung 48: Nutzerbefragung - einkommensbezogene Mieterhöhungsmöglichkeit . 83
Abbildung 49: Nutzerbefragung - wichtigste Maßnahmen ... 84
Abbildung 50: Wachstumsplanung vs. Bestandsentwicklung ... 89
Abbildung 51: Strategiefelder der Wohnungsunternehmen ... 99
Abbildung 52: Entwicklungsstrategie zur Bestandsentwicklung ... 100
Abbildung 53: Schematischer Ablauf der Nutzwertanalyse ... 103
Abbildung 54: Schematischer Ablauf des Entscheidungsablaufes ... 104
Abbildung 55: Multidimensionale Zielkriterien ... 107
Abbildung 56: Vorgaben zur Bewertung der Zielkriterien ... 109
Abbildung 57: Gewichtungsmatrix zur Bewertungsanalyse ... 111

Anlagenverzeichnis

Anlage 1: Fragebogen zum Thema „Selbstständiges Wohnen im Alter" 137

Anlage 2: Amortisationsrechnung über Umlage nach § 559 BGB 141

Anlage 3: Amortisationsrechnung über Umlage in Anlehnung an § 559 BGB 143

Anlage 4: Amortisationsrechnung für geringinvestive Maßnahmen 145

Anlage 5: Aufzugsanbau Maßnahmenbeispiel 1 -
Nutzwertanalyse zur Bestandsentwicklung von Wohnimmobilien
Ermittlung Gesamtnutzwert für Einzelmaßnahme 146

Anlage 6: Aufzugsanbau Maßnahmenbeispiel 2 -
Nutzwertanalyse zur Bestandsentwicklung von Wohnimmobilien
Ermittlung Gesamtnutzwert für Einzelmaßnahme 147

Anlage 7: Methode der Bestandsentwicklung 148

Abkürzungsverzeichnis

Abb.	Abbildung
BBR	Bundesamt für Bauwesen und Raumordnung
BBU	Verband Berlin-Brandenburgischer Wohnungsunternehmen e. V.
BFW	Bundesverband Freier Immobilien- und Wohnungsunternehmen e. V.
BGB	Bürgerliches Gesetzbuch
BiB	Bundesinstitut für Bevölkerungsforschung
BMBF	Bundesministerium für Bildung und Forschung
BMFSFJ	Bundesministerium für Familie, Senioren, Frauen und Jugend
BMI	Bundesministerium des Innern
BMVBS	Bundesministerium für Verkehr, Bau und Stadtentwicklung
BMVBW	Bundesministerium für Verkehr, Bau- und Wohnungswesen
BMWi	Bundesministerium für Wirtschaft und Technologie
BSI	Bundesvereinigung Spitzenverbände der Immobilienwirtschaft
bzw.	beziehungsweise
DESTATIS	Statistisches Bundesamt Deutschland
d. h.	das heißt
DIN	Deutsche Industrie-Norm
EEG	Erneuerbare-Energien-Gesetz
EFH	Einfamilienhäuser
EnEV	Energieeinsparverordnung
etc.	et cetera
EUR	Euro
ExWoSt	Experimenteller Wohnungs- und Städtebau
f.	folgende Seite
ff.	folgende Seiten
FM	Facility Management
GdW	Bundesverband deutscher Wohnungs- und Immobilienunternehmen e.V.

GEFMA	German Facility Management Association - Deutscher Verband für Facility Management e.V.
ggf.	gegebenenfalls
Hrsg.	Herausgeber
HOAI	Honorarordnung für Architekten und Ingenieure
i. d. R.	in der Regel
IKEP	Integriertes Klima- und Energieprogramm
IW	Institut der deutschen Wirtschaft
IWU	Institut Wohnen und Umwelt GmbH
KfW	Kreditanstalt für Wiederaufbau
MFH	Mehrfamilienhäuser
Mio.	Million
ÖPNV	Öffentlicher Personennahverkehr
OG	Obergeschoss(e)
RRZN	Regionales Rechenzentrum für Niedersachsen
S.	Seite
SGB	Sozialgesetzbuch
SOEP	Sozio-oekonomisches Panel
sog.	so genannte
SPSS	Superior Performing Software Systems
u. a.	unter anderem
u. v. m.	und vieles mehr
UEPC	European Union of Developers and House Builders
VdW	Verband der Wohnungs- und Immobilienwirtschaft
vs.	versus
VSWG	Verband der Sächsischen Wohnungsgenossenschaften
WE	Wohneinheit(en)
z. B.	zum Beispiel
ZFH	Zweifamilienhäuser

1 Einführung

Die Immobilienwirtschaft als unternehmerische Wohnungswirtschaft[1] ist eine langfristig orientierte Branche. Ihre materiellen Vermögenswerte haben eine Lebensdauer von mehreren Jahrzehnten und sogar Jahrhunderten und spiegeln zum großen Teil gesellschaftliche Entwicklungsprozesse wider, welche ggf. auch als Zeugen für nachfolgende Generationen zur Verfügung stehen könnten. So sind die Beziehungen zu ihren Kunden langfristig orientiert, da diese oftmals ganze Lebensabschnitte oder gar den größten Teil ihres Lebens in der gleichen Wohnung verbringen.[2] Damit legen sie den wirtschaftlichen Grundstein für eine beständige und belastbare Bedarfs-, Angebots- und Nutzungsprognose. Daher ist jedes Unternehmen, welches in dieser Branche wirtschaftlich aktiv sein möchte, gut beraten, ein langfristiges und nachhaltiges Geschäftsmodell zu praktizieren.

Wie Tilleczek bemerkt, werden Wohnwünsche von der Gesellschaft nicht selten als ein Ausdruck falscher Bedürfnisse interpretiert.[3] Anderseits ist die Definition von einem Bedürfnis umstritten, denn außer den menschlichen Grundbedürfnissen sind alle anderen Bedürfnisse gesellschaftlich angeeignet und historisch entstanden.

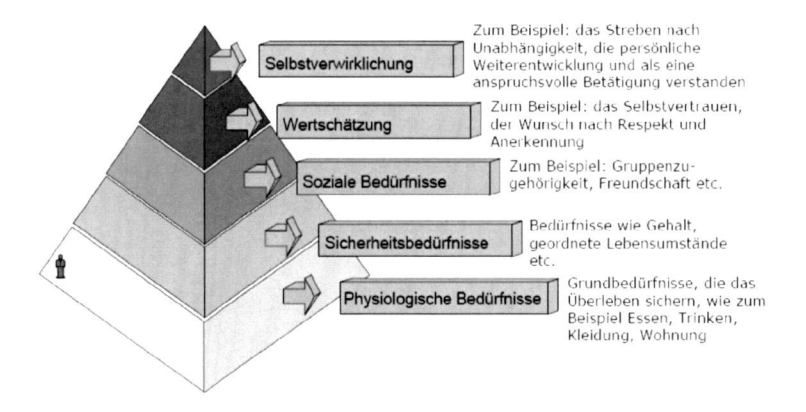

Abbildung 1: Die Maslowsche Bedürfnispyramide[4]

---

[1] alle wirtschaftlichen Formen von Wohnungsunternehmen wie z. B. private, unternehmensgebundene und kommunale Wohnungsunternehmen, Baugenossenschaften und Stiftungen.
[2] siehe Spieker (2005), Schrumpfende Märkte in der Wohnungswirtschaft: Ursachen, Folgen und Handlungsmöglichkeiten, S. 81 ff.
[3] siehe Tilleczek (2006), Auswirkungen der demografischen Entwicklung auf deutsche Wohnungsmärkte, S. 71 ff.
[4] Quelle: www.4managers.de, powered by ILTIS GmbH • D-72108 Rottenburg

Mit der Bedürfnispyramide des amerikanischen Psychologen Abraham Harold Maslow, welche in Abbildung 1 dargestellt ist, wird zwischen primären und sekundären Bedürfnissen differenziert. Bereits im Jahr 1954 wurde sie entwickelt und ist heute noch aktuell. Sie bildet eine praktikable und anschauliche Darstellung für die schrittweise Entwicklung höherer Bedürfnisse. Diese Entwicklung tritt ein, wenn die Bedürfnisse auf der darunterliegenden Stufe erfüllt sind.[5]

Seit Urzeiten stellt das Bedürfnis nach Schutz und Sicherheit ein wesentliches Merkmal unseres menschlichen Daseins dar. Da eine Wohnimmobile den Raum für einen gewollten temporären Rückzug aus der Gesellschaft und somit u. a. Privatsphäre bietet, erfüllt sie genau diese Aufgaben. Gerade die Privatsphäre spielt im Wohnbereich eine größere Rolle als in allen anderen Lebensbereichen. Schutz wird in der eigenen Wohnung vor allem vor Lärm und anderen Umwelteinflüssen als auch vor Kriminalität gesucht.[6]

1.1 Problemstellung der Arbeit

Die heutige Dynamik, welche durch den ökonomischen, wirtschaftlichen und gesellschaftlichen Wandel hervorgerufen wird, hat elementaren Einfluss auf die Rahmenbedingungen von Immobilienunternehmen. Ihr Tätigkeitsfeld erstreckt sich nicht nur auf die politischen und ökonomischen Rahmenbedingungen, sondern auch auf die strukturellen, wie z. B. die Bevölkerungsstruktur, die Bevölkerungsentwicklung und die Bedürfnisse sowie Vorstellungen der Kunden.

Einige der zentralen Fragen, welche die Wohnungswirtschaft in spezifischer Weise betreffen und herausfordern, lauten:

- Wie gelingt es den Wohnungsunternehmen, sich diesem ständig fortschreitenden Wandlungsprozess anzupassen?
- Wie gelingt es ihnen, durch Veränderungen ihr Produktportfolio zu gestalten, den Bedürfnissen und Erwartungen ihrer Kunden zu entsprechen und letztendlich im Wettbewerb zu bestehen?

Der Wohnungsbestand beläuft sich in Deutschland auf insgesamt ca. 39,5 Mio. Bestandswohnungen, von denen 87 % und damit ca. 34,6 Mio. älter als 15 Jahre sind.[7] Es ist aus diesem Grund nicht verwunderlich, dass ein Großteil den Anforderungen an eine altersgerechte Wohnung nicht mehr genügt und mittlerweile ein deutlicher Anpassungsbedarf besteht. Anzumerken sei an dieser Stelle, dass vereinzelt auch Wohnraum, wel-

---

[5] siehe Brauer (2008), Wohnen, Wohnformen, Wohnbedürfnisse - Soziologische und psychologische Aspekte in der Planung und Vermarktung von Wohnimmobilien, S. 194 ff.
[6] siehe Tilleczek (2006), Auswirkungen der demografischen Entwicklung auf deutsche Wohnungsmärkte, S. 74 f.
[7] siehe DESTATIS (2008), Bautätigkeit und Wohnungen: Mikrozensus - Zusatzerhebung 2006, Bestand und Struktur der Wohneinheiten sowie Wohnsituation der Haushalte, S. 12

cher innerhalb der letzten 15 Jahre errichtet wurde, nicht den Anforderungen an eine den heutigen Erfordernissen entsprechende Wohnung entspricht. Zwar ist die Vermietung oder Überlassung von Wohnraum oftmals auf Langfristigkeit ausgerichtet, doch sind auch Wohnungsunternehmen gezwungen, auf veränderte Marktbedingungen zeitnah zu reagieren. Die Modifikation ihres vorhandenen eigenen oder verwalteten Immobilienbestandes durch die Anpassung von Wohnungsgrößen, Grundrissen oder Ausstattungsmerkmalen an die aktuellen Erwartungen, Vorstellungen oder Wünsche von Kunden/Mietern, sind dabei die vordringlichsten Gestaltungsspielräume der Unternehmen. Breitere Wohnungsangebote „Rund um das Wohnen" gehören ebenfalls zu diesen Anpassungsleistungen. Vermehrt rückt auch das Thema „Sicherheit" in das Blickfeld aller Beteiligten. In Abhängigkeit vom vorhandenen Teilmarkt, wie z. B. dem Standort, der Unternehmens-, Immobilienbestands- und der Bevölkerungsstruktur, kann dieser Themenbereich einen höheren oder geringeren Stellenwert einnehmen und auf die unterschiedlichen Aspekte fokussiert sein. Wichtig ist, dass die kunden- und somit marktgerechte Ausrichtung von Wohnungs- und Immobilienunternehmen sich nicht ausschließlich im Reagieren auf veränderte Marktbedingungen äußert. Vielmehr kommt es darauf an, durch vorausschauendes Agieren die Grundlage für eine langfristig stabile Wirtschaftlichkeit zu schaffen.[8] Erfolgreiche Handlungsansätze umzusetzen sind die Schwerpunkte dieser Arbeit.

Der Stellenwert der älteren Mieter als zuverlässige und sozial stabilisierende Kunden wird den Unternehmen angesichts der durch die demografische Entwicklung sowie der energetischen Herausforderungen teilweise regional zunehmenden Leerstände in immer stärkerem Maße bewusst. Sie suchen nach Möglichkeiten, ältere Menschen als Kunden zu erhalten oder neu zu gewinnen. Daher wurde in den letzten Jahren eine Vielzahl unterschiedlicher Handlungsansätze entwickelt.[9]

Wohnungsunternehmen stehen mittlerweile beim Neubau oder der Modernisierung von Seniorenwohnanlagen, dem Aufbau von gemeinschaftlichen Wohnformen, der individuellen und der strukturellen Wohnungs-, Gebäude- und Wohnumfeldanpassung, dem Aufbau informeller Hilfesysteme, den Kooperationsbeziehungen mit sozialen Dienstleistern sowie der Gründung von Nachbarschaftsvereinen vielfältige Erfahrungswerte zur Verfügung. Sie können durchaus als Teil eines spezifischen Maßnahmepaketes angesehen werden.[10] Eine geräumige und vollständig ausgestattete Einheit, eine barrierefreie oder barrierearme Erreichbarkeit und Benutzbarkeit aller Räume und Ausstattungsgegenstände sowie die Möglichkeiten zur Inanspruchnahme wohnungsnaher Dienstleistungen sind die Determinanten, welche das heutige Verständnis von einer altersgerechten Wohnung prägen. Die steigende Nachfrage nach seniorengerechtem

---

[8] siehe Schierenbeck; Wöhle (2008), Grundzüge der Betriebswirtschaftslehre, S. 302
[9] siehe Narten; Scherzer (2007), Älter werden - wohnen bleiben, S. 9 f.
[10] siehe Narten; Scherzer (2007), Älter werden - wohnen bleiben, S. 10 f. und 107

Wohnraum lässt sich organisatorisch am leichtesten erfüllen, wenn ganze Gebäude nach diesen Maßstäben umgebaut werden können. Gerade dort, wo vermehrt Wohnungen leer stehen oder für ganze Wohngebäude oder Häuser eine Grundmodernisierung ansteht, werden diese Möglichkeiten oftmals genutzt, relativ schnell ein attraktives Angebot für ältere Menschen zu schaffen. Da aber in vielen Regionen und Teilmärkten diese Voraussetzungen selten gegeben sind, ist die Realisierung oftmals nur mit erheblichen zusätzlichen Aufwendungen möglich.

1.2 Ziel und Abgrenzung der Arbeit

Im Rahmen der vorliegenden Arbeit soll es gelingen, Möglichkeiten zur Analyse des Wohnungs- und Immobilienbestandes zu eruieren und daraus ableitend Handlungsalternativen aufzuzeigen. Um die Ergebnisse der Untersuchung praktisch nutzbar zu machen, werden Orientierungshilfen erarbeitet, die sich speziell an Wohnungsunternehmen wenden. Mithilfe dieser Leitlinien wird somit erkennbar, ob aktiv gehandelt werden muss.

Der Sachverhalt „Wohnen" ist ein komplexes Gefüge. Wie Klein bemerkt, wird bei der Betrachtung des Wohnungsmarktes deutlich, dass es den einen abstrakten Markt nicht gibt, da er in räumliche und sachliche Teilmärkte gespalten ist.[11] Abbildung 2 zeigt die Besonderheiten des Wohnungsmarktes auf.

Besonderheiten des Wohnungsmarktes

RÄUMLICHER UND SACHLICHER TEILMARKT

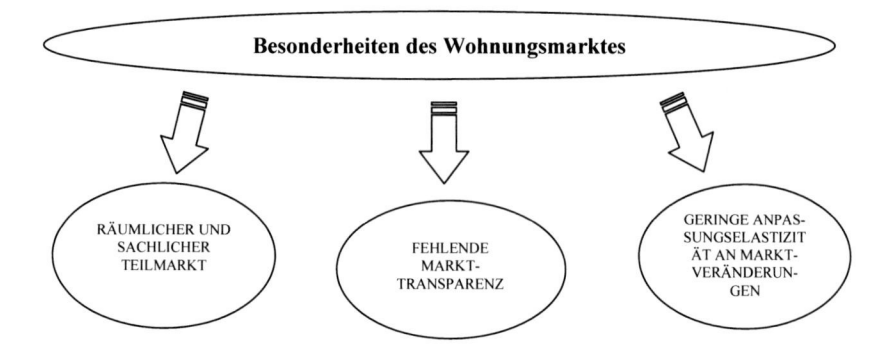

FEHLENDE MARKT-TRANSPARENZ

GERINGE ANPASSUNGSELASTIZITÄT AN MARKTVERÄNDERUNGEN

Abbildung 2: Besonderheiten des Wohnungsmarktes[12]

---

[11] siehe Klein (2007), Die demografische Entwicklung in Deutschland und ihre Auswirkung auf den Markt für Wohnimmobilien, S. 24 ff.
[12] siehe Heuer; Nordalm (2001), Die Wohnungsmärkte im gesamtwirtschaftlichen Gefüge S. 25 ff.

Die logische Folge ist ein Nebeneinander von unterschiedlichen Teilmärkten des Wohnungsmarktes. Diese Teilmärkte sind nicht in sich abgeschlossen, sondern vielmehr über einen Marktmechanismus miteinander verbunden.

Wohnungen sind von Natur aus durch die Immobilität und Heterogenität standortgebunden. Dies zieht eine Zuordnung und Abgrenzung des Wohnungsangebotes bei einer Vielzahl regionaler Teilmärkte[13] mit Ungleichgewichten, deren Ausgleich durch die Immobilität verhindert wird, nach sich.[14] [15] Faktoren wie Lage, Größe, Qualität, Aufteilung, Ausstattung etc. definieren dabei den Nutzwert.[16]

Durch die relativ lange Entwicklungs- und Realisierungsdauer ist ein Marktausgleich bei Vorliegen eines Angebots- oder Nachfrageüberhanges nicht zeitnah zu erreichen. Wirft man einen Blick auf die zukünftige Entwicklung der Wohnungsmärkte, so werden in den letzten Jahren immer wieder zwei Sachverhalte als zentraler Bestimmungsfaktor benannt: die demografische Entwicklung und die sozioökonomischen Rahmenbedingungen.[17]

1.3 Aufbau und Lösungsweg der Arbeit

Der demografische Wandel wird die spezifische Nachfrage nach Wohneinheiten und ebenfalls nach angebotenen Dienstleistungen verändern und gewinnt somit auch eine rasch zunehmende Bedeutung für die Immobilienwirtschaft. Vermehrt wird dabei das mannigfaltige Anliegen der Bewohner nach einem „Selbstständigen Wohnen im Alter" in der eigenen Wohnung mit einer barrierefreien Nutzung und Erreichbarkeit der Wohnung - einschließlich des Badezimmers - sowie möglicher Hilfe- und Unterstützungsleistungen für den Alltag Gegenstand des Interesses von Wohnungsunternehmen. Der Nutzen für Immobilienunternehmen liegt vor allem in wirtschaftlichen Prämissen, denn je zufriedener die Mieter in ihrem angestammten Umfeld wohnen, desto länger ist die Mietdauer und desto stabiler sind die Mieterstruktur und die Erlöse.

Die vorliegende Arbeit ist in sechs Kapitel gegliedert. Innerhalb des einleitenden **ersten Kapitels** wurden bereits die Problem- und Zielstellungen sowie Aufbau und Lösungsweg der Arbeit dargelegt.

---

[13] siehe Spieker (2005), Schrumpfende Märkte in der Wohnungswirtschaft: Ursachen, Folgen und Handlungsmöglichkeiten, S. 81 ff.
[14] siehe Koop (2007), Demografischer Wandel und Wohnungsmarktentwicklung, S. 3 f.
[15] siehe Urbansky (2009), Erfolgreiches Bestandsmanagement von Wohnimmobilien: Analyse einer Befragung und Strategieentwicklung für Immobilienunternehmen, S. 90 f.
[16] siehe Klein (2007), Die demografische Entwicklung in Deutschland und ihre Auswirkung auf den Markt für Wohnimmobilien, S. 26
[17] siehe Klein (2007), Die demografische Entwicklung in Deutschland und ihre Auswirkung auf den Markt für Wohnimmobilien, S. 27

Im **zweiten Kapitel** werden die zu erwartenden Rahmenbedingungen und Prämissen/Parameter zusammengetragen, analysiert und bewertet.

Darauf aufbauend wird im **dritten Kapitel** das Marktsegment analysiert und die Grundlagen zur Beantwortung der Forschungsfragen des demografischen Wandels und die damit verbundene Entwicklung des Zukunftsmarktes „Selbstständiges Wohnen im Alter" gelegt.

Als unabdingbare Voraussetzung folgt im **vierten Kapitel** die eigentliche Bedarfsermittlung, welche mit den genannten Parametern, Bedingungen und den individuellen Voraussetzungen abgeglichen wird. Dies erfolgt auf der Grundlage einer repräsentativen Befragung von 1.061 Personen in sieben verschiedenen Teilmärkten Deutschlands. Sie bildet die Voraussetzung für eine grundlegende Analyse mit der Untersuchung von Korrelationsbeziehungen.[18]

Ausgehend von den Ergebnissen dieser Studie werden im **fünften Kapitel** Entwicklungspotenziale für Immobilienunternehmen analysiert und Empfehlungen abgeleitet. Darauf aufbauend wurde im Rahmen dieser Arbeit eine Bewertungsmethode zur Bestandsentwicklungsanalyse von Wohnimmobilien entwickelt. Sie basiert auf der Methode der Nutzwertanalyse und dient als Managementhilfsmittel zur Bewertung und Beurteilung. Mit diesen für jedes Wohnungsunternehmen erarbeiteten Entwicklungspotenzialen ist es möglich zu prüfen, ob die eigenen oder verwalteten Wohnimmobilien dem zu erwartenden Bedarf entsprechen. Weiterhin ist es das Ziel, Analysemöglichkeiten zu erarbeiten, welche einen effektiven Einsatz der Investitionsmittel gewährleisten.

Letztendlich setzt sich das **sechste Kapitel** mit den Ergebnissen der Arbeit auseinander. Im Sinne der Nachhaltigkeit für Unternehmen und der Komfortsteigerung für alle Mietergruppen wurde Wert auf eine „zielgruppenneutrale" Strategieformulierung gelegt. So ist es für Immobilienunternehmen allgemein wichtig, keine einseitige Ausrichtung der unternehmerischen Aktivitäten hinsichtlich einer spezifischen Mieterklientel zu fördern. Dies bietet den Vorteil, dass die Wohnungen und Wohngebiete für alle potenziellen Interessenten und Nutzer attraktiv entwickelt werden können und somit letztlich die Wirtschaftlichkeit, die Nachhaltigkeit und den Marktwert der Unternehmen steigern.

---

[18] eine Korrelation beschreibt die lineare Beziehung zwischen zwei oder mehreren statistischen Variablen

2 Demografische Entwicklung und ihre Auswirkungen auf Wohnungsmärkte

Die Auswirkungen, welche mit dem demografischen Wandel verbunden sind, stellen die Immobilienwirtschaft vor große Herausforderungen. Ihr Ziel besteht zumeist darin, der alternden Bevölkerung in der eigenen Wohnung ein möglichst langes, selbstbestimmtes und zufriedenes Leben zu ermöglichen. Einerseits nehmen sie damit einen Teil ihrer gesellschaftlichen Verpflichtung wahr und erhöhen andererseits durch einen geringeren Leerstandszuwachs die Nutzungsdauer und damit verbunden die Rentabilität ihrer Immobilien.

Aufgrund der differenzierten Bedürfnisse und Wohnwünsche von Nutzern, welche Auswirkungen auf die zukünftige Entwicklung von Immobilien haben, beschäftigen sich heute bereits viele Experten mit herausfordernden Fragen:[19]

- Was ist eine altersgerechte Wohnungspolitik?
- Welche Herausforderungen für die Politik und den Wohnungsmarkt resultieren daraus?
- Wie differenzieren sich die Zielgruppen der Akteure?
- Welche räumlichen Dimensionen sind zu berücksichtigen?
- Welche Gestaltungsmöglichkeiten gibt es?

Oftmals stehen heute jedoch standardisierte Wohnungsangebote den unterschiedlichen und individuellen Wohnbedürfnissen gegenüber.

In Deutschland entsprechen bisher nur rund ca. 400.000 Wohnungen seniorengerechten Anforderungen. Dies entspricht nicht einmal einem Prozent des Gesamtwohnungsbestandes. Es wird jedoch ein rasant ansteigender Bedarf erwartet. Bis zum Jahr 2020 wird mit einem zusätzlichen Bedarf von ca. 800.000 Wohnungen gerechnet.[20] Durch den Neubau von Immobilien kann die Nachfrage nur bedingt befriedigt werden. Eine Lösung ist die Anpassung oder Revitalisierung des Wohnungsbestandes, um so ein „Selbstbestimmtes Wohnen im Alter" ermöglichen zu können.[21][22]

Der Revitalisierung kommt eine entscheidende Bedeutung zu, denn so kann der Bestand an die nachgefragten Bedürfnisse angepasst und der Werteverfall vermieden werden.

---

[19] z. B. Expertenkommission unter dem Dach des Deutschen Verbandes für Wohnungswesen, Städtebau und Raumordnung in Kooperation mit dem Bundesministerium für Verkehr, Bau und Stadtentwicklung (siehe Deutscher Verband 2009)
[20] siehe BFW; UEPC-Studie (2007), Arbeitskreis Seniorenimmobilien, S. 3 ff.
[21] siehe Bertelsmann (2005), Positionspapier "Perspektiven für das Wohnen im Alter" Handlungsempfehlungen des Beirates „Leben und Wohnen im Alter" der Bertelsmann Stiftung, S. 18 f.
[22] siehe GdW (2010 a), Wohnungswirtschaftliche Daten und Trends 2010/2011, S. 37 ff.

Dies stellt auch vor dem Hintergrund des steigenden Bedarfs an altersgerechtem Wohnraum die wesentliche und zumeist günstigste Alternative dar.

Aus Sicht der Immobilienunternehmen wird es darauf ankommen, geeignete und attraktive Wohneinheiten und ggf. Dienstleistungsangebote bereitzustellen, welche die Diskrepanz zwischen den Bedürfnissen nach Selbstständigkeit und eingeschränkter Lebensführung auflösen. Aus wohnungspolitischer und aus wohnungswirtschaftlicher Sicht wird es darauf ankommen, gemeinsame Schnittmengen zwischen den Interessen aller nachfragenden Zielgruppen zu analysieren und zu implementieren.

2.1 Demografische Entwicklungen

Die steigende Lebenserwartung und die niedrige Geburtenrate sind in Zukunft die prägende Auswirkung der demografischen Entwicklung in Deutschland. Die Konsequenzen dieses Trends sind die Schrumpfung und Alterung der Bevölkerung sowie die Veränderungen der Alterspyramide. Dies hat weitreichende Auswirkungen auf den deutschen Wohnungsmarkt.[23][24]

Schirrmacher bemerkt: *„Vorausgesetzt es gibt keinen Krieg, sind die Weichen für die nächsten 50 Jahre unumkehrbar gestellt. Die deutsche Bevölkerung wird bis 2050 um ca. 12, womöglich um 17 Millionen Menschen abnehmen. Ohne Zuwanderung würde der Rückgang 23 Millionen Menschen betragen. Ohne gravierende Veränderung der Geburtenrate und der Zuwanderung wird im Jahr 2050 die Hälfte der Deutschen über 51 (heute: 40 Jahre) Jahre alt sein und eine psychologische Lebensperspektive von 30 Jahren haben."*[25]

Welchen Einfluss hat die demografische Entwicklung auf die zukünftige Wohnungsnachfrage? Wenn man dieser Frage nachgeht, sind zunächst die wichtigsten Einflussfaktoren auf die Wohnungsnachfrage zu erkennen und Aussagen über ihren zukünftigen Verlauf zu treffen. Von Interesse ist dabei, in welcher Beziehung die demografische Entwicklung zu diesen Faktoren steht bzw. welchen Einfluss sie auf diese hat oder haben wird.[26][27]

---

[23] siehe Iwanow; Hutter; Müller (2003), Demografischer Wandel und Strategien der Bestandsentwicklung in Städten und Regionen
[24] siehe Klein (2007), Die demografische Entwicklung in Deutschland und ihre Auswirkung auf den Markt für Wohnimmobilien, S. 39 f.
[25] siehe Schirrmacher (2005), Das Methusalem-Komplott, S.41
[26] siehe Brückner; Berger; Luchmann (2007), Der demografische Wandel und seine Konsequenzen für Wohnungsnachfrage, Städtebau und Flächennutzung
[27] siehe Klein (2007), Die demografische Entwicklung in Deutschland und ihre Auswirkung auf den Markt für Wohnimmobilien, S. 43 f.

2.1.1 Entwicklung der Bevölkerung

Die Bevölkerungsentwicklung[28] ist in Deutschland seit einer Vielzahl von Jahren negativ und hat zur Folge, dass die Anzahl der Menschen, welche in Deutschland leben, kontinuierlich abnimmt. Bisher konnte die Abnahme jedoch zumeist mit Zuwanderungsgewinnen kompensiert werden. Durch die derzeitige Abnahme der Zuzüge wird dieser Ausgleich nicht mehr erreicht.

Für die Nachfrage nach Wohnraum hat die zukünftige Bevölkerungszahl und -struktur jedoch nur eine indirekte Bedeutung. Entscheidende Determinante wird die Zahl und Struktur der privaten Haushalte sein. Die Bevölkerungs- und die Haushaltsentwicklung hängen zwar eng miteinander zusammen, sind jedoch nicht identisch. Seit Jahren ist in Deutschland erkennbar, dass durch die zunehmende Singularisierung der Gesellschaft die Zuwachsrate der Haushalte größer als die Wachstumsrate der Bevölkerung ist.[29] [30]

Ende des Jahres 2009 hat das Statistische Bundesamt mit der 12. koordinierten Bevölkerungsvorausberechnung eine Schätzung der Bevölkerungsentwicklung für den Prognosezeitraum bis 2060 vorgelegt.[31] In insgesamt 12 Varianten wurden die unterschiedlichen Ergebnisse für die jeweiligen Annahmen zur Zuwanderung, Geburtenhäufigkeit und Lebenserwartung untersucht. Abbildung 3 stellt 2 wesentliche Varianten der statistischen Auswertung zusammenfassend dar:

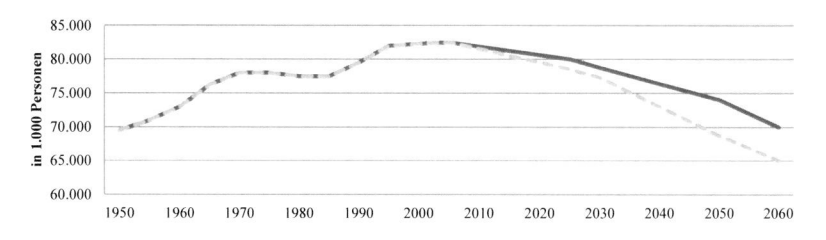

——— "mittlere" Bevölkerung - Obergrenze (mittlere Lebenserwartung, konstante Geburtenhäufigkeit, Nettozuwanderung 200.000 p.a.)

– – – "mittlere" Bevölkerung - Untergrenze (mittlere Lebenserwartung, konstante Geburtenhäufigkeit, Nettozuwanderung 100.000 p.a.)

Abbildung 3: Bevölkerungsentwicklung bis 2060[32]

---

[28] u. a. Geburtenanzahl, Anzahl Sterbefälle, Zuwanderungsrate
[29] siehe BBR (2005), Raumordnungsbericht 2005
[30] siehe Klein (2007), Die demografische Entwicklung in Deutschland und ihre Auswirkung auf den Markt für Wohnimmobilien, S. 43 f.
[31] siehe DESTATIS (2009), Bevölkerung Deutschlands bis 2060 - 12. koordinierte Bevölkerungsvorausberechnung
[32] Quelle: DESTATIS (2009), Bevölkerung Deutschlands bis 2060 - 12. koordinierte Bevölkerungsvorausberechnung

Unter der Annahme einer fast konstanten Geburtenhäufigkeit sowie eines moderaten Anstiegs der Lebenserwartung wurden zwei Szenarien für eine Ober- und eine Untergrenze der wahrscheinlichsten Bevölkerungsentwicklung herausgearbeitet, welche sich nur hinsichtlich der zu erwartenden Nettozuwanderung unterscheiden. Trotz des prognostizierten Bevölkerungsrückganges wird der Trend des Anstieges der Haushalte weiter zunehmen. Die sinkende durchschnittliche Haushaltsgröße in Personen je Privathaushalt wird eine entscheidende Determinante sein. Erst in ca. 15 bis 20 Jahren wird der „Verkleinerungseffekt" bei den Haushalten durch den Bevölkerungsrückgang überlagert. Dabei werden regionale Unterschiede zu erwarten sein. Obwohl ein Ost-West-Gefälle in der Intensität der Bevölkerungsabnahme bestehen bleibt, ist Schrumpfung zukünftig nicht mehr nur ein Phänomen der neuen Bundesländer.[33][34][35][36]

Nunmehr soll die Alterspyramide bis zum Prognosezeitraum 2060 näher betrachtet werden. Aus diesem Grund ist in Abbildung 4 unter Berücksichtigung der 12. Koordinierten Bevölkerungsberechnungen des Statistischen Bundesamtes eine Entwicklung der Altersstruktur vorgenommen worden. Aus dieser Bevölkerungsvorausberechnung ist ersichtlich, dass zukünftig der Anteil junger Menschen sinkt. Die Altersgruppe der über 80-Jährigen wächst voraussichtlich bis zum Jahr 2050 sowohl absolut als auch anteilmäßig beträchtlich. Während die Altersgruppe der 65- bis unter 80-Jährigen ab dem Jahr 2040 anzahlmäßig abnimmt, werden die 50- bis unter 65-Jährigen bereits ab dem Jahr 2020 zahlenmäßig zurückgehen. Alle übrigen Altersjahrgänge nehmen zahlenmäßig seit dem Jahr 2005 kontinuierlich ab.

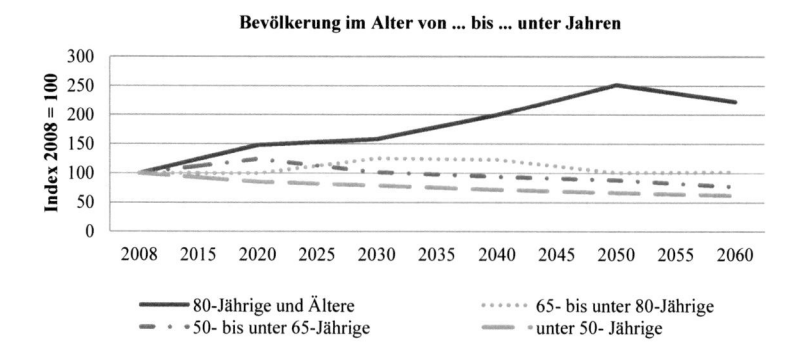

Abbildung 4: Entwicklung der Altersstruktur bis 2060[37]

---

[33] siehe GdW (2007 b), Wohnungswirtschaftliche Daten und Trends 2007/2008, S. 49 ff.
[34] siehe GdW (2008), Wohnungswirtschaftliche Daten und Trends 2008/2009, S. 46 ff.
[35] siehe GdW (2009), Wohnungswirtschaftliche Daten und Trends 2009/2010, S. 35 ff.
[36] siehe GdW (2010 a), Wohnungswirtschaftliche Daten und Trends 2010/2011, S. 41 ff.
[37] Quelle: DESTATIS (2009), 12. koordinierte Bevölkerungsvorausberechnung; Variante 1 - W1, Untergrenze mittlere Bevölkerung

Der Stadtentwicklungsbericht 2008[38] zeigt, dass schrumpfende Städte in allen Bundesländern Deutschlands zu finden sind. Insgesamt leben derzeit ca. 21 Millionen Menschen und damit ca. 35 % aller Stadtbewohner in Städten, welche mit Schrumpfungsprozessen konfrontiert sind. Davon sind Groß- und Mittelstädte außerhalb sogenannter Stadtregionen besonders betroffen. Diese Entwicklung bedeutet aber auch, dass derzeit zunehmend Flächen innerhalb dieser Städte brachfallen.[39]

2.1.2 Entwicklung der Haushalte

Bei der Entwicklung der Haushalte und der damit verbundenen Wohnraumnachfrage sind nicht, wie bereits angeführt, die allgemeine Bevölkerungsentwicklung, sondern vielmehr die Zahl und Struktur der privaten Haushalte als wesentliche Determinante anzuführen. Die Entwicklung der Haushalte in Deutschland wird dabei seit langem von einem kontinuierlichen Rückgang der Haushaltsgröße, wie in Abbildung 5 ersichtlich, bestimmt. Ursache für die starke Dynamik der Haushaltszahlen ist auch die Alterung der Bevölkerung, welche zu einer deutlichen Zunahme kleinerer Haushalte führt.[40] [41] Zum anderen ist ein Wandel der Lebensgewohnheiten, Lebensformen und Familienstrukturen zu beobachten. Unterstützend soll hierzu angeführt werden, dass das Statistische Bundesamt im Jahr 2005 aufzeigte, dass bis auf die Altersgruppe der über 65-Jährigen im Jahr 2004 alle anderen Alterskohorten häufiger allein als beispielsweise noch vor zehn Jahren lebten.[42]

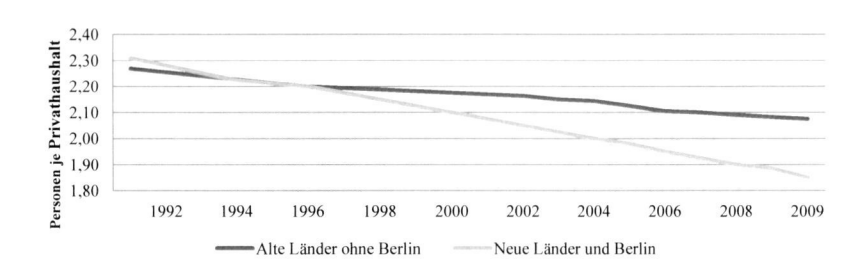

Abbildung 5: Entwicklung der durchschnittlichen Haushaltsgröße[43]

---

[38] siehe BMVBS (2008), Stadtentwicklungsbericht 2008
[39] siehe Pressemitteilung Nr. 086/2009 vom 06.05.2009 des BMVBS
[40] siehe Koop (2007), Demografischer Wandel und Wohnungsmarktentwicklung
[41] siehe Lebenslagen in Deutschland, Der 2. Armuts- und Reichtumsbericht der Bundesregierung, Online unter: www.bmas.de/portal/892/.../lebenslagen__in__deutschland__de__821.pdf, Abrufdatum 23.12.2010
[42] siehe DESTATIS (2005), Statistisches Jahrbuch 2005
[43] Quelle: Statistisches Bundesamt, Mikrozensus diverse Jahrgänge

Die veränderten Haushaltsgrößen haben unterschiedliche Ursachen und werden zumeist durch einen grundlegenden Wandel in den heutigen Lebensformen, in einem deutlich früheren Haushaltsgründungsalter, einer geringeren Anzahl von Kindern sowie auch in den steigenden beruflichen Anforderungen an die räumliche Flexibilität der Arbeitnehmer hervorgerufen.

Dies hat auch einen höheren Wohnflächenbedarf der Menschen pro Haushalt zur Folge, denn:

- Personen, welche in kleineren Haushalten wohnen, nehmen im Durchschnitt mehr Wohnfläche pro Kopf in Anspruch als welche, die in größeren Haushalten leben und
- ältere Personen verbleiben häufig in der angestammten großen Wohnung aus der Familienphase.[44]

Andererseits wirkt dieser Entwicklung die zunehmende Altersarmut entgegen. Die Wohnflächennachfrage bzw. der Wohnflächenbedarf wird insbesondere in den neuen Ländern aus sozioökonomischen Gesichtspunkten verringert werden müssen.[45][46][47][48]

Die Erhöhung des Renteneintrittsalters durch den Gesetzgeber und die teilweise Verringerung der Renten[49] wird eher die Nachfrage nach flächenmäßig kleinerem und damit zumeist preiswerterem Wohnraum erhöhen. Hierauf wird im folgenden Abschnitt detaillierter eingegangen.

Das Statistische Bundesamt prognostiziert bis zum Jahr 2020 ein Wachstum der Privathaushalte[50] um rund eine Million auf über 40,5 Millionen. Abbildung 6 stellt diese Entwicklung dar. Nach anderen Berechnungen wird sogar eine Zunahme von rund 2 Millionen Haushalten prognostiziert.[51] Die durchschnittliche Haushaltsgröße wird sich danach jedoch von aktuell rund 2,08 Personen je Privathaushalt auf weniger als 2,0 Personen verringern.[52]

---

[44] der sog. Remanenzeffekt, siehe Abschnitt 2.1.4, S. 15 f.
[45] siehe GdW (2007 b), Wohnungswirtschaftliche Daten und Trends 2007/2008, S. 55 ff.
[46] siehe GdW (2008), Wohnungswirtschaftliche Daten und Trends 2008/2009, S. 50 ff.
[47] siehe GdW (2009), Wohnungswirtschaftliche Daten und Trends 2009/2010, S. 39 ff.
[48] siehe GdW (2010 a), Wohnungswirtschaftliche Daten und Trends 2010/2011, S. 45 ff.
[49] verursacht durch unterbrochene Erwerbsbiografien der Menschen durch Arbeitslosigkeit
[50] Unter dem Begriff Privathaushalte werden sowohl zusammenwohnende Personengemeinschaften, die eine wirtschaftliche Einheit bilden, als auch Personen, welche allein wohnen und wirtschaften zusammengefasst.
[51] siehe Empirica AG (2006), Die Generation über 50 - Wohnsituation, Potenziale und Perspektiven
[52] siehe Mo-Ma (2008), Aktuelle Trends am deutschen Wohnungsmarkt, S. 17

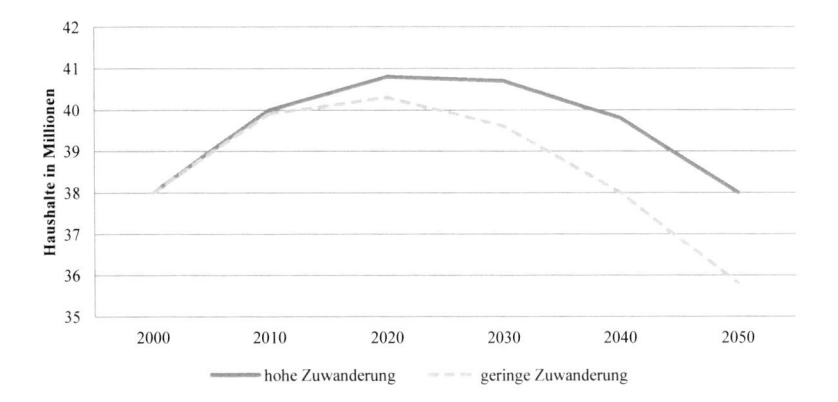

Abbildung 6: Entwicklung der Haushalte bis 2050[53]

2.1.3 Entwicklung der Wohnraumnachfrage

Mit über 39 Millionen Wohneinheiten sind in Deutschland gute qualitative und quantitative Voraussetzungen gegeben. Dabei befinden sich etwa 20,8 Millionen der Wohneinheiten in ca. 3 Millionen Gebäuden mit drei oder mehr Einheiten.[54] Die Wohnungsnachfrage wird sich in den nächsten Jahrzehnten nicht nur quantitativ, sondern auch qualitativ verändern. Von entscheidender Bedeutung für die Wohnungsnachfrage sind ein variierendes Haushaltsbildungsverhalten und eine variierende Flächeninanspruchnahme.[55] [56] [57] Dabei führt die Alterung der Bevölkerung dazu, dass das Nachfragepotenzial für altersgerechte Wohnungen und Wohnformen[58] von Jahr zu Jahr zunehmen wird.[59] [60] [61]

---

[53] Quelle: DESTATIS (2006), 11. koordinierte Bevölkerungsvorausberechnung, DB Research
[54] siehe LBS Bausparkasse der Sparkassen, 2011 Markt für Wohnimmobilien, S. 23
[55] siehe GdW (2007 b), Wohnungswirtschaftliche Daten und Trends 2007/2008, S. 61 ff.
[56] siehe Banse; Effenberger (2006), Auswirkungen des demografischen Wandels auf den Wohnungsbestand
[57] siehe Klein (2007), Die demografische Entwicklung in Deutschland und ihre Auswirkung auf den Markt für Wohnimmobilien, S. 63 f.
[58] Barrierefreiheit der Wohnräume, Anbindung an Nahversorger, soziale und kulturelle Infrastruktur etc.
[59] siehe GdW (2008), Wohnungswirtschaftliche Daten und Trends 2008/2009, S. 55 ff.
[60] siehe GdW (2009), Wohnungswirtschaftliche Daten und Trends 2009/2010, S. 43 ff.
[61] siehe GdW (2010 a), Wohnungswirtschaftliche Daten und Trends 2010/2011, S. 49 ff.

In nachfolgender Abbildung 7 ist der Wohnflächenbedarf sowohl in Abhängigkeit der Region (alte und neue Bundesländer) als auch des Alters der Bewohner (Zusammenfassung in Alterskohorten) berücksichtigt. Dabei wird die Situation im Jahr 1998 der des Jahres 2003 gegenüber gestellt.

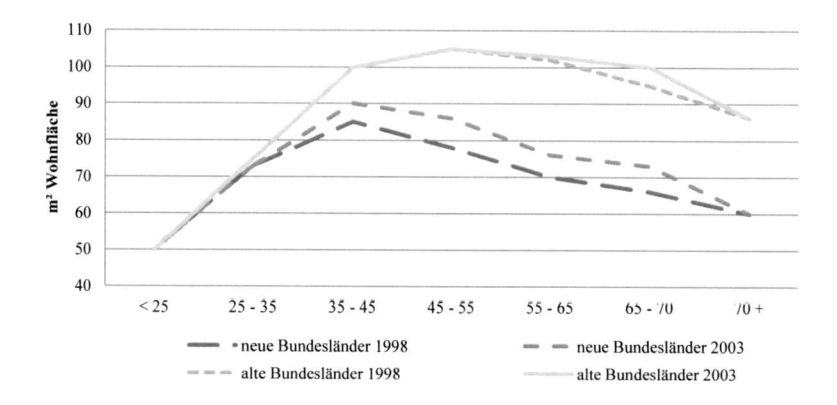

Abbildung 7: Wohnfläche je Haushalt in m² [62]

Wohnen im Alter wird sehr heterogen sein. Bedingt u. a. durch die sozioökonomischen Rahmenbedingungen werden für die zukünftigen Seniorenhaushalte neue und unkonventionelle Lebensformen wie z. B. die „Senioren-WG" oder das „Betreute Wohnen" an Bedeutung gewinnen. Je nach sozialer Integration und finanzieller Unabhängigkeit wird es verschiedene Wohnszenarien und Nachfragetypologien geben.[63] [64]

Ursächlich ist neben der Altersstruktur auch die Veränderung von Lebensformen innerhalb der Gesellschaft. Dabei bestimmt sich die Wohnungsgröße bzw. die Wohnflächeninanspruchnahme aus einer Reihe von Faktoren wie Einkommen, Lebensform des Haushaltes, persönlicher Lebensstil, Anspruch an Wohnqualität u. a.[65] Da diese Faktoren eher langfristige Veränderungen hervorrufen, lässt sich feststellen, dass sich die Struktur der Wohnungsnachfrage in den kommenden Jahrzehnten nicht unerheblich verschieben wird. Abbildung 8 verdeutlicht diesen Ansatz unter Berücksichtigung der demografischen Entwicklung.

---

[62] EVS 1998, 2003 (Sonderauswertung der Einkommens- und Verbrauchsstichprobe des Statistischen Bundesamtes für das Bundesministerium für Gesundheit und Soziale Sicherung)
[63] siehe Backes; Clemens; Künemund (2004), Lebensformen und Lebensführung im Alter
[64] siehe GdW (2008 a), Wohntrend 2020 Studie
[65] siehe Klein (2007), Die demografische Entwicklung in Deutschland und ihre Auswirkung auf den Markt für Wohnimmobilien, S. 63 f.

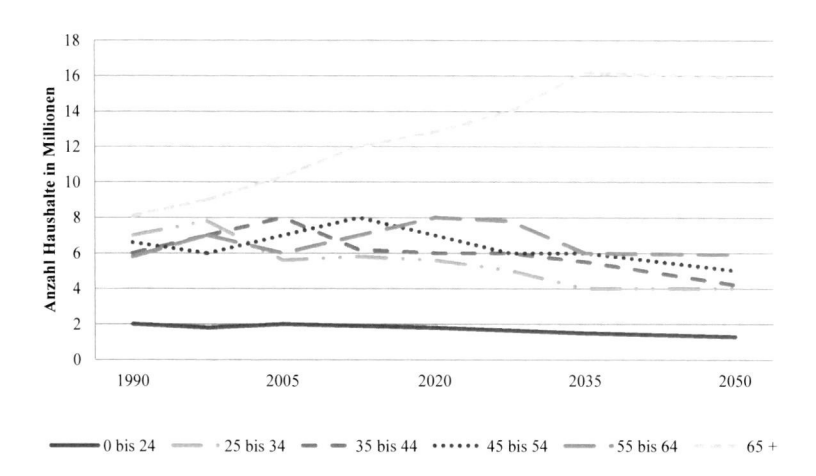

Abbildung 8: Struktur der Haushalte bis 2050[66]

Angesichts der Immobilität von Beständen stellt sich die Frage, wie die Wohnungsnachfrage auf Ebene der regionalen Teilmärkte verläuft bzw. welche regionalen Unterschiede es zukünftig geben wird. Die Disparität hinsichtlich der Entwicklung der Bevölkerung und der Haushaltszahlen wird in Deutschland in den kommenden Jahren eher größer. Dies hat auch für den Wohnungsmarkt zur Folge, dass Polarisierungstrends zwischen wachsenden Teilmärkten und stagnierenden bzw. schrumpfenden Teilmärkten verstärkt zu beobachten sein werden.[67]

2.1.4 Entwicklung der sozioökonomischen Rahmenbedingungen

Die Wohnungsnachfrage wird nicht unmaßgeblich von sozioökonomischen Faktoren beeinflusst. Zwischen der Einkommensabhängigkeit und der Pro-Kopf-Flächen-Nachfrage besteht ein signifikanter Zusammenhang.[68] In Abbildung 9 wird die durchschnittliche prozentuale Konsumausgabenverteilung im Jahr 2003 dargestellt.

---

[66] Quelle: BBR, DESTATIS (2006), 11. koordinierte Bevölkerungsvorausberechnung, DB Research
[67] siehe Klein (2007), Die demografische Entwicklung in Deutschland und ihre Auswirkung auf den Markt für Wohnimmobilien, S. 67 f.
[68] siehe Klein (2007), Die demografische Entwicklung in Deutschland und ihre Auswirkung auf den Markt für Wohnimmobilien, S. 48 f.

16   2 Demografische Entwicklung und ihre Auswirkungen auf Wohnungsmärkte

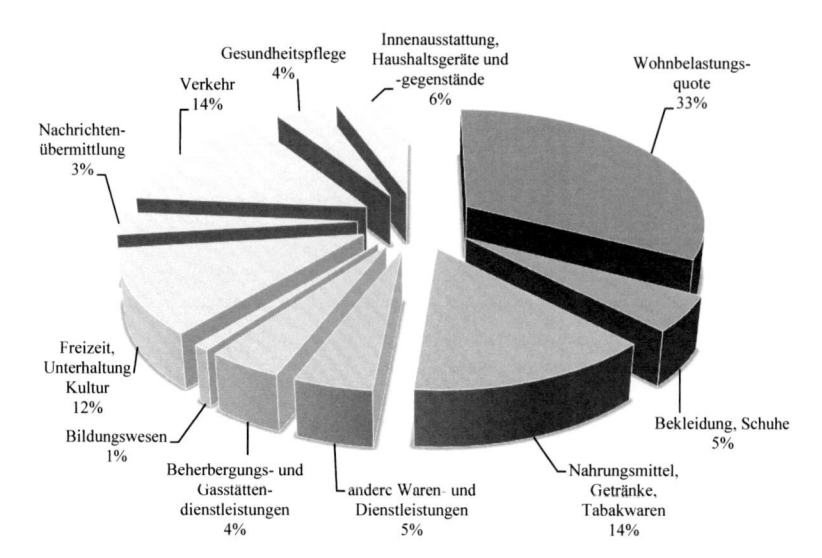

Abbildung 9: Struktur der Konsumausgaben privater Haushalte 2003 (in %; 2.126 €/Monat = 100 %)[69]

Unter der Berücksichtigung der demografischen Entwicklung ist mit einer Verringerung des zukünftigen Rentenniveaus und damit auch mit einer Verringerung des Einkommens zu rechnen. Um den Beitragssatz zur Rentenversicherung auf mittlere und längere Sicht weitgehend stabil zu halten, wurde durch den Gesetzgeber eine deutliche Senkung des gesetzlichen Rentenniveaus beschlossen. Das Nettorentenniveau[70] soll von etwa 70 % im Jahr 2000 auf 55 % im Jahr 2030 sinken.[71] [72] Angesichts der zunehmenden Unstetigkeit derzeitiger Erwerbsbiografien, insbesondere in den neuen Bundesländern, welche weitgehend der Lage auf dem Arbeitsmarkt geschuldet sind, wird sich die gesetzliche Rente für viele Versicherte in der Zukunft nicht mehr stark von dem Niveau der armutsvermeidenden Grundsicherung für Ältere unterscheiden bzw. dieses sogar unterschreiten. Daraus resultierend konnte eine private Altersvorsorge ebenfalls nicht

---

[69] Quelle: DESTATIS (2003), Einkommens- und Verbrauchsstichprobe 2003
[70] Das Nettorentenniveau ist ein Rechenwert, der nichts mit der individuellen Rente des Einzelnen zu tun hat. Es beschreibt das Verhältnis der Nettorente eines sogenannten Eckrentners (45 Beitragsjahre, immer Durchschnittsverdiener) zum aktuellen Nettodurchschnittsverdienst aller Beschäftigten.
[71] siehe DESTATIS (2008), Bautätigkeit und Wohnungen: Mikrozensus - Zusatzerhebung 2006, Bestand und Struktur der Wohneinheiten sowie Wohnsituation der Haushalte
[72] siehe GdW (2007 b), Wohnungswirtschaftliche Daten und Trends 2007/2008, S. 45

aufgebaut werden. Dies hat eine Verringerung der Pro-Kopf-Flächennachfrage zur Folge.[73]

Dem spricht der sogenannte Remanenzeffekt der Wohnungsnachfrage entgegen, d. h. Eltern oder Ehepartner verbleiben in der großen Familienwohnung, auch wenn die Kinder bereits ausgezogen sind oder der Lebenspartner verstorben ist. Dieses Verhalten der Haushalte ist asymmetrisch, da in der Phase der Haushaltsverkleinerung die Wohnfläche nicht angepasst wird.[74] Viele ältere Menschen werden jedoch zukünftig aus sozioökonomischen Gründen zu einer Verringerung der Wohnfläche gezwungen sein. Die Struktur der Konsumausgaben wird sich, bedingt durch die stetig steigenden Energiekosten, in den nächsten Jahren zugunsten der Wohnkosten verschieben. Dies hat zur Folge, dass damit die Wohnbelastungsquote ansteigt. Sie spiegelt den Anteil des Haushaltnettoeinkommens wider, welchen die Mieter für die Bruttowarmmiete aufzubringen haben.[75]

2.2 Analyse der Wohnungsmärkte

2.2.1 Entwicklung der Marktlage

Die Veränderung der Wohnungsnachfrage durch die demografische Entwicklung hat Konsequenzen für die Anbieter und Vermarkter von Immobilien. Angesichts der Situation, dass es in Deutschland mehr Wohnungen als Haushalte gibt, stellt sich die Frage, wieso es trotz Leerstand zu weiterem Neubau kommt. Denn das Urproblem der Wohnungspolitik - eine Wohnung für jeden Haushalt - ist gelöst.[76] Ursächlich liegt dies in der Struktur des Wohnungsangebotes begründet, welche die Wünsche und Vorstellungen der Kunden nicht vollkommen befriedigt. So kann der Bedarf an Wohnraum, welcher im Bestand hinsichtlich Größe, Bauform, Beschaffenheit, Lage oder Qualität nicht in ausreichendem Umfang zur Verfügung steht, nicht in vollem Umfang durch Neubau abgedeckt werden.[77] Als Folge dessen wird sich der Leerstand bei Immobilien, die bereits heutigen Anforderungen und Wünschen nicht mehr gänzlich entsprechen, jedoch aufgrund mangelnder Alternativen derzeit in Anspruch genommen werden, durch eine zunehmende Bereitstellung von bedarfsgerechten Neubauten verstärken.[78]

---

[73] siehe GdW (2008), Wohnungswirtschaftliche Daten und Trends 2008/2009, S. 42 ff.
[74] siehe Spieker (2005), Schrumpfende Märkte in der Wohnungswirtschaft, S. 44 f.
[75] siehe GdW (2007 b), Wohnungswirtschaftliche Daten und Trends 2007/2008, S. 39 ff.
[76] siehe Klein (2007), Die demografische Entwicklung und ihre Auswirkung auf den Markt für Wohnimmobilien, S. 73 ff.
[77] siehe Pfeiffer; Faller; Braun; Möhlenkamp (2004), Wohnpolitische Konsequenzen der langfristigen demografischen Entwicklung, S. 70 ff.
[78] siehe GdW (2007 b), Wohnungswirtschaftliche Daten und Trends 2007/2008, S. 65 ff.

Zukünftig wird ein stärkerer Prüfungsprozess im Hinblick darauf zu erwarten sein, ob Modernisierungen oder Abriss und Neubau sinnvoller sind, um den Bedarf von Wohnraum abzudecken. So kann es manchmal aus wirtschaftlichen, ökonomischen, funktionalen oder ökologischen Prämissen durchaus attraktiver sein, Immobilien abzureißen und neu zu bauen, als deren Grundrisse zu verändern, sie barrierefrei zu gestalten oder energetisch zu sanieren.

Bereits jetzt ist erkennbar, dass sich die Nachfrage nach Wohnraum in den Regionen sehr unterschiedlich entwickelt oder zukünftig entwickeln wird. Wachsenden Wohnungsmärkten stehen Regionen mit stagnierender oder schrumpfender Nachfrage gegenüber. Die Fluktuationsrate, d. h. die Umzüge bezogen auf den bewohnten Wohnungsbestand, kann als ein Indikator für die Marktlage auf dem Wohnungsmarkt herangezogen werden. Bei der Tendenz zu Angebotsüberhängen und einem Nachfragermarkt werden sich die erweiterten Wahlmöglichkeiten der Haushalte auch in einer höheren Zahl von Umzügen niederschlagen.[79] Zwar hat im Jahr 2007 die Zahl der Haushaltswechsel mit 12,7 %[80] einen erneuten Höchststand erreicht, aber es wird derzeit nicht mit einem weiteren Ansteigen gerechnet. Bereits im Jahr 2008 und 2009 wurde dieser Wert schon wieder deutlich unterschritten. Eine stagnierende oder sinkende Zahl der Umzüge kann als Ausdruck einer weitgehenden Sättigung angesehen werden, da die Nachfrager ihre vormals zurückgestellten Wohnwünsche inzwischen am Wohnungsmarkt weitgehend realisieren konnten. Abbildung 10 verdeutlicht diese Aussage.

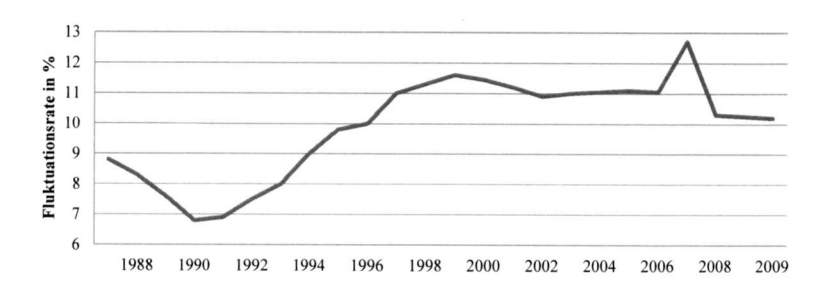

Abbildung 10: Entwicklung der Fluktuationsrate in deutschen Großstädten[81]

---

[79] siehe Klein (2007), Die demografische Entwicklung in Deutschland und ihre Auswirkung auf den Markt für Wohnimmobilien, S. 27 ff.
[80] siehe www.Techem.de (2008), ermittelt auf der Basis von 4,6 Mio. Wohnungen in Mehrfamilienhäusern (12,7 % entsprechen 584.000 Wohnungswechseln)
[81] Quelle: Techem AG 2006, siehe http://www.techem.de/Deutsch/Unternehmen/Presse/Pressearchiv/Archiv_2008_N/Wohnungswechsel_in_Deutschland/; Werte der Jahre 2008 und 2009 siehe GdW-Jahresstatistik 2009

2.2.2 Entwicklung der Kosten für das Wohnen

Die Kosten für das Wohnen setzen sich im Wesentlichen aus 2 Bestandteilen - der Grundmiete und den Betriebskosten - zusammen. Den geringen Kostensteigerungen bei der Grundmiete in den letzten Jahren, welche den Unternehmen u. a. für die Bewirtschaftung, Instandhaltung und Modernisierung ihrer Bestände zur Verfügung steht, stehen erhebliche Aufwendungen, beispielsweise durch steigende Anforderungen und Einkaufspreise, gegenüber. Diese Entwicklung verringert die Investitionsspielräume der Unternehmen zunehmend.

Besonders wird dies auf Märkten mit tendenziellen Angebotsüberhängen deutlich, da die wirtschaftlichen Kennzahlen durch verhaltene Mietpreisentwicklungen beeinflusst werden. Es muss aber darauf hingewiesen werden, dass in den unterschiedlichen Teilmärkten zum Teil deutliche Nivellierungen vorhanden sind, denn in Regionen mit Angebotsnachfragern sind nach wie vor Steigerungspotenziale vorhanden. Trotz der insgesamt moderaten Entwicklung der Nettokaltmieten werden die Ausgaben für das Wohnen deutlich teurer. Dies verdeutlicht die Preisentwicklung für Leistungen, welche in direktem Zusammenhang mit dem Wohnen stehen und die vorausgezahlten und abgerechneten Wohnnebenkosten beeinflussen.[82] Dabei haben sich, wie in Abbildung 11 ersichtlich, in etwa die Preise für Dienstleistungen mit der Entwicklung der Nettokaltmieten gleich entwickelt. Die Kosten für Gas, Heizöl und andere Energieträger sind demgegenüber gestiegen. Sie sind die eigentlichen Preistreiber für das Wohnen.[83]

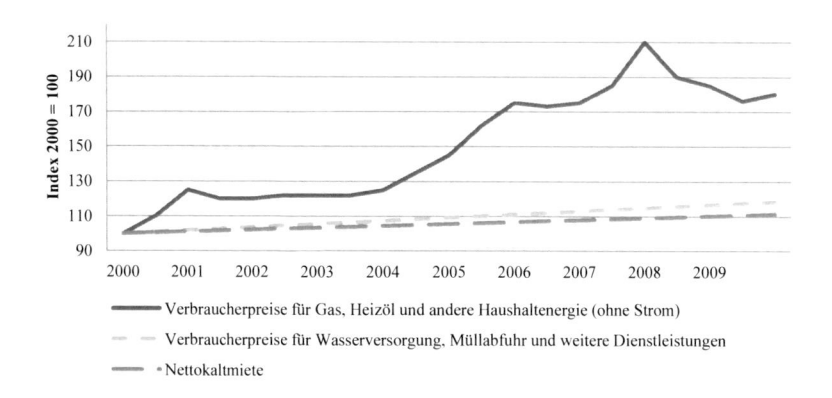

Abbildung 11: Entwicklung der Verbraucherpreise für das Wohnen[84]

---

[82] siehe GdW (2007 b), Wohnungswirtschaftliche Daten und Trends 2007/2008, S. 71 f., 73 ff.
[83] siehe GdW (2008), Wohnungswirtschaftliche Daten und Trends 2008/2009, S. 67 ff.
[84] Quelle: DESTATIS (2009 a), Statistisches Jahrbuch 2009, Fachserie 17, Reihe 7, Verbraucherpreisindex

2.2.3 Entwicklung der Wohnraumangebote

Die regionale Ausdifferenzierung ist heute zentrales Kennzeichen der Wohnungsmarktentwicklung. Nach Jahren, welche durch eine flächendeckende Ausweitung des Wohnungsangebotes geprägt waren, ist jetzt erkennbar, dass sich die Nachfrage nach Wohnraum in den Teilmärkten sehr unterschiedlich entwickeln wird. So besitzt jeder regionale Wohnungsmarkt spezifische, häufig historisch gewachsene Strukturen und Teilmärkte. Je nachdem, wie sich Angebots-, Bevölkerungs- und Wirtschaftsentwicklung zueinander verhalten, ergeben sich unterschiedliche Entwicklungen.[85][86]

In Abbildung 12 wird dabei die Entwicklung der Leerstände der neuen und alten Bundesländer aufgezeigt. Gleichzeitig wurde eine hypothetische Annahme eingefügt, bei welcher der bisher vorgenommene Stadtumbauprozess Ost nicht berücksichtigt ist.

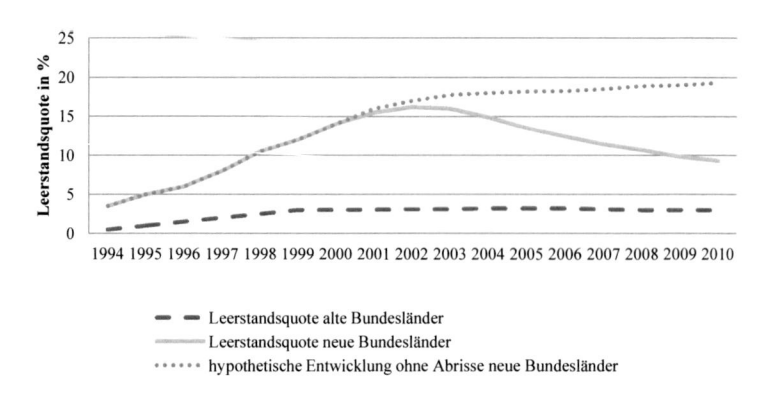

Abbildung 12: Wohnungsleerstand in Ost und West 1994 - 2010[87]

Wohnungsleerstände sind sowohl in den neuen wie auch regional in den alten Ländern zu beobachten. Die Ursachen für Angebotsüberhänge bei Mietwohnungen sind oft struktureller oder wirtschaftlicher Natur.[88]

---

[85] siehe Bertelsmann (2005), Positionspapier "Perspektiven für das Wohnen im Alter" Handlungsempfehlungen des Beirates „Leben und Wohnen im Alter" der Bertelsmann Stiftung
[86] Regionen mit wachsender, stagnierender oder schrumpfender Nachfrage
[87] siehe GdW (2006), Wohnungs- und Immobilienwirtschaft in Deutschland, Jahresstatistik 2009, 2010 Prognose
[88] wie beispielsweise die Bevölkerungs- und Haushaltnachfrageentwicklung, die Abwanderung der Einwohner in das Umland der Städte oder auch aus dem Umland in die Städte, die Abwanderung in andere Regionen oder wirtschaftlicher Strukturwandel

Aufgrund der Leerstandsproblematik, welche die Existenz von Wohnungsunternehmen gefährdet und den Wohnungsmarkt in seinem Funktionieren grundsätzlich beeinträchtigt, wurden durch den Gesetzgeber die Stadtumbauprogramme - ab 2002 in Ostdeutschland und ab 2004 in Westdeutschland - aufgelegt. Während sich der Leerstand in Ostdeutschland größtenteils als flächendeckendes Problem deutlicher Angebotsüberhänge darstellt, ist die Problematik in Westdeutschland gegenwärtig eher von regionaler oder lokaler Bedeutung.[89] [90] [91]

2.3 Analyse der Wohnungsbestände

Mit jeder Nutzung einer Immobilie beginnt ein Prozess, welcher darauf hinausläuft, dass das Produkt den veränderten Bedingungen des Marktes angepasst werden muss.[92] Die Anpassungsfähigkeit der Immobilie stellt damit ein entscheidendes Merkmal für die Zukunft von Immobilien dar, gerade auch um Leerstände und damit verbundene Erlösschmälerungen zu vermeiden. Um diese Prämisse weitestgehend sicherstellen zu können, ist es unabdingbar, dass alle beteiligten Spezialisten und Partner[93] gleichberechtigt den gesamten Planungsentwicklungsprozess begleiten.

Nur unter diesen Bedingungen wäre sicherzustellen, dass alle notwendigen Einflussfaktoren rechtzeitig in der erforderlichen Detailtiefe verfügbar sind und fortlaufend eine „optimierte Immobilie" vorhanden sein kann. Dabei sind auch die Grundsätze für eine größtmögliche Flexibilität und daraus resultierend eine hohe Effektivität zu beachten. Leider liegt der Fokus der Bauherren und Investoren immer noch zu stark auf den Planungs- und Erstellungsprozessen und somit auf Herstellungskosten.

Eine eingehende Betrachtung der Lebenszykluskosten, von denen, wie aus Abbildung 13 ersichtlich, die Errichtungskosten regelmäßig lediglich ca. 20 Prozent ausmachen, findet immer noch zu selten statt.

Ursächlich liegt dies an den Gegebenheiten des Marktes,[94] denn es sind immer noch zu wenige Investoren bereit, höhere Herstellungskosten zugunsten einer frühzeitigen Transparenz und eventuell niedrigere Betreibungskosten in Kauf zu nehmen. Oftmals gehen diese Kosten zulasten des zukünftigen Nutzers.

---

[89] siehe GdW (2008), Wohnungswirtschaftliche Daten und Trends 2008/2009, S. 77 ff.
[90] siehe GdW (2009), Wohnungswirtschaftliche Daten und Trends 2009/2010, S. 63 ff.
[91] siehe GdW (2010 a), Wohnungswirtschaftliche Daten und Trends 2010/2011, S. 64 ff.
[92] siehe Bruhnke; Kübler (2002), Der Lebenszyklus einer Immobilie, S. 497 ff.
[93] von der Entwicklung über Planung, Bau und dem späteren Betrieb
[94] siehe Graubner (2008), „Abreißen ist manchmal besser", S. 9

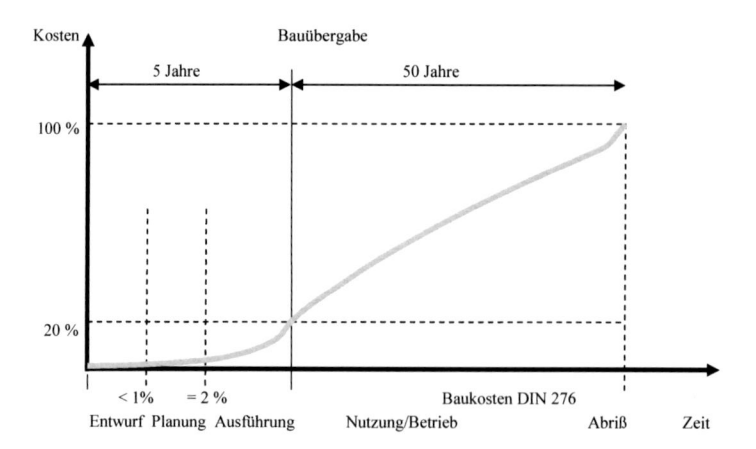

Abbildung 13: Lebenskosten im Wohnungsbau[95]

Sollte sich das Modell der „Warmmietenneutralität" am Markt durchsetzen, besteht die Chance der ganzheitlichen eingehenden Betrachtung der Lebenszykluskosten bereits vor dem Investitionszeitpunkt.

2.3.1 Der Lebenszyklus einer Immobilie

„Der Produktlebenszyklus ist ein Konzept der Betriebswirtschaftslehre und beschreibt den Prozess zwischen der Markteinführung"[96] bzw. Fertigstellung eines Produktes und seiner Herausnahme aus dem Markt.[97] *„Immobilien unterliegen einem Lebenszyklus, der mit Produktlebenszyklen vergleichbar ist, sich jedoch in seiner Länge erheblich von dem anderer Produkte unterscheiden kann."*[98]

Daher wird der Begriff „Lebenszyklus einer Immobilie" aus verschiedenen Perspektiven untersucht. Man fragt zum einen nach der Gebäudesubstanz und zum anderen nach der Wirtschaftlichkeit.[99] [100] In Abschnitt 2.3.3 werden die beeinflussenden Parameter näher betrachtet.

---

[95] siehe IFB (2006), Informationen, Nutzungskostenplanung für die Wohnungswirtschaft, Stand: 20.09.2004
[96] siehe http://de.wikipedia.org/wiki/Produktzyklus, Abrufdatum 08.07.2011
[97] siehe http://de.wikipedia.org/wiki/Produktzyklus, Abrufdatum 08.07.2011
[98] siehe Bruhnke; Kübler (2002), Der Lebenszyklus einer Immobilie, S. 497
[99] siehe Jenkis (2001), Grundlage der Wohnungswirtschaftspolitik
[100] siehe Zeitner (2005), Bewertung von Handlungsalternativen bei Investitionen in den Gebäudebestand - Eine Aufgabe für Architekten, S. 74 ff.

2.3 Analyse der Wohnungsbestände

„Da die Umnutzung von Immobilien mit einem sehr hohen Aufwand verbunden ist, ist eine sorgfältige Marktanalyse und Prognose besonders wichtig, um die investierten Mittel effektiv und langfristig wirtschaftlich einzusetzen."[101] Der Nutzerbedarf ist genau zu definieren und ständig fortzuschreiben.

Falls ein Eigentümer oder Investor beabsichtigt, ein bereits bestehendes Gebäude zu optimieren, ist es notwendig, den gesamten Lebenszyklus dieser Immobilie zu betrachten und zu spezifizieren, um somit die technischen und ökonomischen Anforderungen und Bedingungen besser abschätzen und bewerten zu können. Dies gilt unabhängig von Anreizen, welche beispielsweise durch steuerliche oder gesetzlich vorgesehene Möglichkeiten zur Mietanpassung gegeben sind.

Unter Berücksichtigung aller beeinflussenden Prämissen zeigt eine dynamische Betrachtung des gesamten Produktlebenszyklus einer Immobilie, dass die Konzeptionen oder Strategien auf möglichst alle sich verändernden Situationen und Entwicklungen fortlaufend eruiert und angepasst werden müssen. Diese Konzeptionen, Handlungseinschätzungen oder Modelle können idealerweise oftmals strategische Entwicklungen visualisieren und unterstützen somit den Entscheidungsprozess zur weiteren Gestaltung. Wenn alle beteiligten Partner frühzeitig die Chancen und Risiken abwägen, ist es möglich, dass alle Wertschöpfungsstufen[102] der Immobile berücksichtigt werden können. Dadurch kann das Ziel erreicht werden, dass infolge einer Optimierung von Schnittstellen eine Senkung der Lebenszykluskosten (sog. „Life Cycle Costs") in verschiedenen Phasen erfolgen kann.[103]

Bargstädt unterstreicht diese Tatsache, dass die Entwicklung von Lifecycle-Strategien dazu dienen soll, Kosten zu verringern, Leistungen zu optimieren und Risiken zu minimieren.[104]

Die Produktlebenszykluskostenkalkulation beruht letztendlich auf Methoden der Investitionsrechnung.[105]

Allgemein gliedert sich der Lebenszyklus eines Gebäudes in folgende in Abbildung 14 dargestellten Phasen auf:

---

[101] siehe http://immobilientutor.de/verwaltung/geb%C3%A4udemanagement.html, Effektives Gebäudemanagement Teil 1/2: Der Lebenszyklus eines Gebäudes, Abrufdatum 06.07.2011
[102] Planen, Bauen, Finanzieren, Betreiben und Verwerten
[103] siehe Völker (2010), Methoden und Baustoffe zur nutzerorientierten Bausanierung, in: Nutzerorientierte Bausanierung, S. 7 f.
[104] siehe Bargstädt (2006 a), Lifecycle-Strategien für Bauwerke, S. 30
[105] siehe Alfen; Fischer; Schwanck; Kieswetter; Steinmetz; Gürtler (2008), Lebenszyklusorientiertes Management öffentlicher Liegenschaften am Beispiel von Hochschulen und Wissenschaftseinrichtungen, S. 24 f.

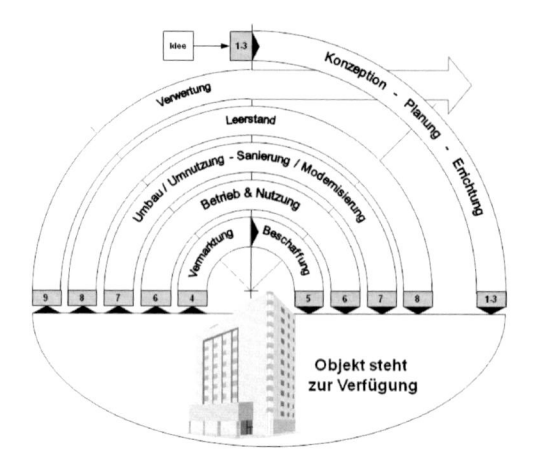

Abbildung 14: Lebenszyklusphasen (zyklische Darstellung)[106]

2.3.2 Betrachtung der wirtschaftlichen Nutzungs- und der technischen Lebensdauer eines Gebäudes

Bei der Wirtschaftlichkeitsbetrachtung von Immobilen finden sich in vielen Veröffentlichungen die Begriffe „wirtschaftliche Nutzungsdauer" und „technische Lebensdauer". Als wirtschaftliche Nutzungsdauer ist dabei die Zeitspanne zu bezeichnen, in der sich aus der Nutzung des Gebäudes langfristig ein Einnahmenüberschuss ergibt. Dabei ist es notwendig, Rückstellungen für Erlösschmälerungen bei Leerstandsphasen soweit wie möglich in die Ausgaben einzukalkulieren. Die technische Lebensdauer betrachtet den gesamten Prozess umfangreicher. Sie beginnt mit der Konzeption des Gebäudes und beinhaltet den eigentlichen Bau, eine möglichst lange Nutzungsphase, führt teilweise über in einen Verfallsprozess und endet mit dessen Abbruch bzw. der Rekultivierung der Grundstücksfläche.[107]

Homann untersuchte die Lebensdauer und differenzierte: „*Während die technische Lebensdauer die grundsätzliche physische Haltbarkeit des betreffenden Gebäudeelementes bezeichnet, begreift die wirtschaftliche Nutzungsdauer den Zeitraum, in dem ein Objekt*

---

[106] Quelle: GEFMA 100-1, Facility Management Grundlagen, Entwurf 7-2004, S. 6, GEFMA e.V. - German Facility Management Association (1989 gegründet versteht sich GEFMA als das deutsche Netzwerk der Entscheider im Facility Management (FM))

[107] siehe Zeitner (2005), Bewertung von Handlungsalternativen bei Investitionen in den Gebäudebestand - Eine Aufgabe für Architekten, S. 81 ff.

gemäß seiner Widmung unter Wahrung des wirtschaftlichen Prinzips genutzt werden kann."[108]

2.3.3 Beeinflussende Parameter

Eine wichtige Voraussetzung zur Beeinflussung des Lebenszyklus von Gebäuden ist die Wahrung des wirtschaftlichen Prinzips über möglichst alle Phasen.[109] Es ist erforderlich, sich bereits frühzeitig Gedanken über den weiteren Zyklus einer Immobilie zu machen und nicht erst, wenn beispielsweise die Ausgaben für Instandhaltung, Verwaltung und Modernisierung höher als die eigentlichen Erlöse werden. Diese Herangehensweise vermindert oftmals ein hohes Leerstandsaufkommen, was Mietausfälle und weitere Erlösschmälerungen nach sich zieht.

Allgemein scheint es jedoch vorteilhafter zu sein, die beeinflussenden Parameter bei Berücksichtigung eventuell veränderter Marktintensität unter wirtschaftlichen Prämissen in die bereits angeführten und nachfolgend nochmals detailliert aufgeführten Phasen der Lebenszyklen eines Gebäudes aufzuteilen.[110]

Entwicklungsphase (Idee, Konzeption)

Eine der wesentlichsten Voraussetzungen für den wirtschaftlichen Erfolg einer Immobilie und die Möglichkeit ihrer Nutzung werden mit der Entwicklungsphase gelegt. In ihr werden wichtige Grundlagen für die folgenden Phasen des Lebenszyklus geschaffen. *„Zu diesem Zeitpunkt können Gestaltung und Kosten der Immobilie aktiv gesteuert werden, was in den nachfolgenden Phasen nur noch vermindert"*[111] bzw. überhaupt nicht mehr möglich ist.[112]

Abbildung 15 verdeutlicht nochmals den Zusammenhang, dass im Lebenszyklus von Immobilien die Entwicklungsphase den größtmöglichen Gestaltungs- und Kostenspielraum gewährleistet. Mit fortschreitender Entwicklung wird diese Handlungsmöglichkeit stark beeinträchtigt und vermindert.

---

[108] siehe Homann (2001), Immobilien-Management - Ein erfolgspotenzialorientierter Ansatz, S. 377
[109] siehe Schierenbeck; Wöhle (2008), Grundzüge der Betriebswirtschaftslehre
[110] siehe Bruhnke; Kübler (2002), Der Lebenszyklus einer Immobilie, S. 497 ff.
[111] siehe Bruhnke; Kübler (2002), Der Lebenszyklus einer Immobilie, S. 499 f.
[112] siehe Pfnür (2002), Modernes Immobilienmanagement, S. 108 f.

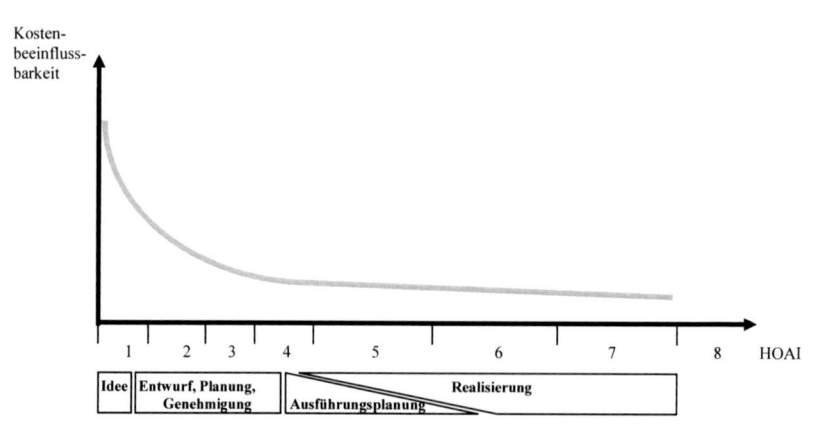

Abbildung 15: Kostenbeeinflussbarkeit einer Immobilie[113]

Realisierungsphase (Planung, Beschaffung, Errichtung, Inbetriebnahme)

„*Der Übergang von der Entwicklungs- zur Realisierungsphase ist fließend. Er beginnt mit der Detailplanung und endet mit der Übernahme durch den Nutzer.*"[114] Die bauliche Umsetzung erfordert es, die zukünftige Funktionsfähigkeit unter Berücksichtigung der Wirtschaftlichkeit der Immobilie sicherzustellen sowie alle Teilprozesse von der Entwicklung bis zur Realisierung zu einem Gesamtprozess zusammenzufügen.

Dieser Ansatz soll an einem Beispiel dargestellt werden. Bei Auftragsvergaben bekommt meist der Auftragnehmer den Zuschlag, welcher die Leistung zum günstigsten Preis, ggf. auch unter Inanspruchnahme von Alternativfabrikaten, anbieten kann. Dabei wird in der Regel nur geprüft, ob das Produkt den derzeit gültigen Vorschriften und Gesetzlichkeiten entspricht. Eine Entscheidung auf Basis der Dauerhaftigkeit oder der Kosten im Hinblick auf das Facility Management wird selten in den Vordergrund gestellt.

Dessen ungeachtet werden jedoch bereits heute, insbesondere vor dem Fokus der Umweltverträglichkeit von Maßnahmen, verstärkt die Baunutzungskosten bereits in früheren Planungsphasen berücksichtigt. Im Ergebnis einer im Jahre 2005 durch die Bauhaus-Universität Weimar durchgeführten Befragung von 1.040 öffentlichen Immobilieneigentümern messen mittlerweile fast 78 % der Befragten dem Thema Lebenszyklusmanagement eine hohe bis sehr hohe Bedeutung bei.[115]

---

[113] Quelle: HOCHTIEF PreFair-Dienstleistungspaket, siehe http://www.hochtief-construction.de/construction/41.jhtml, Abrufdatum 12.07.2010
[114] siehe Bruhnke; Kübler (2002), Der Lebenszyklus einer Immobilie, S. 501 f.
[115] siehe Bargstädt (2006 a), Lifecycle-Strategien für Bauwerke, S. 30

Nutzungsphase (Betrieb und Nutzung)

Die Nutzungsphase einer Immobilie nimmt im gesamten Lebenszyklus den längsten Zeitraum ein und führt damit auch zu den mit Abstand höchsten Kosten.[116]

Nach der Definition der GEFMA hat in dieser Phase das Facility Management einen elementaren Einfluss auf die Wirtschaftlichkeit einer Immobilie und prägt somit letztendlich deren Nachhaltigkeit. So kommt es nicht nur darauf an, bereits frühzeitig eine Verknüpfung zu den anderen Lebenszyklusphasen einer Immobilie durch das Facility Management zu ermöglichen, sondern auch mithilfe eines aktiven und erfolgsorientierten Managements die optimale Verwaltung und Nutzung von Immobilien sicherzustellen.[117]

Nach der Struktur und Unternehmensausrichtung unterscheidet sich die jeweilige Schwerpunktsetzung. Dabei hat sich der Begriff des Corporate Real Estate Management in den letzten Jahren durchgesetzt. Er bündelt zielorientiert verschiedene Instrumente wie z. B.[118]

- Informations-Management
- Flächen-Management
- Gebäude-Management
- Facility Management
- Standortplanung
- Property-Management
- Projektentwicklung
- Portfoliomanagement[119]

Das Facility Management ist demnach hauptsächlich und mit allen seinen Facetten und Bereichen für einen wirtschaftlichen Betrieb von Immobilien verantwortlich. *„Diese Verantwortlichkeit beginnt aber nicht erst mit der Übergabe der Immobilie an den Nutzer, sie muss vielmehr schon in der Entwicklungsphase einsetzen und wichtige Impulse bei der Erstellung der Immobilie geben.*"[120] Nur dann ist die Möglichkeit gegeben, in der Nutzungsphase so wirtschaftlich wie möglich mit der Immobilie umzugehen.[121] [122]

---

[116] siehe Bruhnke; Kübler (2002), Der Lebenszyklus einer Immobilie, S. 502 f.
[117] siehe http://www.gefma.de/gefma.html, Abrufdatum 04.06.2011
[118] siehe http://de.wikipedia.org/wiki/Corporate_Real_Estate_Management, Abrufdatum 07.07.2011
[119] siehe Pfnür (2002), Modernes Immobilienmanagement
[120] siehe Bruhnke; Kübler (2002), Der Lebenszyklus einer Immobilie, S. 501 f.
[121] siehe Pfnür (2002), Modernes Immobilienmanagement, S. 55
[122] siehe Pfeiffer; Bethe; Hauschke; Kummer; Steinwachs (1999), Facility Management - Das neue Leistungsangebot für Planer und Bauausführende, Teil 2, S. 9 f.

Revitalisierungsphase (Umbau/Umnutzung und Sanierung/Modernisierung)

„Die Revitalisierungsphase soll dazu führen, dass eine Immobilie einer erneuten Nutzung zur Verfügung gestellt wird und der Immobilienlebenszyklus nicht in die Verwertungsphase übergeht."[123]

Eine Revitalisierung, welche oftmals mit baulichen Veränderungen verbunden ist, kann eine Nutzungsänderung nach sich ziehen.[124] Auslöser sind meist veränderte Bedarfsanforderungen oder Wünsche von Investoren oder Nutzern. Die Revitalisierung ist jedoch nicht zwangsläufig mit einer veränderten Konzeption verbunden. *„Sie wird häufig dann notwendig, wenn die Immobilie bereits länger genutzt wurde und bauliche oder technische Anlagen nicht mehr dem Stand der Technik entsprechen."*[125] Oftmals ist dabei ein Einsatz angepasster und spezieller Baustoffe unumgänglich.[126]

Um die Immobilie wirtschaftlich betreiben zu können, sind ein frühzeitig durchdachtes Konzept, eine ordnungsgemäße und fachgerechte Bauausführung und ein gutes, verantwortungsbewusstes und optimales Facility Management, welches alle Bereiche des Lebenszyklus einer Immobilie berücksichtigt, notwendig.

Verwertungsphase (Leerstand, Verwertung)

Ist zum Ende der Nutzungsphase die Entscheidung gefallen, dass eine Revitalisierung nicht mehr wirtschaftlich möglich oder gewünscht ist, geht der Immobilienlebenszyklus in die Verwertungsphase über.

Die Verwertungsphase ist im Vergleich zu den vorhergehenden sehr kurz und beinhaltet letztlich nur die Entscheidung, ob nach dem Gebäudeabriss eine Revitalisierung der Außenanlagen erfolgt. Eine weitere Möglichkeit ist, dieses Grundstück zu verkaufen oder für eine neue Projektentwicklung vorzusehen. *„Der Einfluss der Verwertungsphase auf den Immobilienlebenszyklus ist vergleichsweise gering."*[127]

---

[123] siehe Bruhnke; Kübler (2002), Der Lebenszyklus einer Immobilie, S. 503 f.
[124] siehe Krimmling (2005), Facility Management. Strukturen und methodische Instrumente
[125] siehe Bruhnke; Kübler (2002), Der Lebenszyklus einer Immobilie, S. 503 f.
[126] siehe Völker (2010), Methoden und Baustoffe zur nutzerorientierten Bausanierung, in: Nutzerorientierte Bausanierung, 2010, S. 7 f.
[127] siehe Bruhnke; Kübler (2002), Der Lebenszyklus einer Immobilie, S. 504

3 Anforderungen an die Bestandsentwicklung von Wohnungsunternehmen

Der „Demografische Wandel" wird vermehrt als Schlagwort benutzt. Er steht für einen gesellschaftlichen Umbruch und ruft vorwiegend negative Assoziationen hervor. Tatsächlich hat dieser Prozess gravierende Auswirkungen auf alle Bereiche des gesellschaftlichen Lebens.[128] *„Das Wohnen ist der Grundzug des Seins"*[129] oder mit anderen Worten das Elementarste des Lebens und gilt als unersetzbar für die Menschen. Heute ist das Finden einer den individuellen Ansprüchen ausreichenden Wohnstätte in den meisten Teilmärkten gewährleistet. Die Wohnqualität rückt auf Wohnungsmärkten jedoch stärker in den Mittelpunkt.[130] Die Wohnung ist für Menschen der Ort ihres Lebensmittelpunktes, welcher sie emotional am stärksten bindet. Hier werden alle Aktivitäten gestartet und eine Rückkehr ist jederzeit möglich. Die auf das Wohnen bezogenen Grundbedürfnisse nach Sicherheit, Schutz, Geborgenheit, Kontakt, Kommunikation und Selbstdarstellung sind auf alle Menschen anwendbar.[131]

Bestandsentwicklung von Wohnungsunternehmen ist immer mit Veränderungen verbunden, welche ein Umdenken oder eine Neuanpassung aller Beteiligten nach sich zieht. Es kommt darauf an, den Mieter frühzeitig zu informieren und erforderlichenfalls in den Entscheidungsprozess mit einzubeziehen, da er dadurch das Gefühl bekommt, dass seine Bedürfnisse wahrgenommen werden. So ist er dann oftmals eher bereit, diesen Prozess zu unterstützen. Die Anforderungen an Wohnraum werden zukünftig vermehrt steigen. Das betrifft diejenigen, welche das „Selbstbestimmte Wohnen im Alter" ermöglichen können, als auch die Anforderungen hinsichtlich Energieeffizienz und Klimaschutz. Diese gestiegenen oder geänderten Ansprüche können ohne zusätzliche Aufwendungen immer öfter nicht aus dem vorhandenen Bestand heraus befriedigt werden. Aufgrund der sozioökonomischen Rahmenbedingungen werden in Zukunft die Energieeffizienz eines Gebäudes und die daraus resultierenden Wohnnebenkosten jedoch verstärkt Berücksichtigung finden.

Für Wohnungsunternehmen ist der Schritt der umfangreichen Modernisierung und Instandsetzung, um bestehende Wohnungen aufzuwerten und besser vermieten zu können, im Hinblick auf die demografische Entwicklung umso dringlicher. Ebenfalls werden bestimmte Merkmale in Bezug auf Ausstattung, Standort und Wohnumfeld noch wichtiger für die Vermietbarkeit werden.[132] Von den über 39 Millionen Wohnungen in

---

[128] siehe Koop (2007), Demografischer Wandel und Wohnungsmarktentwicklung, S. 1 f.
[129] Martin Heidegger (1889 - 1976)
[130] siehe Koop (2007), Demografischer Wandel und Wohnungsmarktentwicklung, S. 60 f.
[131] siehe Wilde; Franke (2006), Die „silberne" Zukunft gestalten - Handlungsoptionen im demografischen Wandel am Beispiel innovativer Wohnformen für ältere Menschen, S. 103 f.
[132] siehe Brinker (2005), Das Bild vom Alter und dessen Einfluss auf die Wohnformen für ältere Menschen im 20. Jahrhundert

Deutschland erfüllen gerade einmal ca. 250.000 bzw. 0,6 % die Kriterien einer barrierefreien Wohnung.[133]

Die Auswirkungen der demografischen Entwicklung auf die Angebotsseite des Wohnungsmarktes sind gravierend. Prägenden Einfluss auf die Anbieter werden die wachsenden Angebotsüberhänge für die betroffenen Märkte haben, da es zu einem Qualitätswettbewerb kommen wird.[134] [135] Da der Wohnungsmarkt bei den Bestandsmietern als allgemein „träger Markt"[136] bezeichnet werden kann, wird sich der Qualitätswettbewerb schleichend etablieren. Dabei werden vor allem solche Immobilien als unattraktiv gelten, die quantitative Mängel aufweisen oder an ungünstigen Standorten liegen. Bundesweite Erfahrungen von Immobilienunternehmen zeigen, dass ältere Menschen nur äußerst selten von sich aus einen Anpassungsbedarf in ihrer Wohnung anmelden. Dies hängt einerseits mit der Unwissenheit über die durch das jeweilige Immobilienunternehmen eingeräumten Möglichkeiten[137] und zum anderen mit der in der heutigen Generation älterer Menschen noch weit verbreiteten Genügsamkeit und einer Scheu, Forderungen an den Vermieter zu stellen, zusammen.[138] Weiter muss die Sorge vor einer Erhöhung der Mietkosten in diesem Zusammenhang angeführt werden.

Auch wenn regelmäßig über die Möglichkeiten der Anpassung des eigenen Wohnraumes informiert wird, gibt es doch viele ältere Menschen, die sich scheuen, ihren Bedarf aktiv anzumelden. Sie versuchen, sich so lange wie möglich mit den Gegebenheiten zu arrangieren bzw. darauf einzurichten. Oftmals haben sie auch eine besondere „Beziehung" oder Verbindung zu ihrem Vermieter und der zumeist langjährig angemieteten Wohnung. Vielfach möchten sie einfach nicht unangenehm auffallen und scheuen sich deshalb davor, Veränderungen zu veranlassen. Andererseits sind sie vermehrt nicht mehr in der Lage, den baulichen und organisatorischen Aufwand abzuschätzen. Leistungen wie beispielsweise das Ausräumen von Zimmern, das Abdichten von nicht betroffenen Bereichen gegen Staubentwicklung, das Beantragen finanzieller Zuschüsse bei Kassen, Trägern oder Vermietern sowie die Artikulation und Durchsetzung von Bedürfnissen gegenüber Handwerkern stellt ältere Menschen teilweise vor psychologische oder physische Herausforderungen. Für Immobilienunternehmen wird es verstärkt darauf ankommen, diese Menschen aktiv zu begleiten und dies nicht nur hinsichtlich der Ablaufplanung, der Finanzierung und Kontrolle der Arbeiten, sondern auch hinsichtlich

---

[133] siehe Mo-Ma (2008), Aktuelle Trends am deutschen Wohnungsmarkt, S. 19
[134] siehe GdW (2008), Wohnungswirtschaftliche Daten und Trends 2008/2009, S. 17 ff.
[135] siehe Klein (2007), Die demografische Entwicklung in Deutschland und ihre Auswirkung auf den Markt für Wohnimmobilien, S. 77 f.
[136] siehe Mayer (2008), Demografischer Wandel - Auswirkungen auf den Wohnungsmarkt, S. 436
[137] siehe Saup (2001), Ältere Menschen im Betreuten Wohnen, S. 61
[138] siehe Narten (2004), Wohnen im Alter - Bausteine für die Wohnungswirtschaft, S. 19 ff.

von Informations-, Betreuungs- und Unterstützungsleistungen bei eigenen Maßnahmen.[139]

Ein immer wichtiger werdendes Handlungsfeld in der Bewirtschaftungsphase von Wohnimmobilien ist das soziale Management. Soziales Management bedeutet: Mitsehen, Mitfühlen, Mitdenken, Mitentwickeln, Mithandeln und Mitverantworten.[140] Aus Sicht der Unternehmen wird es wichtiger, die Ängste der älteren Menschen wahrzunehmen, sie zu verstehen und durch geeignete Maßnahmen abzubauen. Ängste sind ein untrennbarer Teil des persönlichen Schutzbedürfnisses, denen nur durch gezielte Beratung vor Ort entgegengewirkt werden kann. Diese Aufgabe haben in vielen Immobilienunternehmen Sozialarbeiter oder Mitarbeiter mit einer entsprechenden Zusatzqualifikation übernommen. Im Jahr 2009 wurden in knapp 30 %[141] der Unternehmen, welche durch den Verband Sächsischer Wohnungsgenossenschaften e. V.[142] vertreten werden, Sozialarbeiter beschäftigt.[143] Ob diese Anzahl in Zukunft ausreichen wird, scheint mit den zu erwartenden sozioökonomischen Rahmenbedingungen fraglich.

3.1 Wohnungsnachfrageentwicklung durch demografische Veränderungen

In den unterschiedlichen Lebensphasen eines Menschen gibt es dimensionale, biologische und kognitive Veränderungen, die gemäß der persönlichen Situation früher oder später auftreten können und dementsprechend individuelle Anforderungen an die Wohnbedürfnisse mit sich bringen.[144] Unter den künftigen Auswirkungen der Bevölkerungsentwicklung, gekennzeichnet durch Stagnation und Abnahme sachlicher und räumlicher Teilmärkte, werden sogenannte Mietermärkte entstehen. Die Mietermärkte haben folgende Auswirkungen:[145]

auf Mieterseite:

- abnehmende Mietbelastung
- relativ freie Wahl der Wohnung
- zunehmende Umzugsbereitschaft und Wohnmobilität
- Bedeutungsgewinn für qualitative Merkmale der Wohnung, der Wohnlage
- abnehmendes Verantwortungsbewusstsein der Mieter

---

[139] siehe Narten (2004), Wohnen im Alter - Bausteine für die Wohnungswirtschaft, S. 19 ff.
[140] siehe Riedel (2002), Präventives Quartiersmanagement. Beispiel einer erfolgreichen Kooperation zwischen einem traditionellen kommunalen Wohnungsunternehmen und einem alternativen Träger
[141] 28,4 % der befragten 235 Wohnungsunternehmen
[142] VSWG vertritt 235 Wohnungsgenossenschaften mit insgesamt 287.451 WE
[143] siehe Verbandsbefragung (2009), www.vswg.de
[144] siehe BBR (2008 b), Wohnen ohne Barrieren - Erhöhte Wohnqualität für alle, S. 9
[145] siehe Glatter (2003), Strategien der Wohnungsunternehmen in schrumpfenden und wachsenden Märkten, S. 149 ff.

auf Vermieterseite:
- sinkende Mieteinnahmen
- Wohnungsleerstand
- zunehmende ökonomische Belastungen der Wohnungsunternehmen
- erhöhter Verwaltungsaufwand und Entstehung instabiler Quartiere durch hohe Mieterfluktuation
- zunehmender Konkurrenzkampf zwischen Wohnungsanbietern

für die Stadtregion:
- steigende sozial-räumliche Polarisierung
- mangelhafte Auslastung und Ausdünnung der Nahversorgung
- in der Fläche abnehmende Auslastung technischer Infrastrukturen
- Gefahr der Auflösung des städtebaulich-funktionalen Gefüges
- Stadtteile mit hohen Leerständen geraten eventuell in eine Abwertungsspirale

„*Ältere Menschen wollen so lange wie möglich selbstständig in den eigenen vier Wänden wohnen.*"[146] So ist unter dem Blickwinkel einer älter werdenden Bewohnerschaft eine dem Alter angepasste Ausstattung der Gebäude und Wohnungen für deren zukünftige Nutzbarkeit unabdingbar. Diesen Ansatz bestätigt die im Rahmen einer durch das Leibniz-Institut für ökologische Raumentwicklung (IÖR) in Kooperation mit dem Dresdner Stadtplanungsamt im Jahr 2007 durchgeführte Befragung von 6.000 älteren Menschen zwischen 60 und 95 Jahren in der Stadt Dresden. Hier äußerten sich mehr als ein Drittel der Befragten u. a. zu ihren gegenwärtigen Wohnsituationen, zu Umzugswünschen und zu bevorzugten Wohnformen für das Alter.[147]

3.1.1 Demografische Einflussfaktoren auf die Bevölkerungs- und Haushaltsentwicklung

Die Angaben zu Bevölkerungszahl und Bevölkerungsstruktur sind eine wesentliche Grundlage für die Ermittlung der Haushaltentwicklung in den kommenden Jahren.[148][149] Einerseits können zwar Bevölkerungsprognosen für die nächsten 15 bis 20 Jahre relativ genau aufgestellt werden, jedoch hängen Haushaltprognosen von einer Vielzahl von Einflüssen, welche eine genaue und präzise Voraussage nur schwer möglich machen,

---

[146] siehe http://www.pflegebeduerftig.de/index.php?seite=red_barrierefreiwohnen, Abrufdatum 10.05.2011
[147] siehe Banse; Möbius; Deilmann (2008), Wohnen im Alter 60+ Ergebnisse einer Befragung in der Stadt Dresden, 2008
[148] siehe GdW (2008), Wohnungswirtschaftliche Daten und Trends 2008/2009, S. 42 ff.
[149] siehe Jahresgutachten 2009 und 2010 des Sachverständigenrates zur Begutachtung der gesamtwirtschaftlichen Entwicklung, online unter: http://sachverstaendigenrat-wirtschaft.de /fileadmin/x_ga_2010_11/ga10_ges.pdf, Abrufdatum 20.04.2011

ab.[150] Neben den demografischen Faktoren wie Fertilität,[151] Mortalität[152] und Mobilität müssen auch sozioökonomische Verhaltensweisen wie Haushaltbildungs- und Haushaltauflösungsverhalten integriert werden.

Die aktuelle Raumordnungsprognose 2020/2050 des BBR verdeutlicht, dass die Effekte einer generellen Haushaltsverkleinerung bis zum Prognosehorizont im Jahr 2020 weiter andauern und Nachfragerückgänge aufgrund der sinkenden Bevölkerungszahl auch weiterhin durch das Bildungsverhalten überkompensiert werden. Erst ab dem Jahr 2020 ist zu erwarten, dass die Entwicklung der Haushalte den Rückgang der Bevölkerung nicht mehr kompensieren kann.[153]

3.1.2 Auswirkungen des demografischen Wandels auf den Wohnungsbestand

Die demografische Entwicklung hat Auswirkungen auf die Gestaltung unserer baulichen Umwelt und erfordert ein konsequentes Umdenken sowie die Auseinandersetzung mit den konkreten Bedürfnissen älterer Menschen. Zukünftig wird es notwendig sein, den vorhandenen Wohnungsbestand an die Bedürfnisse der Bewohner anzupassen und die Frage nach einer generationenübergreifenden Tauglichkeit und Nachhaltigkeit von Wohnraum zu beantworten.[154] Die altersgerechte Anpassung von Wohnungen, Gebäuden und Wohnumfeldern wird von Wohnungsunternehmen zur Akquisition und Bindung der älteren Mieter am häufigsten in Angriff genommen. Es besteht jedoch ein nach wie vor hoher qualitativer Anpassungsbedarf des Wohnungsbestandes an die demografisch veränderte und diversifizierte Nachfrage. Demnach wird der altersgerechte Umbau von Wohnungen in den nächsten Jahrzehnten als eine der zentralen Aufgaben der Wohnungswirtschaft und -politik angesehen, denn nur jeder dritte ältere Mensch stuft seine Wohnung als altersgerecht ein. Dabei liegt der Schwerpunkt in der Anpassung des vorhandenen Wohnungsbestandes. Dies bestätigt auch eine aktuelle Studie der KfW.[155]

Zusammenfassend kristallisieren sich derzeit zwei Möglichkeiten für Immobilienunternehmen heraus, um die vorhandenen Immobilienbestände auf nachgefragte Erfordernisse anzupassen:

---

[150] siehe Sozialplanung für Senioren, online unter http://www.sozialplanung-senioren.de/uploads/tx_jpdownloads/SfS_Teil2_Handbuch_ik2_onlineversion.doc, Abrufdatum 27.12.2010
[151] Zahl der Kinder, die durchschnittlich eine Frau im Laufe ihres Lebens - meist zwischen ihrem 15. und 45. Lebensjahr - zur Welt bringt
[152] Anzahl der Todesfälle, bezogen auf die Gesamtanzahl der Individuen
[153] siehe GdW (2007 b), Wohnungswirtschaftliche Daten und Trends 2007/2008, S. 39 ff.
[154] siehe BBR (2008 b), Wohnen ohne Barrieren - Erhöhte Wohnqualität für alle, S. 8
[155] siehe KfW (2008), KfW Bankengruppe, Beiträge zur Mittelstands- und Strukturpolitik Nr. 40, Sonderband Perspektiven der Wohnungswirtschaft

1. Im individuellen personenbezogenen Bedarfsfall werden Veränderungen in der Wohnung oder im Wohngebäude spezifisch und fallbezogen vorgenommen.
2. Grundsätzlich werden bei Erneuerung/Sanierung/Modernisierung (Revitalisierung) des Bestandes die Erfordernisse aller potenziellen Zielgruppen mit einer größtmöglichen Schnittmengenübereinstimmung berücksichtigt.

Um ausreichenden Wohnraum, welcher die Bedürfnisse älterer Menschen berücksichtigt, zur Verfügung zu stellen, kommt für die Wohnungswirtschaft der strukturellen Anpassung eine besondere Bedeutung zu. Hierunter versteht man die systematische Nachbesserung des vorhandenen Wohnungsbestandes mit dem Ziel, den Anteil barrierefreier Gebäude und Wohnungen zu vergrößern und das Wohnumfeld altersfreundlicher zu gestalten.

Als Maßstab gilt vor allem die DIN 18025, Teil 2 „Barrierefreie Wohnungen". Allerdings ist es im Bestand nur selten möglich, die Anforderungen der DIN vollständig zu erfüllen. Im Vorwort zur DIN heißt es deshalb, dass diese Norm bei Modernisierungen „sinngemäß" anzuwenden sei. In den letzten Jahren hat sich für solche Maßnahmen einer nur annähernd entsprechender o. a. DIN-gerechte Baumaßnahme der Begriff „barrierearm" eingebürgert.[156][157]

Auf Basis einer Studie,[158] welche den Wohnungsbedarf regional ausweist, ergibt sich allein aus der demografischen Entwicklung bundesweit ein Neubaubedarf von ca. 200.000 Wohnungen pro Jahr.[159] Des Weiteren besteht ein zusätzlicher qualitativer Bedarf von ca. 150.000 bis 200.000 Wohnungen jährlich. Dieser wird sich in Zukunft auch an Seniorengerechtigkeit orientieren und gründet sich auf Angaben[160] von Vorständen der Wohnungsunternehmen, von Architekten und Bauingenieuren. Sie gehen davon aus, dass bei rund 20 Prozent aller Wohnungen der 50er-, 60er- und 70er-Jahre eine Sanierung und Modernisierung unter derzeitigen Bedürfnissen und wirtschaftlichen Gesichtspunkten nicht sinnvoll erscheint. Ein Abriss mit anschließendem Neubau ist aufgrund vielfältiger baulicher Restriktionen oftmals wirtschaftlicher.

Als ein weiterer und nicht zu vernachlässigender Punkt des Maßnahmenspektrums nehmen die sozialen Dienstleistungen mit der Schaffung von Gemeinschaftsräumen, der Organisation geselliger Veranstaltungen sowie der Organisation von Hilfs- und Pflegeleistungen eine stärkere Rolle ein.

---

[156] siehe BBR (2008 b), Wohnen ohne Barrieren - erhöhte Wohnqualität für alle
[157] siehe Narten; Scherzer (2007), Älter werden - wohnen bleiben, S. 55 f.
[158] siehe Pestel Institut (2009), Wohnungsmangel in Deutschland?
[159] Neubau im Jahr 2009 insgesamt 176.000 Wohnungen
[160] siehe Mo-Ma (2009), Auch im Osten droht Wohnungsmangel, S. 22

3.2 Innovative Dienstleistungen rund um das Wohnen

Ganz gleich, welche Bedürfnisse ältere Menschen im Alter entwickeln, eine ganz besondere Rolle spielt das „Wohnen im Alter". Zunehmende Bedeutung gewinnt dabei das Forschungsfeld „Alter und Technik" in Kooperation mit wohnbegleitenden Dienstleistungen. Dabei kann die Frage, ob die allgemein gängigen Technikbilder des Alters wissenschaftlich belastbar sind, nicht eindeutig beantwortet werden.[161] [162]

Die individuellen Lebensumstände und Erfahrungen eines Menschen haben einen bedeutenden Einfluss auf die Anwendung und den jeweiligen Umgang mit der Technik. Sie legen die Basis für das persönliche Technikeinstellungs- und Nutzungsmuster des Betroffenen.[163] Untermauert wird dies auch durch eine umfassende Erhebung in Deutschland im Rahmen des Projektes „Seniorengerechte Technik im häuslichen Alltag",[164] kurz SENTHA. Heute konzentrieren sich innovative Dienstleistungen rund um das Wohnen insbesondere auf drei strategische Handlungsfelder:[165]

- Multimediaangebote
- Energieeffizienz
- altersgerechtes Wohnen

Neue Entwicklungen und Innovationen werden von Wohnungsunternehmen eher zurückhaltend aufgegriffen und dann häufig erst einmal in Modellprojekten erprobt. Erkenntnisse und Erfahrungen aus diesen Modellprojekten liefern wesentliche Hinweise für den praktischen Einsatz neuer Technologien und Dienstleistungen. Kabelnetze haben sich dabei zu universellen Infrastrukturen entwickelt und können die Signale, Daten und Dienste für Telefon, TV und Internet - das sogenannte Triple Play - in die Wohnungen übertragen. Auf der Basis der leistungsfähigeren Infrastrukturen sind neue Anwendungen und Dienste für Wohnungsnutzer entstanden.[166]

Mit dem Begriff des „vernetzten Wohnens" werden, wie nachfolgend noch ergänzend angeführt, verschiedene Lösungsansätze zur technik- oder technologiegestützten Inte-

---

[161] siehe Mollenkopf; Kaspar (2004), Technisierte Umwelten als Handlungs- und Erlebnisräume älterer Menschen
[162] siehe GdW (2007 b), Wohnungswirtschaftliche Daten und Trends 2007/2008, S. 121 ff.
[163] siehe Wilde; Franke (2006), Die „silberne" Zukunft gestalten - Handlungsoptionen im demografischen Wandel am Beispiel innovativer Wohnformen für ältere Menschen, S. 184 ff.
[164] SENTHA ist eine Forschungsgruppe mit Beteiligung der Technischen Universität Berlin, des Berliner Instituts für Sozialforschung (BIS), des Deutschen Zentrums für Altersforschung in Heidelberg (DZFA), der Universität der Künste Berlin (UdK), der Brandenburgischen Technischen Universität Cottbus (BTU) und des Zentrums Technik und Gesellschaft der TU Berlin (ZTG)
[165] siehe GdW (2006), Wohnungs- und Immobilienwirtschaft in Deutschland - wirtschaftlicher Erfolg durch Innovation, S.21 ff., 39 ff., 55 ff.
[166] siehe GdW (2006), Wohnungs- und Immobilienwirtschaft in Deutschland - wirtschaftlicher Erfolg durch Innovation, S.21 ff.

gration der im Gebäude vorhandenen technischen Anlagen und beweglichen Gebäudeteile sowie Geräte untersucht und realisiert. Unstrittig bieten sie den Vorteil, dass zumeist der Bedienkomfort erhöht wird und durch effektive sowie teilweise intelligente Steuerungsmechanismen ein effizienter Energieeinsatz ermöglicht wird. Andererseits gewähren sie auch den individuellen Abruf von speziellen Dienstleistungen. In den nachfolgend angeführten Anwendungsbereichen wurden sie bereits erprobt sowie realisiert:[167]

Bereich Gesundheit

- Persönliche Betreuung über Service-Zentrale mit Mietern über Bild- und Tonverbindung (z. B. telemedizinische Beratung, Hausnotruf)
- Kontrolle von Körperfunktionen und automatischer Notruf über Sicherheitsarmband

Bereich Sicherheit

- vernetzte Rauchmelder
- An- und Abwesenheitssimulation mit Rollladen- und Lichtsteuerung, Heizungs-, Warmwasser- und Lüftungssteuerung und Zentralverriegelung des Hauses
- vernetzte Einbruchmeldeanlage, Video für Gegensprechanlage und Hauskontrolle mit Web-Cam

Bereich Dienstleistungen und Kommunikation

- Einkaufen und Dienste per TV (z. B. Video-on-Demand)
- Anschlüsse für TV, Radio, Telefonie, Internet in fast jedem Raum
- elektronisches „Schwarzes Brett" für Siedlungen/Kieze
- automatische Fernablesung und Abrechnung

Bereich Komfort/Technik

- Ferndiagnose und Steuerung der Haustechnik - Darstellung von Verbrauchsdaten auf dem TV
- Vernetzung mit Unterhaltungselektronikgeräten

Die Frage, ob sämtliche angeführte Dienstleistungen von älteren Menschen benötigt und vollumfänglich genutzt werden, kann derzeit auch unter wirtschaftlichen Aspekten nicht beantwortet werden. Zum einen fehlen die Erfahrungen, welche nach dem Übergang der „Pilotphase" zur „Serienanwendung" gesammelt werden, andererseits ist der Nutzer „Mensch" ein nicht zu vernachlässigender Parameter hinsichtlich Annahme und Nutzung.

---

[167] siehe GdW (2007), Arbeitshilfe 54 - Vernetztes Wohnen, S. 3

3.2.1 Wohnangebote im Bestand in Kombination mit Serviceangeboten

Die Wohnungswirtschaft befindet sich in einem komplexen System aus Wohnungsvermietung sowie Bestands- und Quartiersentwicklung. Unter der bereits angeführten Problematik der demografischen Entwicklung müssen geeignete Wohnungen baulich angepasst und in Kooperation mit anderen Dienstleistern durch Pflegeservice und weitere Dienstleistungen aufgewertet werden.[168] In dieser Komplexität liegen Schwierigkeit und Chance zugleich. Unter Berücksichtigung der gesellschaftlichen Verantwortung kann ein attraktives und wachsendes Marktsegment gleichzeitig zum Nutzen der Bewohner, zur Entlastung der Sozialsysteme und zum wirtschaftlichen Nutzen des Immobilienunternehmens entwickelt werden.[169] [170]

Individuelle Wohnungsanpassung, Aufbau informeller Hilfesysteme, Kooperationsbeziehungen mit sozialen Dienstleistern, Gründung von Nachbarschaftshilfevereinen, Zusammenlegung von Wohnungen für gemeinschaftliche Wohnformen und Umbau vorhandener Gebäude zu betreuten Wohnanlagen sind Teile des Maßnahmespektrums, welches derzeit in der Wohnungswirtschaft zur Bindung und Akquirierung älterer Menschen diskutiert und realisiert wird.[171]

Bei der Ermittlung notwendiger Erfordernisse sollen insbesondere Serviceangebote wie beispielsweise Begleitdienste, hauswirtschaftliche Hilfen, Hilfen im Umgang mit Krankenkassen und Behörden, Hol- und Bringdienste oder die Vermittlung von Pflegediensten betrachtet werden, welche das Alltagsleben erleichtern. Hierzu gehören auch direkte wohnungsbezogene Hilfen wie Wohnberatung, Umzugshilfen und die Gründung von dezentralen Nachbarschaftshilfevereinen.[172] Aber auch Angebote für Freizeit und Geselligkeit, die den Kontakt zwischen den Mietern fördern und der Vereinsamung entgegenwirken sowie Möglichkeiten zu ehrenamtlichem Engagement zählen zu diesen Serviceangeboten.[173] Viele Wohnungsunternehmen betrachten jedoch soziale Dienstleistungen für Ältere nicht als ihr Kerngeschäft. Sie suchen deshalb Kooperationspartner aus dem sozialen Bereich, um die Serviceangebote unterbreiten zu können. Hierbei handelt es sich zumeist um örtliche Wohlfahrtsverbände oder um Pflegedienste, in Einzelfällen aber auch um sozial engagierte Bürgervereine. Kooperationen mit externen Dienstleistern erwecken auf den ersten Blick den Eindruck einer relativ einfachen und sinnvollen Arbeitsteilung mit unterschiedlichen Aufgabenbereichen.[174] Andererseits

---

[168] siehe GdW (2006), Wohnungs- und Immobilienwirtschaft in Deutschland - wirtschaftlicher Erfolg durch Innovation, S.55 ff.
[169] siehe Narten; Scherzer (2007), Älter werden - wohnen bleiben, S. 7 f.
[170] siehe Hungenberg (2007), Grundlagen der Unternehmensführung
[171] siehe Narten; Scherzer (2007), Älter werden - wohnen bleiben, S. 10 f.
[172] siehe GdW (2007 b), Wohnungswirtschaftliche Daten und Trends 2007/2008, S. 121 ff.
[173] siehe Weinkopf (2006), Haushaltnahe Dienstleistungen für Ältere, S. 188
[174] siehe Cirkel; Hilbert; Schalk (2004), Produkte und Dienstleistungen für mehr Lebensqualität im Alter, 2004

bergen sie Interessenskonflikte. Kostenlose Beratungsleistungen werden von den unterschiedlichsten Sozialverbänden angeboten. Auch sind diese Verbände bereit, jedoch gegen Aufwendungsersatz, gesellige Veranstaltungen für ältere Menschen zu organisieren. Zumeist tun sie dies mit dem vorrangigen Ziel, Kunden für ihre eigentliche Dienstleistung zu gewinnen und können deswegen in der Regel nicht objektiv und neutral beraten. Ein anderer Gesichtspunkt ist, dass die professionell erbrachten Dienstleistungen vereinzelt so teuer angeboten werden, dass sie von den Mietern, bei fehlenden Zuschüssen durch die Immobilienunternehmen, letztendlich nicht in Anspruch genommen werden können. Aus vorgenannten Gründen denken Wohnungsunternehmen darüber nach, ein eigenes Dienstleistungsangebot aufzubauen. Nicht zuletzt gestaltet sich der Einblick für Immobilienunternehmen, inwieweit die organisierten und angebotenen Beratungs- und Serviceleistungen tatsächlich genutzt und von Mietern geschätzt werden, als schwierig.[175]

3.2.2 Berücksichtigung wirtschaftlicher Prämissen der Dienstleistungen

Viele der genannten Funktionen und Dienstleistungen sind bereits innerhalb und außerhalb der Wohnungswirtschaft erprobt. Allerdings wurden in den meisten Pilot- oder Einzelprojekten aus Kostengründen nur vergleichsweise wenige Funktionen integriert. Durch fehlende Erfahrungswerte bei der großflächigen Nutzung von Serviceangeboten ist derzeit nicht abschätzbar, welche Funktionen sich in Summe bewähren.[176] [177] Dies hängt von mindestens zwei Faktoren ab:

1. funktionale Bedienbarkeit und Inanspruchnahme durch den Menschen
2. Kosten-Nutzen-Verhältnis aus Sicht des Nutzers und des Providers

Belastbare Aussagen wird es hierzu erst nach Erfahrungen aus großflächiger Nutzung und Anwendung geben.

3.3 Untersuchung zur nachhaltigen Bestandsentwicklung

Die Immobilienunternehmen in Deutschland geraten zunehmend unter den Handlungszwang, Lösungen zur nachhaltigen Bestandsentwicklung zu erarbeiten. Auf der einen Seite müssen sie sich auf die Auswirkungen der demografischen Entwicklung einstellen. Andererseits sind sie gezwungen, die politisch als notwendig erkannte energetische Ertüchtigung der Bestandsimmobilien zu betrachten, um das Ansteigen der Wohnnebenkosten abzuschwächen. Das bedeutet, dass die Immobilienunternehmen einerseits

---

[175] siehe Narten; Scherzer (2007), Älter werden - wohnen bleiben
[176] siehe Sackmann; Weymann (1994), Die Technisierung des Alltags
[177] siehe Narten; Scherzer (2007), Älter werden - wohnen bleiben

ein geringeres Mieterpotenzial zur Verfügung haben, was sicher in vielen Teilmärkten zu vermehrten Leerständen und somit Erlösschmälerungen führt. Andererseits müssen hohe Investitionen getätigt werden, um den Wohnungsbestand attraktiv zu gestalten und den veränderten Ansprüchen zu genügen.[178]

3.3.1 Wohnbedürfnisse älterer Menschen

Da sich die Bedürfnisse der Menschen heutzutage nicht mehr klar einordnen lassen, wird es immer schwieriger, adäquate Wohnangebote vorzuhalten. Gerade im Alter zeigen sich vielfältigste Anforderungen an die Wohnung, an das Wohngebäude und das nähere Wohnumfeld, da sich ein älterer Mensch den überwiegenden Teil des Tages dort aufhält.[179] Trotz der Vielfalt der Bedürfnisse aller Altersgruppen fänden sich viele Wohnwünsche in einer gemeinsamen Schnittmenge wieder, die vom jungen Menschen über die Kleinfamilie bis zu den älteren Menschen reicht. Es geht dabei nicht in erster Linie um Ästhetik und Gestaltung, sondern vielmehr um ein ganzes Bündel von technischen, funktionalen und ökologischen Anforderungen sowie vor allem um Bezahlbarkeit, Größe, Ausstattung und Lage.[180]

„Smart Home" oder „Intelligentes Wohnen" sind Begriffe, welche sich in Veröffentlichungen der Fachpresse etabliert haben und Gebäude beschreiben, die über eine besondere Ausstattung bzw. über Sonderfunktionen, z. B. bei der Licht- und Heizungssteuerung oder der Sicherung des Gebäudes verfügen.[181] Die Begrifflichkeit ist jedoch vielfach an einzelnen technischen Lösungen orientiert. Als vorrangige Zielstellung ist ein Zusammenwirken verschiedener Lösungen anzustreben, was mit dem Begriff „vernetztes Wohnen" beschrieben wird. Durch eine Vernetzung unterschiedlicher im Gebäude vorhandener technischer Anlagen und beweglicher Gebäudeteile sowie einzelner Geräte wird den Wohnungsnutzern in allen Lebenssituationen und -abschnitten der individuelle Abruf von Serviceleistungen ermöglicht. Dies ist vor dem Hintergrund zu sehen, dass mit Hilfe von technischen Möglichkeiten die Einschränkungen des Alters vermindert oder sogar ausgeglichen werden können. Nur die technischen Hilfsmittel an dieser Stelle anzuführen, wäre nicht gerechtfertigt und allumfassend genug. Denn darüber hinaus sind die sogenannten Human-Dienstleistungen ein nicht zu unterschätzender Bestandteil der Wohn- und Serviceangebote.[182]

---

[178] siehe Brauer (2008), Wohnen, Wohnformen, Wohnbedürfnisse - Soziologische und psychologische Aspekte in der Planung und Vermarktung von Immobilien
[179] siehe Huber (2008), Neues Wohnen in der zweiten Lebenshälfte
[180] siehe Lüdtke (2008), Stadt für alle: komfortabel und nachhaltig, S. 23
[181] siehe Sackmann; Weymann (1994), Die Technisierung des Alltags
[182] siehe Klein (2007), Die demografische Entwicklung in Deutschland und ihre Auswirkung auf den Markt für Wohnimmobilien, 2007

Die Enquête-Kommission[183] formulierte für die Wohnsituation älterer Menschen die nachstehenden Bedürfnisse:[184]

- Sicherung von Hilfe- und Betreuungsmöglichkeiten
- Sicherheit, Schutz und Funktionsgerechtigkeit
- Eigenständigkeit, Selbstbestimmung, Vertrautheit und Kontinuität
- Privatsphäre, Intimität und Ungestörtheit
- Selbstdarstellung und Repräsentation
- Kommunikations- und Kontaktmöglichkeiten
- Bezahlbarkeit

Um diese Wohnbedürfnisse bedarfsgerecht erfüllen zu können, sollte einer zusätzlichen Anpassung und Gestaltung des Wohnumfeldes ebenfalls ausreichend Augenmerk geschenkt werden. Zu berücksichtigen sind dabei nachfolgende Punkte:[185]

- eine wohnungsnahe Versorgung mit Einkaufsmöglichkeiten, öffentlichen Einrichtungen sowie Kultur-, Bildungs- und Freizeitangeboten
- die Anbindung an öffentliche Verkehrsmittel
- sichere und barrierefreie Verkehrswege im öffentlichen Raum
- eine geringe Belastung durch Emissionen (z. B. durch Verkehrslärm oder Abgase)
- die Nähe zu Grünflächen und Parkanlagen

Es scheint jedoch notwendig, Möglichkeiten der Bedarfsermittlung zu eruieren und ggf. deren wirtschaftliche Anpassung zu untersuchen. Einen allgemein gültigen Richtlinien- oder Maßnahmenkatalog wird es nicht geben. Vielmehr sind alle beeinflussenden Faktoren zu werten, zu wichten und ggf. zu standardisieren. Grundsätzlich kann festgehalten werden, dass es für Unternehmen der Wohnungswirtschaft im Hinblick auf die langfristige Vermietbarkeit ihrer Bestände wichtig ist, nicht nur auf vereinzelte Mieterwünsche mit Anpassungsmaßnahmen zu reagieren, sondern aktiv und strategisch offensiv die Anpassung der Bestände hinsichtlich der zukünftigen Anforderungen voranzutreiben.

3.3.2 Beschreibung von Maßnahmen für lebenslanges Wohnen im Bestand

Die Frage nach einer altersgerechten Lebenswelt beschäftigt Immobilienunternehmen, Politik, Verbände, Banken, Industrie, Handwerkskammern, ausführende Unternehmen

---

[183] Die Enquête-Kommission „Demografischer Wandel" war eine vom Deutschen Bundestag eingesetzte Arbeitsgruppe, die in den Jahren 1995 bis 2002 eine Auswertung der Bevölkerungsentwicklung in gesellschaftlicher, ökonomischer und sozialer Hinsicht durchführte.
[184] siehe Deutscher Bundestag 1996, S. 10/628
[185] siehe Bohn (2008), Bestandsmanagement von Wohnimmobilien unter Beachtung demografischer und wirtschaftlicher Randbedingungen, S. 33 f.

verstärkt seit geraumer Zeit.[186] Um diese Selbstständigkeit des Menschen bei nachlassenden motorischen Fähigkeiten und eingeschränkter Mobilität weiterhin gewährleisten zu können, werden altersgerechte bauliche Nachrüstungen sowie die Nutzung von technischen Alltagshilfen in Erwägung gezogen.

Da für die Mehrheit von Senioren ein „Leben im Heim" mit dem Verlust an Lebensqualität sowie einer Bevormundung verbunden ist, wird vielfach ambulanten Versorgungsdiensten der Vorzug gegeben. Grundsätzlich sind es sehr unterschiedliche Ansätze, den vorhandenen Wohnungsbestand nachzubessern. So gibt es vermehrt Beispiele, bei denen grundlegende und umfassende Grundrissveränderungen durchgeführt werden, aber auch solche, wo nur Aufzugsanbauten oder -einbauten stattfinden und die Wohnungen weitestgehend unangetastet bleiben.[187] [188] Häufig werden Einzelmaßnahmen in einzelnen Wohneinheiten durchgeführt. Vor allem die Beseitigung von Schwellen, Türverbreiterungen, das Anbringen zusätzlicher Handläufe und der Einbau von Duschen sind weitverbreitete Maßnahmen. Spezifischere Maßnahmen, die z. B. die Höhe von Bedienelementen, Vorwandelementen oder Ausstattungsassessoirs, die Ausbildung des Waschtisches für die Barrierefreiheit beim Waschen im Sitzen, den Einbau einer tragfähigen Vorwandinstallation zum nachträglichen Anbringen von Haltegriffen oder von barrierearmen Armaturen für bewegungseingeschränkte Menschen betreffen, kommen seltener zur Ausführung. Auch beim Auswechseln von Haustüren, der Neugestaltung von Briefkastenanlagen und Hausbeleuchtungen sowie beim Renovieren von Treppenhäusern wird immer häufiger an diese Anforderungen gedacht. Hierzu gehören Abstell- und Sitzmöglichkeiten auf Treppenpodesten, eine helle, blendfreie Beleuchtung, eine Reduzierung von Eingangsstufen bzw. das Herstellen eines völlig schwellenfreien Hauszuganges. Auch das Schaffen von Abstellmöglichkeiten im Eingangsbereich erleichtert älteren Menschen das Alltagsleben.[189] [190] [191]

Wenn im zunehmenden Alter der Aktionsradius kleiner wird, gewinnt nicht nur die Wohnung, sondern auch die Qualität der wohnungsnahen Freiräume an Bedeutung.[192] Wenn ältere Menschen zum Spazierengehen animiert werden, trägt dies nicht nur zum

---

[186] siehe BBR (2008 b), Wohnen ohne Barrieren - Erhöhte Wohnqualität für alle, S. 11 f.
[187] siehe Frauenhofer (2007), Vermeidung von Wohnungsleerständen durch Wohn- und Serviceangebote für ältere Menschen 2007
[188] siehe Narten; Scherzer (2007), Älter werden - wohnen bleiben, S. 59 f.
[189] siehe Bohn (2008), Bestandsmanagement von Wohnimmobilien unter Beachtung demografischer und wirtschaftlicher Randbedingungen, S. 35 ff.
[190] siehe Narten; Scherzer (2007), Älter werden - wohnen bleiben, S. 59 ff.
[191] siehe Edinger; Lerch; Lentze (2007), Barrierearm - Realisierung eines neuen Begriffes: Kompendium kostengünstiger Maßnahmen zur Reduzierung und Vermeidung von Barrieren im Wohnungsbestand, S. 123 ff.
[192] siehe Wilde; Franke (2006), Die „silberne" Zukunft gestalten - Handlungsoptionen im demografischen Wandel am Beispiel innovativer Wohnformen für ältere Menschen, S. 107 f.

Erhalt ihrer körperlichen Kräfte bei, sondern bietet ihnen gleichzeitig Gelegenheit, Menschen aus der Nachbarschaft zu begegnen und so der Vereinsamung zu entgehen.[193]

3.3.3 Sicherheitsbedürfnis mit zunehmendem Alter

Das Bedürfnis nach Sicherheit gewinnt mit zunehmendem Alter eines Menschen vermehrt an Bedeutung. Es ist ein außerordentlich komplexes Phänomen, da Wahrnehmungen und Vorstellungen, welche Ängste und Unsicherheiten hervorrufen, äußerst vielfältig sind. Gerade für ältere Menschen rufen die Bedrohung von Leben, körperlicher Unversehrtheit sowie der Verlust von Eigentum massive Ängste und Sorgen hervor. Die eigene Wohnung ist dabei Symbol und Inbegriff des Schutzes vor allen äußeren Gefahren. Jedoch wird durch Gefühle wie Schutzlosigkeit, beispielsweise Furcht vor Einbrüchen, Belästigungen und Überfällen, die Wohnzufriedenheit nicht unerheblich beeinträchtigt.[194]

„Gefühlte" Unsicherheit umfasst allerdings ein größeres Spektrum, wie z. B.:

- Berichte über zunehmende Kriminalität
- der Eindruck der Verwahrlosung des Wohnumfeldes
- ein Gefühl, sich in der Nachbarschaft nicht mehr wohlzufühlen [195]

Oftmals sind diese Facetten eng miteinander verbunden und überlagern sich. Allerdings wird die Wohnzufriedenheit vom Sicherheitsempfinden stärker beeinflusst als von der objektiven Sicherheitslage. Aufgrund physischer Unterlegenheit haben ältere Menschen überwiegend eine stärker ausgeprägte Kriminalitätsfurcht. Nach Bandura[196] haben sie ein hohes Gefühl von Schutzlosigkeit und das, obwohl die überwiegende Zahl von ihnen nie in die Situation eines tatsächlichen Angriffs kommen wird.[197]

Durch den Einbau von einbruchssicheren Türen und Fenstern, durch Gegensprechanlagen oder Videoüberwachung tragen Wohnungsunternehmen traditionell zur Gebäudesicherung bei. Mit der übersichtlichen Gestaltung von Eingängen und Treppenhäusern sowie optimal strukturierten Außenanlagen wird nicht nur das äußere Erscheinungsbild verbessert, sondern auch das Sicherheitsgefühl der Bewohner gestärkt. Im Bedarfsfall beseitigen Wohnungsunternehmen kurzfristig Graffiti- und Vandalismusspuren, engagieren Sicherheitsdienste oder richten eine Notfallnummer ein. Aktivitäten, für welche der Begriff „Sozialmanagement" geprägt wurde, wie Nachbarschaftstreffs, soziale Ein-

---

[193] siehe Narten; Scherzer (2007), Älter werden - wohnen bleiben, S. 89 f.
[194] siehe F+B (2006), Forschung und Beratung - Sichere Nachbarschaften, S. 13 und 38 ff.
[195] siehe Menzel (2009 a), Sicheres Wohnen - Grundlage für nachhaltige Bestandsentwicklung, S. 38 f.
[196] siehe Bandura (1995), Self-Efficacy in Changing Societies, Cambridge
[197] siehe F+B (2006), Forschung und Beratung - Sichere Nachbarschaften, S. 15

richtungen und Mieterbeteiligung, tragen im weitesten Sinne zum Sicherheitsgefühl bei.[198]

3.3.4 Bauphysikalische Anforderungen an die Bestandsentwicklung

Der Endenergieverbrauch des Jahres 2006, welcher in Abbildung 16 dargestellt ist und vom BMWi herausgegeben wurde, zeigt, dass die Haushalte ca. 28 % des Gesamtenergiebedarfes verbrauchten.

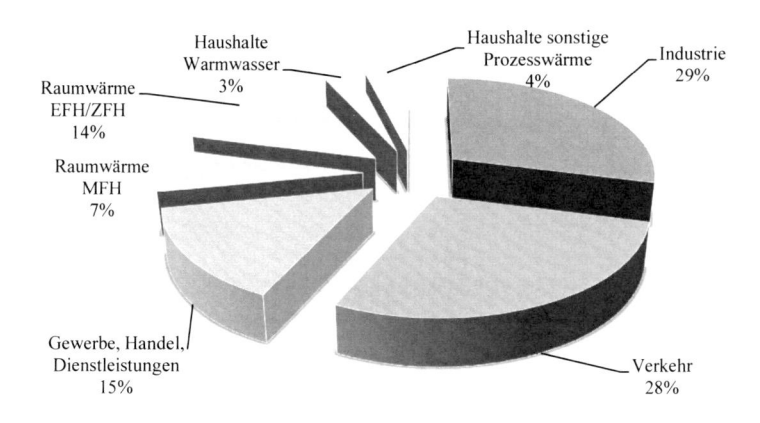

Abbildung 16: Endenergieverbrauch 2006[199]

Ein effizienter Energieeinsatz in allen Bereichen der Gesellschaft ist aus einer Vielzahl von Prämissen, wie beispielsweise wirtschaftliche Bedingungen oder Erfordernisse des Umwelt- und Klimaschutzes, geboten. Volkswirtschaftlich gesehen ist die Schonung von nicht erneuerbaren Ressourcen unter Berücksichtigung des Erhaltens der Versorgungssicherheit notwendig. Betriebswirtschaftlich soll jedoch der wirtschaftliche Betrieb der Gebäude - damit die Begrenzung der Kosten für den Energieverbrauch - zur Erhöhung der Nachhaltigkeit der Immobilie erzielt werden. Während zwischen 1995 und 2000 für Raumwärme noch ein Anstieg des temperaturbereinigten Energieverbrauches zu verzeichnen war, ist dieser im Zeitraum von 2000 bis 2006 um 11,2 % gefallen. „*Ursachen dieses bemerkenswerten Rückganges sind eine effizientere Nutzung der Energie durch Verbesserungen der Heiztechnik und Wärmedämmung, aber auch Ver-*

---

[198] siehe F+B (2006), Forschung und Beratung - Sichere Nachbarschaften, S. 9 f.
[199] Quelle: Bundesministerium für Wirtschaft und Technologie, Energiedaten

haltensänderungen der privaten Haushalte."[200] [201] Dessen ungeachtet bleibt die hohe Energieeffizienz eine wesentliche Aufgabe bei der Gebäudebewirtschaftung. Sowohl die Europäische Union als auch Deutschland weiten dazu ihr Ordnungsrecht aus und erhöhen die Anforderungen.[202]

In Abbildung 17 wurde der Anteil der energetischen Modernisierung in Deutschland im Zeitraum von 1990 bis 2009 der durch den GdW vertretenen Unternehmen[203] zusammengestellt. Dabei wurde auf Daten aus der GdW-Jahresstatistik 2009 zurückgegriffen. Insbesondere in den alten Bundesländern aber auch in den neuen Bundesländern, sind hier noch erhebliche Investitionen erforderlich.[204] [205]

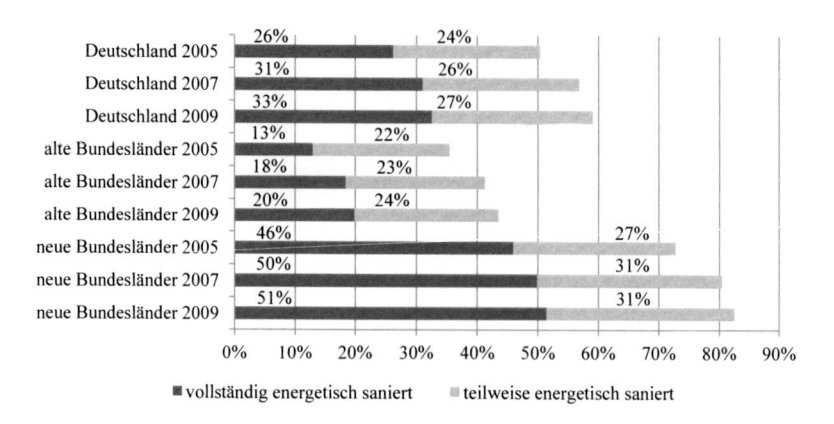

	vollständig energetisch saniert	teilweise energetisch saniert
Deutschland 2005	26%	24%
Deutschland 2007	31%	26%
Deutschland 2009	33%	27%
alte Bundesländer 2005	13%	22%
alte Bundesländer 2007	18%	23%
alte Bundesländer 2009	20%	24%
neue Bundesländer 2005	46%	27%
neue Bundesländer 2007	50%	31%
neue Bundesländer 2009	51%	31%

Abbildung 17: Anteil energetischer Wohnungssanierungen seit 1990[206]

Eine weitere Studie untermauert die angeführte Untersuchung hinsichtlich des enormen Energieeinsparungs- und Maßnahmenpotenzials.[207] Demnach entsprechen nur 31 % der in Deutschland betrachteten Gebäude den energetischen Anforderungen. 25,9 % der Gebäude sind teilsaniert und wurden beispielsweise mit einer Einzelmaßnahme wie einer Dachdämmung oder einer neuen Heizanlage ausgestattet. Bei Bewertung dieser Er-

---

[200] siehe GdW (2008), Wohnungswirtschaftliche Daten und Trends 2008/2009, S. 37 ff.
[201] siehe http://www.destatis.de/jetspeed/portal/cms/Sites/destatis/Internet/DE/Presse/pm/2008 /11/PD08__411__85,templateId=renderPrint.psml, Abrufdatum 06.06.2011
[202] siehe BMWi (2010), Forschung für Energieeffizienz
[203] im GdW sind insgesamt 2.865 Unternehmen mit ca.6.016.769 Wohneinheiten vertreten (Quelle: Jahresstatistik 2009)
[204] siehe GdW (2006), Wohnungs- und Immobilienwirtschaft in Deutschland - wirtschaftlicher Erfolg durch Innovation, S. 39 ff.
[205] siehe BMWi (2010), Forschung für Energieeffizienz
[206] Quelle: GdW-Jahresstatistik 2007
[207] siehe IEU (2009), Enormes Modernisierungspotenzial in Deutschland

gebnisse erscheint nachdenklich, dass 43,1 % aller Immobilien bisher energetisch nicht saniert wurden. Vereinfacht lässt sich das Energieeinsparpotenzial im Bereich der Haushalte wie folgt darstellen. Abbildung 18 greift hierbei auf Daten des Messdienstleisters ISTA aus dem Jahr 2007 zurück, in welchem Hebel zur Senkung des Endenergieverbrauches in Gebäuden betrachtet wurden. Um die Energie- und Klimaeffizienz von Gebäuden zu erhöhen, sind vielfach Investitionen nötig. Dabei ist die Refinanzierung für die Investition ein wesentlicher Gesichtspunkt. Das heißt:

- Mieterhöhungsspielräume müssen vorhanden sein
- das Objekt muss nach einer Modernisierung langfristig für den Markt attraktiv sein

Meist wird die Wirtschaftlichkeit von Investitionen zur Energieeinsparung von der Umlagefähigkeit bestimmt.[208]

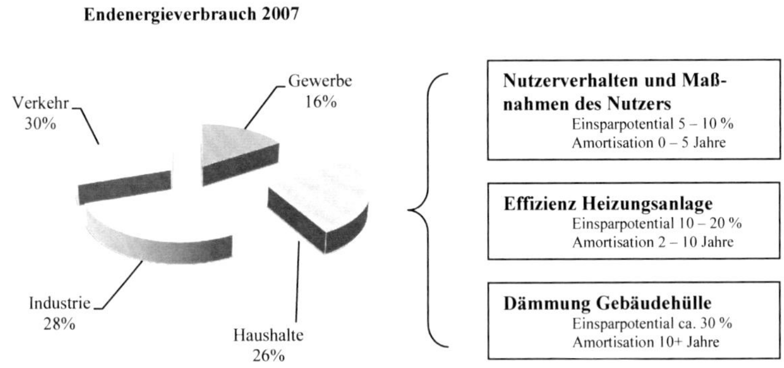

Endenergieverbrauch 2007

Verkehr 30%
Gewerbe 16%
Industrie 28%
Haushalte 26%

Nutzerverhalten und Maßnahmen des Nutzers
Einsparpotential 5 – 10 %
Amortisation 0 – 5 Jahre

Effizienz Heizungsanlage
Einsparpotential 10 – 20 %
Amortisation 2 – 10 Jahre

Dämmung Gebäudehülle
Einsparpotential ca. 30 %
Amortisation 10+ Jahre

Abbildung 18: Hebel zur Senkung des Energieverbrauchs in Gebäuden[209]

In Anbetracht der äußeren Umstände werden zukünftig weitere Einflussfaktoren für die Investitionsentscheidungen betrachtet werden müssen, wie z. B.:

- steigende Energiepreise
- erhöhter Wohnkomfort
- verbesserte Vermietbarkeit durch niedrige Wohnnebenkosten
- vermiedene Leerstandskosten
- Wertsteigerungen der Immobilie

---

[208] siehe IWU (2008), Wirtschaftlichkeit energiesparender Maßnahmen für die selbst genutzte Immobilie und den vermieteten Bestand
[209] Quelle: ISTA 2009, siehe: http://www.ista.de/unternehmen/presse/presse-informationen/index.html

Die Energiepreise für die wichtigsten Energieträger Öl und Gas steigen seit Jahren. Allein im Jahr 2008 stiegen, nach Ermittlungen des unabhängigen Verbraucherportals toptarif.de, die Energiekosten für private Verbraucher in Deutschland im Jahresdurchschnitt um 14,2 %.[210] Weitere Anstiege sind zu erwarten. Auch bei den Energiepreisen sind regionale Unterschiede ersichtlich. Die Gründe hierfür können zum einen in der unterschiedlichen Einwohnerdichte und den damit verbundenen Netzkosten pro Abnehmer gesehen werden, andererseits in den Marktstrukturen der Energieversorgungsunternehmen.[211]

Die Herausforderungen des weltweiten Klimawandels sind unmittelbar mit der Frage verknüpft, wie unter den Bedingungen einer weltweit vermehrten Energienachfrage und den steigenden Energiepreisen in Zukunft die Versorgungssicherheit zu wirtschaftlichen Preisen gewährleistet werden kann.[212] Eine ambitionierte Strategie zur Erhöhung der Energieeffizienz und der Inanspruchnahme weiterer erneuerbarer Energieträger ist erforderlich. Als problematisch kann derzeit noch die zeitliche Diskrepanz zwischen Angebot und Nachfrage bei der Anwendung von erneuerbarer Energie angesehen werden. Hierzu ist es erforderlich, intensiv und zeitnah an der Optimierung der thermischen Energiespeicherung zu forschen und zu arbeiten.[213] Nur so ist es aus heutiger Sicht möglich, den Einsatz konventioneller Träger zu reduzieren. Die Berücksichtigung dieses Ansatzes scheint wichtig, denn nur wenn man diese Entwicklung bei der Bestandsentwicklungsanalyse berücksichtigt, ist es möglich, sämtliche energetischen Maßnahmen unter langfristigen wirtschaftlichen Gesichtspunkten zu betrachten. Maßnahmen, welche sich beispielsweise zum heutigen Zeitpunkt noch nicht wirtschaftlich darstellen, können durch zu erwartende Kostenerhöhungen von Energieträgern langfristig sinnvoll sein.

3.3.4.1 Gesetzliche Forderungen

„Die Bundesregierung hat im Jahr 2007 in den „Eckpunkten für ein integriertes Energie- und Klimaprogramm" (IKEP) die Umsetzung eines Erneuerbare-Energien-Wärmegesetzes vorgesehen."[214] Darin soll der Anteil der erneuerbaren Träger an der Wärmebereitstellung bis 2020 auf 14 % steigen.

---

[210] siehe Quelle: Toptarif Internet GmbH, Berlin, www.energieportal.de, Abrufdatum 08.01.2009
[211] siehe GdW (2009), Wohnungswirtschaftliche Daten und Trends 2009/2010, S. 58 ff.
[212] siehe Schulze-Darup (2003), Energetische Wohngebäudesanierung mit Faktor 10
[213] siehe Sachverständigenrat für Umweltfragen (2011), Wege zur 100 % erneuerbaren Stromversorgung - Sondergutachten, online unter: http://www.umweltrat.de/SharedDocs/ Downloads/DE/02_Sondergutachten/2011_Sondergutachten_100Prozent_Erneuerbare.pdf?__blob=publicationFile, Abrufdatum: 12.07.2011
[214] siehe BMBF (2008), Grundlagenforschung Energie 2020+ Die Förderung der Energieforschung durch das Bundesministerium für Bildung und Forschung, S. 8 ff.

3.3 Untersuchung zur nachhaltigen Bestandsentwicklung

Heute ist jedoch in vielen Fällen die Nutzung von Energien aus erneuerbaren Quellen preisintensiver als die von fossilen.[215] [216] Beispielsweise sind die Kosten für Strom aus regenerativen oder erneuerbaren Energien um 4,55 %[217] höher als die aus fossilen. In diesem Prozentsatz sind jedoch die vom Gesetzgeber durchgeführten Subventionierungen unberücksichtigt geblieben. Ohne diese Unterstützungen wäre der Prozentsatz um ein Vielfaches höher.

Des Weiteren ist, trotz hoher Rohstoffpreise, eine technische Umsetzung von Maßnahmen zur Erhöhung der Energieeffizienz nicht gleich auch schon wirtschaftlich. Demnach werden bereits heute kosteneffiziente Lösungen und transparente, verlässliche Rahmenbedingungen für die Konsum- und Investitionsentscheidungen benötigt. Allgemein lässt sich die Wirtschaftlichkeit von Modernisierungsmaßnahmen, wie in Abbildung 19 dargestellt, zusammenfassen:

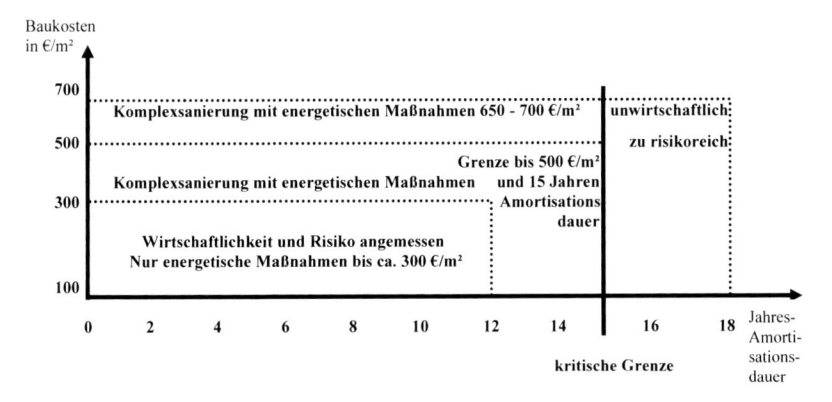

Abbildung 19: Wirtschaftlichkeit von Modernisierungsmaßnahmen[218]

Diese Zusammenstellung zeigt sehr deutlich, dass die kritische Grenze bei der Amortisationsdauer 15 Jahre beträgt. Dies ist meist nur bei einer maximalen Investitionshöhe von 500 €/m² einzuhalten. Voraussetzung ist jedoch, dass sich die höheren Mietpreise

---

[215] siehe Tagungsbroschüre „Erneuerbare Energien" des VSWG, S. 3
[216] siehe Sachverständigenrat für Umweltfragen (2011), Wege zur 100 % erneuerbaren Stromversorgung - Sondergutachten, online unter: http://www.umweltrat.de/SharedDocs/ Downloads/DE/02_Sondergutachten/2011_Sondergutachten_100Prozent_Erneuerbare.pdf?__blob=publicationFile, Abrufdatum: 12.07.2011
[217] siehe Quelle: Toptarif Internet GmbH, Berlin, www.energieportal.de, Abrufdatum 08.04.2010
[218] siehe BBT (2008), BBT GreenBuilding Leverage

am Markt erzielen lassen.[219] Damit ist vor einer Investitionsentscheidung eine genaue Marktanalyse unabdingbar.

Bei einer Befragung von 5.000 privaten Wohnungseigentümern mit mehr als 6.000 Wohneinheiten konnte man drei Kernaussagen ableiten:[220]

1. Ein Großteil der befragten Wohnungseigentümergemeinschaften beschäftigt sich mit energiesparenden Modernisierungs- und Instandhaltungsmaßnahmen. Jedoch wurden bisher in 35 % der bis zum Jahr 1999 errichteten Häuser weder Modernisierungen durchgeführt noch bestehen hierzu Planungen.
2. Bei nur 37 % der geplanten Modernisierungen wurde bislang eine Energiesparberatung durchgeführt und bei gerade einmal 7 % der Eigentümergemeinschaften wurden diese Empfehlungen auch umgesetzt.
3. Lediglich 18 % der Eigentümergemeinschaften nahmen KfW-Fördermittel in Anspruch.

Energieeinsparpotenziale sind jedoch nur unter Beachtung der Wirtschaftlichkeit erschließbar. Das gilt auch für die Anwendung innovativer Techniken. Dabei kann das politische Ziel, durch Steigerung der Energieeffizienz und den verstärkten Einsatz erneuerbarer Energien das Klima zu schützen und die Versorgungssicherheit zu erhöhen, vor allem unbürokratisch über Anreizsysteme realisiert werden.

3.3.4.2 Wirtschaftliche Lösungsansätze

Mit Blick auf eine langfristig sichere und bezahlbare Versorgung mit Wohnraum muss entschieden werden, in welchem Umfang, unter welchen Rahmenbedingungen und zu welchem Zeitpunkt Maßnahmen durchgeführt werden können. Energiesparende Modernisierungen stellen heute kaum noch ein technisches Problem dar, obwohl auf Basis der Beschaffenheit der Gebäude stets spezielle technische Lösungen eingesetzt werden müssen. Laut einer aktuellen Untersuchung von THP Projektmanagement[221] sind Investitionen von durchschnittlich knapp 2 €/m² Wohnfläche notwendig, um durchschnittlich den Jahresheizenergiebedarf um 1 kWh/m²a zu reduzieren. Dieses Ergebnis wurde anhand von Modellrechnungen verschiedener Referenzgebäude erarbeitet und mit weiteren Untersuchungen verglichen. Demnach bietet die energetische Sanierung des deutschen Wohngebäudebestandes von ca. 17 Millionen Gebäuden ein Marktpotenzial für Bauunternehmen und Dienstleister von ca. 1,1 Billionen Euro.[222]

---

[219] Bei einer Amortisationsdauer von angenommenen 15 Jahren würde sich bei einer Investition von 500 EUR/m² und ohne Ansatz von Finanzierungskosten eine zusätzliche monatliche Mietbelastung von ca. 2,80 EUR/m² ergeben.
[220] siehe Quelle: Brillux, Münster, www.energieportal.de, Abrufdatum 19.12.2008
[221] siehe www.thprojekt.com
[222] siehe Mo-Ma (2009), Auch im Osten droht Wohnungsmangel, Seite 18

Das Ziel der Wohnungswirtschaft bei der effizienten Energienutzung besteht darin, im Rahmen der Wirtschaftlichkeit den Endenergieverbrauch des Mieters zum Nutzen für alle Beteiligten mit möglichst wenig Aufwand sicherzustellen. Um dieses Ziel der energiesparenden Modernisierungen zu erreichen, können im Wesentlichen 2 Wege beschritten werden. Einerseits sind dies die energetische Ertüchtigung der Gebäudehülle (Fenster, Fassade, Dach etc.) und andererseits der Einsatz effizienter Anlagentechnik, welche einen optimalen Betrieb der vorhandenen Apparaturen einschließlich ihrer Regelung sicherstellt. Zumeist erfordert die Erneuerung der Anlagentechnik geringere Investitionsmittel und ermöglicht durch eine fortdauernde Überwachungsmöglichkeit weitere Einsparpotenziale. Zusätzliche positive Effekte können durch eine Mieterinformation und -motivation zu energiesparendem Nutzverhalten erzielt werden.[223]

Gerade bei der Technischen Gebäudeausrüstung und bei deren Nutzung durch den Mieter sind wesentliche Potenziale für eine deutliche Energieeinsparung und mehr Energieeffizienz vorhanden. Laut Angaben des Zentralverbandes Sanitär Heizung Klima arbeiten im Jahr 2007 in deutschen Wohngebäuden insgesamt ca. 17 Millionen Heizungsanlagen, deren Einsparpotenziale bei einer Anlagenmodernisierung etwa 25 bis 45 % betragen. Der spezifische Sachverhalt der ineffektiven Wärmeerzeuger stellt sich wie folgt dar:[224]

- 10 % der Anlagen auf Stand der Technik - Wirkungsgrad von > 98 %
- 70 % der Anlagen sind zwischen 10 und 24 Jahren - Wirkungsgrad von < 85 %
- 20 % der Anlagen sind älter als 25 Jahre - Wirkungsgrad von < 65 %

Hinzu kommt, dass der Anteil an Anlagen mit einem niedrigeren Wirkungsgrad um ca. 300.000 Stück pro Jahr wächst. Oftmals scheitert der Austausch hin zu hocheffizienten Heizanlagen an der Disparität der Wirtschaftlichkeitsbetrachtung zwischen Mieter und Eigentümer. Nur wenn es gelingt, für die Immobilienunternehmen aus mittel- oder langfristiger Sicht - unter Berücksichtigung aller bereits angeführten Prämissen - die Maßnahmen wirtschaftlich zu gestalten, wird sich Akzeptanz vergrößern.

Eine Studie des Bundesamtes für Bauwesen und Raumordnung[225] zeigte, dass in Deutschland die privaten Vermieter in den Jahren vor 2007 mit ca. 60 % der angebotenen Wohnungen in Mehrfamilienhäusern keine Erträge erwirtschafteten. Nur in rund 20 % der Modernisierungsfälle nutzten die Vermieter die gesetzlichen Möglichkeiten, die Mieter an den Investitionskosten zu beteiligen.

---

[223] siehe IW Köln (2008), Immobilien und Klimaschutz - Potenziale und Hemmnisse, S.11 ff.
[224] Quelle: Verbändekreis Energieeffizienz und Klimaschutz, VdZ-Pressedinner 29. April 2008, Hamburg, Hotel Louis C. Jacob (VdZ - Forum für Energieeffizienz in der Gebäudetechnik e.V.)
[225] siehe BBR (2008 a), Bewertung energetischer Anforderungen im Lichte steigender Energiepreise für die EnEV und die KfW-Förderung

Die Ursachen liegen einerseits in den komplexen rechtlichen Rahmenbedingungen der Erhöhungsmöglichkeit nach BGB § 559 und andererseits in der Durchsetzbarkeit eines höheren Mietniveaus am Markt. Bei dieser gesamten Betrachtung dürfen die die Wirtschaftlichkeit beeinflussenden Faktoren in ihrer Gesamtheit, wie in Abbildung 20 dargestellt, nicht außer Acht gelassen werden:

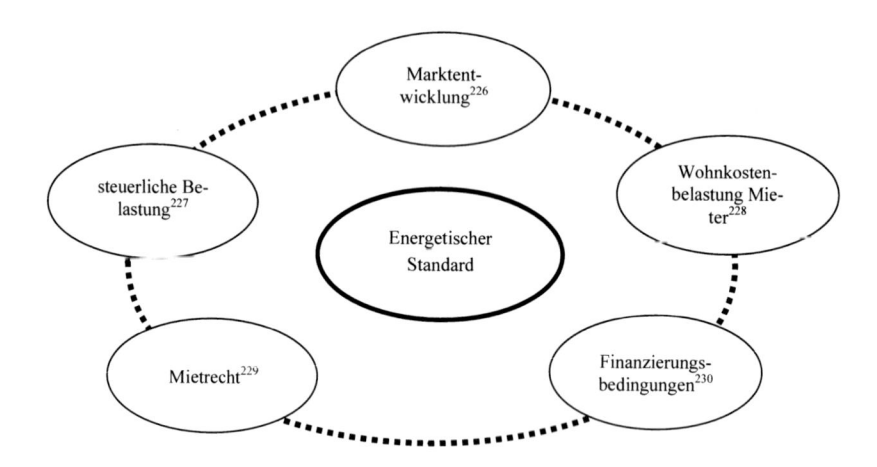

```
                    Marktent-
                    wicklung[226]

  steuerliche Be-                        Wohnkosten-
   lastung[227]                          belastung Mie-
                      Energetischer         ter[228]
                        Standard

        Mietrecht[229]              Finanzierungs-
                                     bedingungen[230]
```

Abbildung 20: Den energetischen Standard beeinflussende Faktoren [231]

Aufgrund der niedrigen Rohstoffpreise in der Vergangenheit führte die Finanzierbarkeit von Maßnahmen bei relativ hohen Investitionskosten für Vermieter und Mieter oft zur Unwirtschaftlichkeit, insbesondere dann, wenn sie nicht mit Maßnahmen zur Instandsetzung gekoppelt werden konnten. Dies beginnt sich mit den Energiepreissteigerungen in der letzten Zeit zu ändern. Es muss jedoch gesehen werden, dass hohe Energiepreise zwar die Investition in Effizienz wirtschaftlich gestalten, für den Nutzer jedoch in der Summe erst einmal keine Kostenersparnis eintritt. Allerdings führen Investitionen in Energieeffizienz bei weiter steigenden Preisen in der Zukunft zur Dämpfung von Wohnnebenkostensteigerungen. Die prognos AG prognostizierte die Entwicklung der

---

[226] Mietentwicklung, Leerstand u. a.
[227] Erweiterte Kürzung (EEG), Zinsschranke u. a.
[228] Haushaltseinkommen, Energiepreisentwicklung u. a.
[229] § 559 BGB, Kürzungsrecht für Mieter u. a.
[230] Zinsentwicklung, Förderungsmöglichkeiten KfW u. a.
[231] WP Dipl.-Ing. Christian Gebhardt, GdW, Wirtschaftlichkeit energetischer Investitionen, Innovationskongress, Berlin 2008

3.3 Untersuchung zur nachhaltigen Bestandsentwicklung

Energiepreise für Haushalte bis zum Jahr 2030. Sie sind in der Abbildung 21 aufgeführt und zeigen, dass bei allen Heizmedien mit Preissteigerungen von ca. 100 % in 20 Jahren zu rechnen ist.

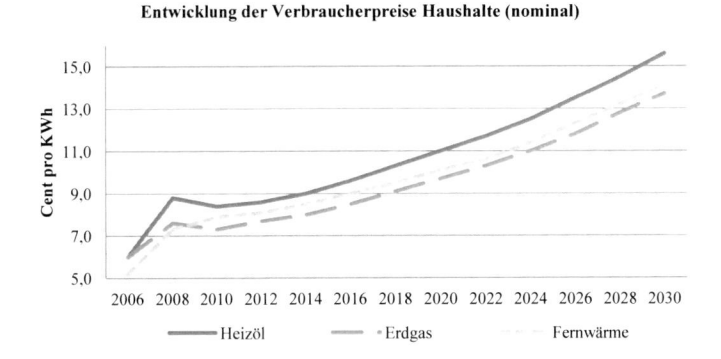

Entwicklung der Verbraucherpreise Haushalte (nominal)

[Diagramm: Cent pro KWh, 2006–2030, Heizöl, Erdgas, Fernwärme]

Abbildung 21: Energiepreisprognose bis zum Jahr 2030[232]

Mit der Aufgabenstellung: „Bewertung energetischer Anforderungen im Lichte steigender Energiepreise für die EnEV und die KfW-Förderung" befasste sich eine Untersuchung im Dezember 2008 des BBR im Auftrag des BMVBS. Diese Studie kommt unter betriebswirtschaftlichen Gesichtspunkten zu dem Ergebnis, dass Effizienz heute eine der rentabelsten „Energiequellen" überhaupt ist, da die untersuchten Sparmaßnahmen regelmäßig deutlich günstiger in den Gestehungskosten als der Einkauf herkömmlicher Brennstoffe sind.[233] Vorgenannte Studie betrachtet aber nicht die besonderen Rahmenbedingungen eines vermieteten Gebäudes. Um diese besonderen Erfordernisse zu verdeutlichen, wurde im Jahr 2008 durch die BSI eine Studie beim IWU in Auftrag gegeben, um die Wirtschaftlichkeit energiesparender Maßnahmen für die selbst genutzte Immobilie und den vermieteten Bestand zu untersuchen. Die Ergebnisse lassen sich für das vermietete Gebäude wie folgt bewerten:[234]

In Abhängigkeit von den Randbedingungen zur Umsetzung der energetischen Maßnahmen ergeben sich für die untersuchten Modernisierungen sehr differenzierte Ergebnisse von ganz unwirtschaftlich bis wirtschaftlich. Im Folgenden soll hierzu die Wirtschaftlichkeit in drei Regionen angeführt werden:

---

[232] Quelle: prognos AG Berlin 2008
[233] siehe BBR (2008 a), Bewertung energetischer Anforderungen im Lichte steigender Energiepreise für die EnEV und die KfW-Förderung
[234] siehe IWU (2008), Wirtschaftlichkeit energiesparender Maßnahmen für die selbst genutzte Immobilie und den vermieteten Bestand

1. Dynamische Regionen[235]
   Die Maßnahmen sind für den Vermieter unter den gegebenen Rahmenbedingungen auf Basis einer Mieterhöhung nach § 559 BGB nicht wirtschaftlich. Im Vergleich zu einem nicht energiesparend modernisierten Gebäude besteht kein wirtschaftlicher Vorteil für den Vermieter, da meist Mieterhöhungen auch ohne Modernisierungsmaßnahmen auf Grundlage des Mietspiegels vorgenommen werden können.[236]
2. Strukturschwache Regionen[237]
   Die Maßnahmen sind für den Vermieter unter den gegebenen Rahmenbedingungen rein rechnerisch wirtschaftlich. Notwendig ist jedoch die vollständige Durchsetzbarkeit der zulässigen Mieterhöhung nach § 559 BGB. Dadurch erhöht sich die bisherige Kaltmiete.[238] Da die Kostenentlastung durch die Energieeinsparung in den ersten Jahren unter der Kaltmietenerhöhung liegt, erhöht sich gleichzeitig die Bruttowarmmiete für die Mieter. Dies kann in strukturschwachen Regionen trotz rechnerischer Wirtschaftlichkeit eine Umsetzung der Maßnahme erschweren oder sogar verhindern.[239]
3. Konsolidierte Regionen[240]
   Die Maßnahmen sind für den Vermieter unter den gegebenen Rahmenbedingungen auf Basis einer Mieterhöhung nach § 559 BGB teilweise wirtschaftlich. Trotz positivem Vermögensendwert der Investition erweist sich zum Teil auch eine Alternativanlage des Eigenkapitals als wirtschaftlicher.[241]

Ein entscheidendes Kriterium für die Umsetzung einer Modernisierungsmaßnahme ist, ob der Anteil der Instandsetzungskosten an den Modernisierungsmaßnahmen über die bisherigen Mieteinnahmen finanzierbar ist. Steigende Anforderungen an eine energiesparende Modernisierung verteuern die bereits sehr investitionsintensiven allgemeinen Maßnahmen weiter.[242] *„Immobilienunternehmen brauchen Planungssicherheit und dies sowohl bei den gesetzlichen Anforderungen als auch bei den Anreizen, um ihre In-*

---

[235] die ortsübliche Vergleichsmiete steigt stark und die Maßnahmen erzeugen keinen Leerstand
[236] siehe IWU (2008), Wirtschaftlichkeit energiesparender Maßnahmen für die selbst genutzte Immobilie und den vermieteten Bestand, S. 3
[237] die ortsübliche Vergleichsmiete steigt wenig und die Maßnahmen reduzieren dauerhaft Leerstand
[238] lt. Gutachten um fast 25 %
[239] siehe IWU (2008), Wirtschaftlichkeit energiesparender Maßnahmen für die selbst genutzte Immobilie und den vermieteten Bestand, S. 3
[240] die ortsübliche Vergleichsmiete steigt moderat und die Maßnahmen erzeugen eine geringe Reduzierung des Leerstandes
[241] siehe IWU (2008), Wirtschaftlichkeit energiesparender Maßnahmen für die selbst genutzte Immobilie und den vermieteten Bestand, S. 3
[242] siehe IWU (2008), Wirtschaftlichkeit energiesparender Maßnahmen für die selbst genutzte Immobilie und den vermieteten Bestand

vestitionstätigkeit im Bereich Energieeinsparung und Klimaschutz fortzusetzen und auszuweiten."[243]

Ständige oder wiederkehrende Diskussionen um weitere Verschärfungen der Anforderungen bei gleichzeitiger Unsicherheit für die Förderungsanreize schaffen dagegen Unsicherheit und Zurückhaltung bei den Gebäudeeigentümern und werden weitere Investitionen in den Klimaschutz im Gebäudebestand nicht unerheblich behindern.[244] Die Entwicklung der Wohnkosten bis zum Jahr 2021 wird in Abbildung 22 auf Basis der Werte des Messdienstleisters Techem AG dargestellt. Während im energetisch unsanierten Bereich die Wohnkosten um 2,57 €/m² Wohnfläche steigen, sind es im energetisch modernisierten Bereich 1,60 €/m² Wohnfläche. Unter der Annahme der gleichen Bruttowarmmiete des Jahres 2007 ist dies ein Preisunterschied der Erhöhung von 37,74 %.

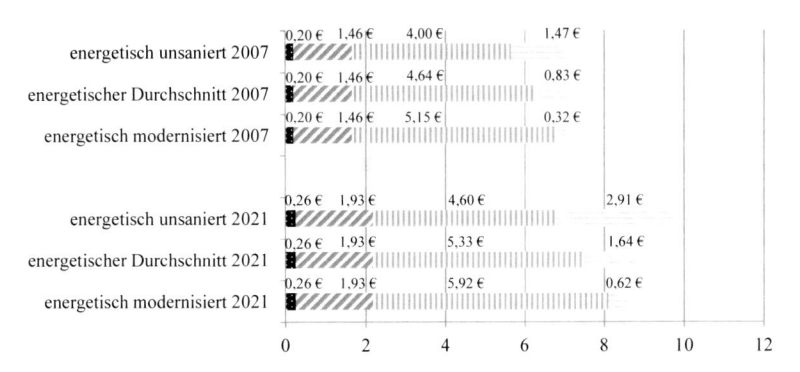

	0,20 €	1,46 €	4,00 €		1,47 €
energetisch unsaniert 2007	0,20 €	1,46 €	4,64 €	0,83 €	
energetischer Durchschnitt 2007	0,20 €	1,46 €	5,15 €	0,32 €	
energetisch modernisiert 2007					
energetisch unsaniert 2021	0,26 €	1,93 €	4,60 €		2,91 €
energetischer Durchschnitt 2021	0,26 €	1,93 €	5,33 €	1,64 €	
energetisch modernisiert 2021	0,26 €	1,93 €	5,92 €	0,62 €	

■ Warme BK - Nebenkosten   ⌐ kalte Betriebskosten   ı Kaltmiete   Warme BK - Brennstoff

Abbildung 22: Wohnkostenprognose bei sanierten und unsanierten Immobilien[245]

Grundsätzlich lässt sich jedoch abschließend festhalten, dass die Höhe zukünftiger Energiepreise das Risiko von Wohnungsunternehmen und Mietern beeinflusst. Die energetische Sanierung führt zu einem Anstieg der Wohnkosten, trägt damit jedoch zur Minderung der Wohnnebenkosten bei kommenden Energiepreissteigerungen bei. Damit werden die Energieeffizienzsteigerungspotenziale genutzt und letztendlich Wettbewerbsvorteile der Unternehmen geschaffen.

---

[243] siehe http://www.projet2001.de/bauphysik/daemmung.html, Dämmen wie die Häuser oder die Dämmung?, Abrufdatum 10.04.2010
[244] siehe IW Köln (2008), Immobilien und Klimaschutz - Potenziale und Hemmnisse, S.11 f.
[245] Quelle: Techem AG 2008, siehe http://www.techem.de/Deutsch/Unternehmen/Presse/Pressearchiv/Archiv_2008_N/Studie_Heizenergieverbrauch/, Techems Energiekennwerte in der 9. Auflage

3.3.4.3 Nutzer-Investor-Dilemma

Im Hinblick auf die Gesamtkosten während der Lebenszyklusbetrachtung von Immobilien sind zahlreiche Maßnahmen zur Steigerung der Energie-Effizienz durchaus sinnvoll und vernünftig. Entscheidend für den Umfang und die Durchführung von Maßnahmen sind die baulichen Gegebenheiten der Immobilie, die entstehenden Investitionskosten sowie deren Finanzierung und Refinanzierung. Diesen Ansatz verdeutlicht Abbildung 23. Sie zeigt die prognostizierte Kaltmietenentwicklung bis zum Jahr 2030 unter Berücksichtigung des angenommenen Mietspiegelniveaus.[246]

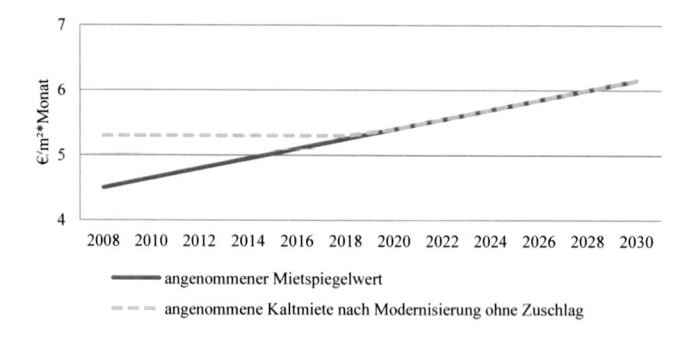

Abbildung 23: Refinanzierung energiesparender Maßnahmen[247]

Bei der Beurteilung der Wirtschaftlichkeit von Energieeffizienzmaßnahmen ist zwischen Selbstnutzern und Vermietern[248] zu unterscheiden, da im Gegensatz zum Selbstnutzer der Vermieter nicht unmittelbar direkt von den Einsparungen der getätigten Investitionen profitieren kann. Für den Vermieter hängt die Wirtschaftlichkeit von den im Anschluss an die Modernisierung rechtlich möglichen und vor allem am Markt durchsetzbaren Mietsteigerungen ab.[249]

Aus betriebswirtschaftlicher Sicht ist aufgrund der Heterogenität des Marktes mit seinen unterschiedlichen Teilmärkten eine differenzierte Betrachtung notwendig.

---

[246] siehe http://de.wikipedia.org/wiki/Mietspiegel, Abrufdatum 06.05.2010, Der Mietspiegel ist eine Übersicht über die ortsübliche Vergleichsmiete (§ 558 BGB) im frei finanzierten Wohnungsbau.
[247] Quelle: WP/StB Ingeborg Esser (2009), GdW Bundesverband deutscher Wohnungs- und Immobilienunternehmen e. V., Wirtschaftlichkeit energetischer Sanierungen mit Blick auf die EnEV 2009, Aareon Kongress 2009
[248] sowohl gewerbliche als auch private Vermieter
[249] siehe Schuh (2001), Entscheidungsverfahren zur Umsetzung einer nachhaltigen Entwicklung

3.3 Untersuchung zur nachhaltigen Bestandsentwicklung

Das Nutzer-Investor-Dilemma wird häufig im Zusammenhang mit Investitionen in die Steigerung der Energieeffizienz bei der Vermietung von Wohnungen genannt. Die gesetzlichen Regelungen zur Mieterhöhung bei Modernisierung sind in § 559 BGB geregelt und ermöglichen dem Immobilienunternehmen keinen langfristigen Ertrag.[250][251] Zwar können insgesamt 11 % der Investitionssumme pro Jahr zeitlich unbegrenzt auf den Mieter umgelegt werden, jedoch darf auf der Grundlage des § 558 BGB diese Mieterhöhung gesetzlich nur solange verlangt werden, bis die ortsübliche Vergleichsmiete erreicht ist. Bei Investitionen in den Wohnungsbestand kann sich eine solche Investition nicht in kurzer Zeit amortisieren. Oft lässt sich eine erhöhte Miete mit der gesetzlichen Umlagemöglichkeit gar nicht am Markt erzielen.[252] *„Mieter, die in sanierten Mietwohnungen wohnen, sparen unter Umständen erhebliche Energiekosten, zahlen langfristig aber die gleiche oder unwesentlich höhere „Warmmiete" wie Mieter unsanierter Objekte."*[253]

Die Problematik führt seit vielen Jahren dazu, dass, wenn Eigentümer Maßnahmen durchführen wollen, sie regelmäßig nur die vom Gesetzgeber geforderten an vermieteten Immobilien vornehmen. Die Mieter müssen dagegen hohe Wohnnebenkosten in Kauf nehmen, da diese in unbegrenzter Höhe als Umlagen weitergegeben werden. Eine Lösungsmöglichkeit durch einen sog. „Ökoeffizienzzuschlages" zeigt Abbildung 24.

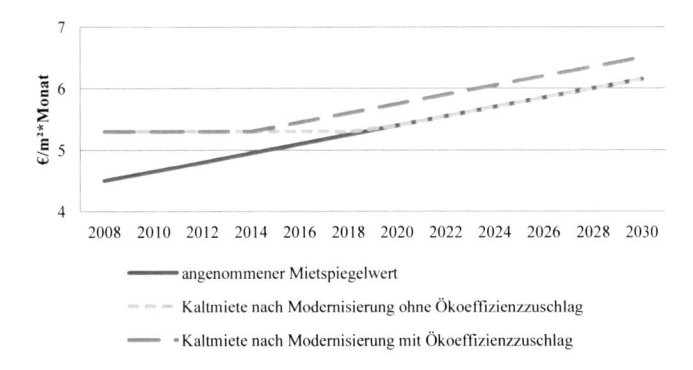

Abbildung 24: Mögliche Lösung mittels „Ökoeffizienzzuschlag"[254]

---

[250] siehe IWU (2008), Wirtschaftlichkeit energiesparender Maßnahmen für die selbst genutzte Immobilie und den vermieteten Bestand
[251] siehe http://de.wikipedia.org/wiki/Nutzer-Investor-Dilemma, Abrufdatum 25.04.2010
[252] siehe http://de.wikipedia.org/wiki/Nutzer-Investor-Dilemma, Abrufdatum 25.04.2010
[253] siehe http://de.wikipedia.org/wiki/Nutzer-Investor-Dilemma, Abrufdatum 25.04.2010
[254] Quelle: WP/StB Ingeborg Esser (2009), GdW Bundesverband deutscher Wohnungs- und Immobilienunternehmen e. V., Wirtschaftlichkeit energetischer Sanierungen mit Blick auf die EnEV 2009, Aareon Kongress 2009

Im Anhang 2 wurden hier beispielsweise die Umlageberechnungen bei einem Aufzugsanbau und bei einer energetischen Modernisierung durchgeführt. Basis dafür sind tatsächliche Werte von Maßnahmen der Jahre 2009 und 2010. Aus diesen Berechnungen wird ersichtlich, dass eine Amortisation von Maßnahmen auf Basis § 559 BGB nur langfristig erfolgt. Mit der Problematik, ob die notwendige und gesetzlich durchsetzbare Mieterhöhung am Markt erzielt werden kann wird ergänzend nochmals im Abschnitt 5.1.2 eingegangen.

Die Wirtschaftlichkeit energiesparender Maßnahmen im vermieteten Wohnungsbestand hängt für den Eigentümer von der Lage und Entwicklung auf dem relevanten Wohnungsmarkt ab. Dies bestätigte auch eine bereits angeführte Studie[255] des IWU. Aufgrund des niedrigen Mietniveaus sind teilweise selbst die zulässigen Modernisierungsumlagen nicht vollständig auf die Mieten umlegbar. Dies belegen auch aktuelle Studien des IW Köln[256] und des BBR[257] zu den Themen „*Immobilien und Klimaschutz*" sowie „*Investitionsprozesse im Wohnungsbestand privater Vermieter*". Für den Vermieter kann das zu längeren Amortisationszeiträumen für durchgeführte Modernisierungen und damit im ungünstigen Fall zur Unwirtschaftlichkeit einer solchen Investition führen. Um diesen Ansatz zu untermauern, wird im Anhang 3 nochmals die Maßnahme des Aufzugsanbaus und der energetischen Sanierung in Anlehnung an § 559 BGB mit einer nur 8 %igen Umlage aufgeführt. Es ist ersichtlich, dass sich bei dieser verminderten Umlage die Amortisationszeit auf 7 bzw. 9 Jahre erhöht.

Nur diejenigen Vermieter, welche in ihre Objekte wirtschaftlich optimal investieren, werden zukünftig geringere Leerstände und damit geringere Erlösschmälerungen ausweisen können.

---

[255] siehe IWU (2008), Wirtschaftlichkeit energiesparender Maßnahmen für die selbst genutzte Immobilie und den vermieteten Bestand, S. 4 f. und S. 38 f.
[256] siehe IW Köln (2008), Immobilien und Klimaschutz - Potenziale und Hemmnisse, S.11
[257] siehe BBR (2007), Innovationsprozesse im Wohnungsbestand - unter besonderer Berücksichtigung privater Vermieter. Forschungen, H. 129, S.79 f. sowie S. 88

4 Entwicklung der Anforderungsprofile

Mit der Frage, wie man im Alter wohnen möchte, sollte man sich bereits im mittleren Erwachsenenalter befassen, denn dort werden oftmals die Weichen dafür gestellt, gute Wohnbedingungen im Alter zur Verfügung zu haben. Diese Überlegungen haben das Ziel, in der gewählten Wohnung auch im Alter ein selbstständiges und sozial integriertes Leben zu ermöglichen. Das Altern sollte man eben nicht nur als einen schicksalhaften Prozess betrachten, sondern auch als eine Lebensphase, die aktiv gestaltet werden kann.[258]

4.1 Entwicklung eines Fragebogens

Um den Bedarf von Maßnahmen für ein lebenslanges Wohnen im Alter zu eruieren, wurde im Rahmen der vorliegenden Arbeit ein Fragebogen mit dem Ziel entwickelt, Erkenntnisse zur Situations- und Bedarfsanalyse zu erlangen und damit Lösungswege zur „*Entwicklung von Immobilienportfolios am Beispiel von Wohnungsbeständen*" abzuleiten. Dieser Fragebogen, welcher im Anhang 1 abgebildet ist, wurde mit nachfolgender Zielstellung entwickelt:

- Ermittlung der allgemeinen Wohnzufriedenheit im Hinblick auf die gegenwärtige Wohnung, das Wohngebäude sowie das Wohnumfeld
- Auskünfte zur derzeitigen Wohnsituation mit den Einzelaspekten Lage und Größe der Wohnung sowie Haushaltsgröße und -struktur
- Bedarfsermittlung altersgerechter Anpassungsmaßnahmen, die einen lebenslangen Verbleib in der eigenen Wohnung ermöglichen können

Dies erfolgte vor dem Hintergrund der Ermittlung der finanziellen Spielräume der Befragten und damit auch für die Immobilienunternehmen.[259]

Bei der Erarbeitung des Fragebogens wurde auf einen systematischen sowie zielgerichteten Aufbau Wert gelegt.[260] Das bedeutet einen inhaltlichen Verlauf von der allgemeinen Sichtweise auf Wohnsituation und Wohnumfeld bis zur detaillierten Betrachtung von Wohngebäude und Wohnung. Somit konnte die Basis für eine belastbare

---

[258] siehe Bertelsmann (2005), Positionspapier "Perspektiven für das Wohnen im Alter" Handlungsempfehlungen des Beirates „Leben und Wohnen im Alter" der Bertelsmann Stiftung, S. 12
[259] siehe Bohn (2008), Bestandsmanagement von Wohnimmobilien unter Beachtung demografischer und wirtschaftlicher Randbedingungen, S. 67 ff.
[260] siehe Lissmann (2006), Forschungsmethoden - Ein Überblick, S. 3 ff.

Situations- und Bedarfsanalyse gelegt werden. Folgende Gliederung wurde nach einem kurzen Einführungstext mit Danksagung für die Teilnahmebereitschaft und Information über die anonyme und vertrauliche Erfassung der Daten angewandt:[261]

1. allgemeine Wohnsituation
2. Wohnumfeld
3. Wohngebäude
4. Wohnung
5. persönliche Lebensumstände
6. Hinweise und Anmerkungen

Die Teilbereiche enthielten eine oder mehrere spezielle Fragen zum jeweiligen Thema. Beispielsweise waren für die Beurteilung des Wohnumfeldes die Größe und Lage der Wohnung wichtig und wurden mit der Auswahl vorhandener oder gewünschter Merkmale berücksichtigt. Fragen zum Wohngebäude und zur Wohnung dienten schließlich einer Beurteilung von verschiedenen Maßnahmen für eine altersgerechte Anpassung im Bestand unter den Gesichtspunkten:

- um die Wohnung besser erreichen und nutzen zu können
- für mehr Sicherheit und Komfort

Auch wurden die Befragten gebeten, noch einmal die baulichen Maßnahmen zu nennen, die ihnen persönlich am wichtigsten erscheinen. Diese Angaben sollen bei der Fragebogenauswertung zu einer Prioritätenliste führen, welche den Wohnungsunternehmen in Zukunft als Handlungsempfehlung dienen kann.

Ein weiterer Ansatz wurde mit wohnbegleitenden Dienstleistungen und der Bereitschaft zur Inanspruchnahme neuester Technik zur Unterstützung der Lebens- und Haushaltsführung, der Beurteilung von Handlungsalternativen für den Fall einer eingeschränkten Selbstständigkeit im Alter verfolgt sowie für die statistische Auswertung die persönlichen Lebensumstände der Umfrageteilnehmer thematisiert.[262] Die abschließende Fragestellung bot die Möglichkeit für weitere Anmerkungen und Hinweise, welche eventuell im Fragebogen nicht angesprochen wurden.[263]

4.1.1 Analysemethode der Befragung

Statistische Erhebungen werden im Rahmen der empirischen Sozialforschung nach folgender Art der Datenerhebung eingeteilt:

---

[261] siehe Bohn (2008), Bestandsmanagement von Wohnimmobilien unter Beachtung demografischer und wirtschaftlicher Randbedingungen, S. 73 ff.
[262] siehe Bohn (2008), Bestandsmanagement von Wohnimmobilien unter Beachtung demografischer und wirtschaftlicher Randbedingungen, S. 74 ff.
[263] siehe Konrad (2006), Die Befragung, S. 48 ff.

Forschungsmethode	Erhebungsmethode
Beobachtung	Beobachtungskategorien
Befragung	Interviewleitfaden, Fragebogen
Experiment	Test, Schätzskala, Fragebogen, Beobachtungskategorie usw.
Soziometrie	Frage, Beobachtungskategorie
Inhaltsanalyse	Inhaltsanalysekategorien

Abbildung 25: Forschungsmethoden für empirische Erhebungen[264]

Bei der Datenerhebung wurde auf die schriftliche Befragung zurückgegriffen, bei der folgende fünf Anforderungen an die Informationsgewinnung erreicht werden konnten:[265]

- Relevanz
- Reliabilität
- Validität
- Aktualität und Erhebung in einem moderaten Zeitraum
- angemessenes Verhältnis von Kosten und Nutzen

Der wesentliche Vorteil der gewählten Erhebung liegt in einem angemessenen Zeit-, Kosten- und Personalaufwand. Außerdem können die Befragten unabhängig von Zeitdruck oder Angaben eines Interviewers ihre Wahl der Antworten genauer überdenken. Bei einer postalischen Versendung eines Fragebogens birgt diese Methode jedoch auch Nachteile in sich. So ist das Risiko einer geringen Rücklaufquote durchaus vorhanden und eine Kontrolle der tatsächlichen Situation der Interviewten kann nicht erfolgen. Auch können bei einer schriftlichen Befragung Einflüsse durch andere Personen das tatsächliche Bild verzerren oder bei Unwissen sowie Verständnisproblemen keine näheren Erläuterungen stattfinden, sodass damit eine unvollständige Beantwortung erfolgen kann. Um einem Verlust an Repräsentativität vorzubeugen, ist ein ausreichender Rücklauf unabdingbar.[266] Da die soziale Situation der Befragten einen unmittelbaren Einfluss auf die Antwortformulierungen und Analysen hat, ist diese vereinfacht in Abbildung 26 dargestellt:

---

[264] Quelle: Lissmann (2006), Forschungsmethoden - Ein Überblick, S. 3
[265] siehe Meffert; Burmann; Kirchgeorg (2008), Marketing, S. 145 f.
[266] siehe Bohn (2008), Bestandsmanagement von Wohnimmobilien unter Beachtung demografischer und wirtschaftlicher Randbedingungen, S. 68

60   4 Entwicklung der Anforderungsprofile

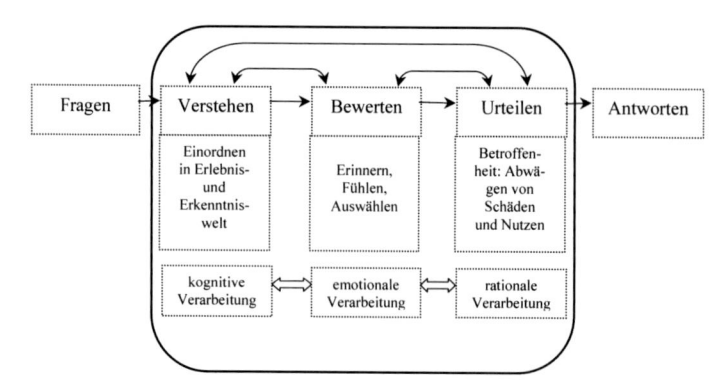

```
Fragen → Verstehen → Bewerten → Urteilen → Antworten

        Einordnen        Erinnern,        Betroffen-
        in Erlebnis-     Fühlen,          heit: Abwä-
        und              Auswählen        gen von
        Erkenntnis-                       Schäden
        welt                              und Nutzen

        kognitive    ⇔   emotionale  ⇔    rationale
        Verarbeitung     Verarbeitung     Verarbeitung
```

Abbildung 26: Soziale Situation der Befragung[267]

Grundsätzlich handelt es sich bei einer Befragung um eine soziale Situation, welche bei den Interviewten bewusste und unbewusste Reaktionen hervorruft. Kennzeichnend für die gewählte Methode ist dabei die Vorgabe sprachlich klar strukturierter Fragen, welche i. d. R. durch Ankreuzen einer Antwortmöglichkeit beantwortet werden können.[268]

Um eine abschließend genaue Auswertung und Analyse zu erhalten, ist es grundsätzlich unabdingbar, dass die jeweiligen Antworten nicht einzeln, sondern im Zusammenhang untersucht und interpretiert werden. Nur bei dieser Vorgehensweise sind die richtigen Schlussfolgerungen und Korrelationsaussagen sichergestellt.

4.1.2 Anwendung des Fragebogens

Um allgemeingültige und belastbare Ergebnisse erarbeiten zu können, war es wichtig, die Befragung in unterschiedlichen regionalen Teilmärkten durchzuführen. Dies schließt natürlich nicht aus, dass die Ergebnisse an den einzelnen regionalen Besonderheiten und Rahmenbedingungen verifiziert werden müssen. Insgesamt konnten 1.061 ausgefüllte Fragebögen zur Analyse der Wohnansprüche älterer Menschen herangezogen werden. Der Rücklauf von 37,23 % liegt weit über den Erwartungen der gewählten Befragungsmethode. Dies zeigt sehr deutlich, dass die Thematik vorliegender wissenschaftlicher Untersuchung vor dem Hintergrund der demografischen Entwicklung von allgemeinem und aktuell gesellschaftlichem Interesse ist. Die Befragung wurde durch postalische Zusendung bei zufällig ausgesuchten Mietern nachfolgend aufgeführter Immobilienunternehmen durchgeführt:

---

[267] Quelle: Konrad (2006), Die Befragung, S. 51
[268] siehe Bohn (2008), Bestandsmanagement von Wohnimmobilien unter Beachtung demografischer und wirtschaftlicher Randbedingungen, S. 66 ff.

Stadt	Immobilienunternehmen	Fragebögen	
		versandt	analysiert
Nürnberg	Wohnungsbaugesellschaft Nürnberg GmbH	500	159
Potsdam	Wohnungsgenossenschaft „Karl Marx" Potsdam eG	90	63
Bonn	Vereinigte Bonner Wohnungsbau AG	200	60
Chemnitz	Wohnungsbaugenossenschaft Chemnitz West eG	120	59
Dresden	Wohnungsgenossenschaft "Glückauf" Süd Dresden e. G.	800	200
Magdeburg	MWG-Wohnungsgenossenschaft eG Magdeburg	1.070	485
Kiel	Wankendorfer Baugenossenschaft für Schleswig-Holstein eG	70	35
	Summe:	2.850	1.061

Abbildung 27: Anwendung des Fragebogens

4.1.3 Verfahren zur Auswertungsmethodik

In der umfangreichen Analyse war zu prüfen, ob die Ergebnisse repräsentativ und somit als allgemeingültig angesehen werden können. Auch wenn die Untersuchung in 7 verschieden Städten und Regionen erfolgte, kann davon ausgegangen werden, dass aufgrund der Variabilität der sachlichen Teilmärkte kein allumfassendes Resultat ermittelt werden konnte. Vielmehr war es wichtig, dass unterschiedliche Regionen und Märkte in die Analyse Einfluss hatten und somit unterschiedliche Gegebenheiten und Ansätze berücksichtigt werden konnten. Bei vorliegender Untersuchung wurde das Augenmerk auch auf Korrelationsaussagen gelegt. Nur so war es möglich, treffende Handlungsempfehlungen für die Wohnungswirtschaft zu eruieren und damit Bewertungs- und Entwicklungsmodelle für Immobilienportfolios erarbeiten zu können.

Zur statistischen Auswertung der erhobenen Daten wurde das Softwarepaket SPSS 122 der Firmengruppe SPSS Inc. verwendet. SPSS ist ein umfassendes Softwarepaket zum Analysieren und Visualisieren von Daten und gehört zu den am weitesten verbreiteten Statistikprogrammen.

So können sehr komplexe Verfahren in kurzer Zeit bearbeitet werden und bieten damit die Grundlage für umfassende Korrelationsauswertungen.[269] [270] Für die Datenauswertung stehen dem Anwender verschiedene statistische Verfahren zur Auswahl - von deskriptiven Verfahren bis zu Vergleichsmaßen.

---

[269] siehe Janssen; Laatz (2007), Statistische Datenanalyse mit SPSS für Windows
[270] siehe Bohn (2008), Bestandsmanagement von Wohnimmobilien unter Beachtung demografischer und wirtschaftlicher Randbedingungen, S. 71 ff.

Bei der Analyse der Befragung wurde in vorliegender Arbeit die deskriptive Statistik angewendet, da mit ihr Beobachtungen präzise beschrieben und zusammengefasst werden können. Diese Statistik bietet die Möglichkeit:

- der Verallgemeinerung[271]
- einer theoretischen sowie einer empirischen Analyse

Auch können auf Basis der zur Verwendung stehenden mathematischen Verfahren Genauigkeits- und Sicherheitsfragen hinsichtlich der Ergebnisse beantwortet werden.[272] [273] Die einzelnen Auswertungsverfahren sind detailliert in entsprechenden Fachbüchern beschrieben. Zusammenfassend sind sie in nachfolgender Tabelle, Abbildung 28, dargestellt.

Statistisches Verfahren	Varianten
Berichte	OLAP-Würfel, Fälle zusammenfassen, Bericht in Zeilen, Bericht in Spalten
Deskriptive Statistiken	Häufigkeiten, explorative Datenanalyse, Kreuztabellen, Verhältnis, P-P-Diagramme, Q-Q-Diagramme
Tabellen	Mehrfachantwort-Sets, einfache und allgemeine Tabellen, Häufigkeitstabellen
Mittelwerte vergleichen	Mittelwerte, T-Test (bei einer Stichprobe, bei unabhängigen Stichproben oder bei gepaarten Stichproben)
Allgemeines lineares Modell	univariat, multivariat, Varianzkomponenten
Korrelation	bivariat, partiell, Distanzen
Regression	linear, Kurvenanpassung, ordinal, nichtlinear
Klassifizieren	Two-Step-Clusteranalyse, Clusterzentrenanalyse, hierarchische Cluster
Skalieren	Reliabilitätsanalyse, multidimensionale Skalierung
Nichtparametrische Tests	Chi-Quadrat, Sequenzen, binomial

Abbildung 28: Statistische Verfahren in SPSS[274]

4.2 Demografischer Wandel und Wohnansprüche älterer Menschen

Im Hinblick auf die demografische Entwicklung in unserer Gesellschaft wird es zukünftig darauf ankommen, den Bedürfnissen älterer Menschen vermehrt gerecht zu werden.

---

[271] von den Aussagen der Stichprobe wird auf die jeweilige Grundgesamtheit geschlossen
[272] siehe Wosnitza (2006), Computergestützte Auswertung von Daten mit SPSS oder Statistica, S. 100 ff.
[273] siehe Bohn (2008), Bestandsmanagement von Wohnimmobilien unter Beachtung demografischer und wirtschaftlicher Randbedingungen, S. 61 ff.
[274] Quelle: RRZN (2007), SPSS Grundlagen: Einführung anhand der Version 15, S. 84 ff.

Dabei steht nicht unbedingt die Erfüllung der DIN-Normen[275] im Mittelpunkt. Im Rahmen von Bestandssanierungen ist, wie bereits mehrfach angeführt, unter wirtschaftlichen Gesichtspunkten die Einhaltung der Normen eher schwierig. Vielmehr gilt es, das Wohnumfeld, das Wohngebäude und die Wohnung ohne Hindernisse so zu gestalten, dass diese den persönlichen Lebensumständen entsprechen kann.[276] [277] [278] Dies sollte grundlegender Anspruch für die Entwicklung und Bewirtschaftung von Immobilienportfolios sein.

4.2.1 Ergebnisanalyse der Nutzerbefragung

In den folgenden Abschnitten werden ausgewählte Ergebnisse der statistischen Analyse vorgenannter Umfrage präsentiert. Dabei erfolgt eine Orientierung an den wesentlichen Aussagen, da eine detaillierte Auswertung sämtlicher erfasster Daten innerhalb dieser Arbeit nicht möglich und auch nicht zielführend war.

Als zentrales Bewertungskriterium für die Evaluierung der Wohnqualität gilt die allgemeine Wohnzufriedenheit. Die überwiegende Mehrheit der befragten Haushalte, siehe Abbildung 29, ist mit ihrer momentanen Wohnsituation „sehr zufrieden" oder zumindest „zufrieden". Dabei ist ergänzend festzuhalten, dass dieses Ergebnis kaum bzw. nur unwesentlich mit dem Wohnort der Haushalte variiert.[279]

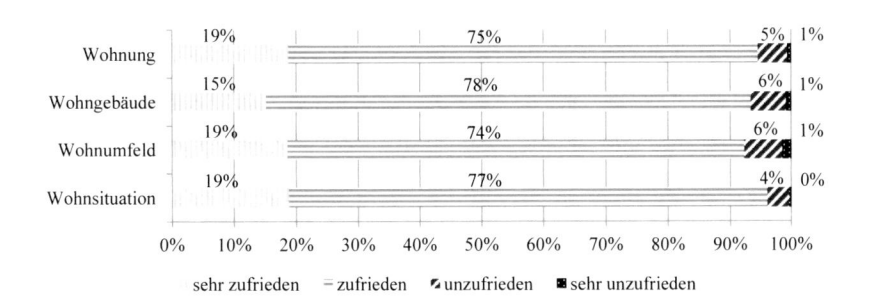

	sehr zufrieden	zufrieden	unzufrieden	sehr unzufrieden
Wohnung	19%	75%	5%	1%
Wohngebäude	15%	78%	6%	1%
Wohnumfeld	19%	74%	6%	1%
Wohnsituation	19%	77%	4%	0%

Abbildung 29: Nutzerbefragung - Wohnzufriedenheit

---

[275] z. B. DIN 18024 (Barrierefreies Bauen), DIN 18025 (Barrierefreie Wohnungen), DIN 18041 (Hörsamkeit), DIN 1450 (Leserlichkeit), EN 81-70 (Aufzüge), DIN 32975 (Optische Kontraste)
[276] siehe Edinger; Lerch; Lentze (2007), Barrierearm - Realisierung eines neuen Begriffes: Kompendium kostengünstiger Maßnahmen zur Reduzierung und Vermeidung von Barrieren im Wohnungsbestand, S. 16 f.
[277] siehe BBR (2008 b), Wohnen ohne Barrieren - Erhöhte Wohnqualität für alle, S. 7 und 12 f.
[278] siehe Deutscher Verband (2009), Wohnen im Alter, S. 17 ff.
[279] siehe Urbansky (2009), Erfolgreiches Bestandsmanagement von Wohnimmobilien: Analyse einer Befragung und Strategieentwicklung für Immobilienunternehmen, S. 59 f.

Die Beurteilung der Wohnzufriedenheit erfolgt allerdings nicht anhand objektiver Kriterien, sondern in starkem Maße auch durch sogenannte Gewöhnungs- und Anpassungseffekte[280] anhand subjektiver Kriterien. Daraus resultierend kann angenommen werden, dass von den Wohnbedingungen, unter denen die Befragten über einen langen Zeitraum gelebt und an welche sie sich demnach gewöhnt haben, die subjektiv erlebte Wohnqualität stark abhängig ist. Dies bestätigt auch eine Studie der Bertelsmann-Stiftung.[281] Interessant war der Ansatz, ob bei der Analyse zwischen der Wohnzufriedenheit und zum Alter der Befragten eine Korrelation zu erkennen war. Sie konnte jedoch nicht festgestellt werden.

4.2.1.1 Ergebnisanalyse der Nutzerbefragung - Wohnumfeld

Die Wohnqualität und damit verbunden auch die Qualität des Wohnumfeldes werden maßgeblich durch die vorhandene soziale Struktur im Wohnquartier beeinflusst. Dabei können als Qualitätskriterien[282] eines altersgerechten Wohnumfelds insbesondere nachfolgend aufgelistete Parameter angeführt werden:

- die allgemeine Sicherheit
- eine gut ausgebaute Infrastruktur
- soziale Einrichtungen
- Freizeit- und Kulturangebote
- Nähe zu Park- und Grünanlagen

Grundsätzlich lassen sich keine signifikanten Unterschiede gegenüber den unterschiedlichen Zielgruppen erkennen bei den abgefragten Qualitätsmerkmale erkennen. Sie werden vielmals von nahezu allen Mietergruppen geschätzt und sind in Abbildung 30 zusammengetragen.

---

[280] siehe Schmitt; Kruse; Olbrich (1994), Formen der Selbstständigkeit und Wohnumwelt - Ein empirischer Beitrag aus der Studie „Möglichkeiten und Grenzen der selbstständigen Lebensführung im Alter", S. 394

[281] siehe Bertelsmann (2005), Positionspapier „Perspektiven für das Wohnen im Alter": Handlungsempfehlungen des Beirates „Leben und Wohnen im Alter" der Bertelsmann Stiftung, S. 22

[282] siehe Urbansky (2009), Erfolgreiches Bestandsmanagement von Wohnimmobilien: Analyse einer Befragung und Strategieentwicklung für Immobilienunternehmen, S. 48 ff.

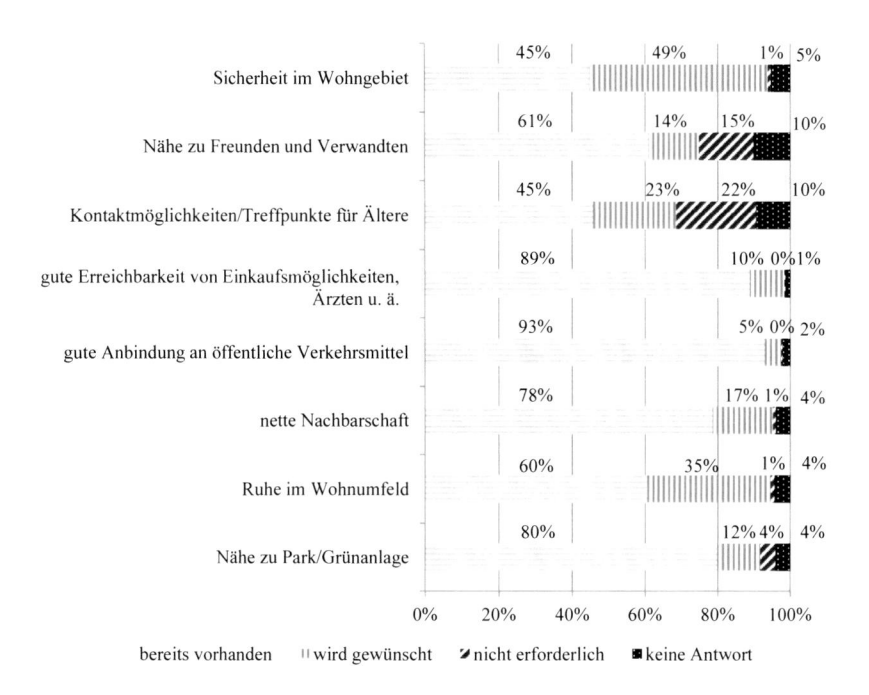

4.2 Demografischer Wandel und Wohnansprüche älterer Menschen 65

Merkmal	bereits vorhanden	wird gewünscht	nicht erforderlich	keine Antwort
Sicherheit im Wohngebiet	45%	49%	1%	5%
Nähe zu Freunden und Verwandten	61%	14%	15%	10%
Kontaktmöglichkeiten/Treffpunkte für Ältere	45%	23%	22%	10%
gute Erreichbarkeit von Einkaufsmöglichkeiten, Ärzten u. ä.	89%	10%	0%	1%
gute Anbindung an öffentliche Verkehrsmittel	93%	5%	0%	2%
nette Nachbarschaft	78%	17%	1%	4%
Ruhe im Wohnumfeld	60%	35%	1%	4%
Nähe zu Park/Grünanlage	80%	12%	4%	4%

Abbildung 30: Merkmale Wohnumfeld

Bestätigt wird dieser Ansatz auch über die durchschnittliche Anzahl bereits vorhandener altersgerechter Ausstattungsmerkmale, da die Befragten überwiegend angaben, dass die vorgenannten Ausstattungsmerkmale gewünscht und häufig auch vorhanden sind. Verdeutlicht wird durch die Abbildung 31, dass in der Ausstattungsgüte des Wohnumfelds kaum altersbedingte Unterschiede ersichtlich sind. So begründen ca. 92 %[283] der Altersgruppe der bis 65-Jährigen und 96 % der Altersgruppe der über 65-Jährigen das Vorhandensein von mindestens 3 von 8[284] abgefragten Ausstattungsmerkmalen. Die Ruhe und eine gepflegte Wohnsituation sind den Mietern sehr wichtig. Mit der richtigen Mieterstruktur kann der Vermieter oftmals diesem Wunsch entsprechen.[285]

---

[283] siehe Anhang 1, Frage 4, S. 137, Kumulation der Prozentwerte der Klassen „6 bis 8" und „3 bis 5"
[284] siehe Anhang 1, Frage 4, S. 137
[285] siehe Urbansky (2009), Erfolgreiches Bestandsmanagement von Wohnimmobilien: Analyse einer Befragung und Strategieentwicklung für Immobilienunternehmen, S. 48 f.

66   4 Entwicklung der Anforderungsprofile

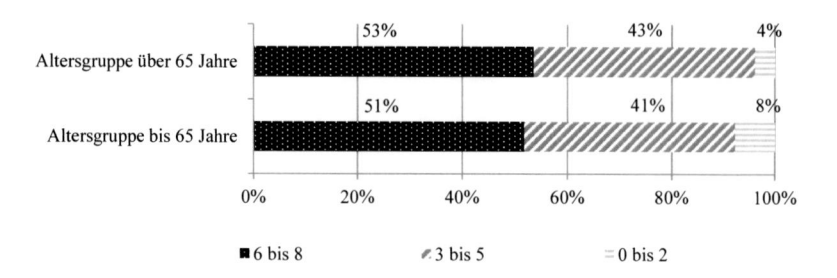

	53%	43%	4%
Altersgruppe über 65 Jahre			

	51%	41%	8%
Altersgruppe bis 65 Jahre			

0%   20%   40%   60%   80%   100%

■ 6 bis 8   ▨ 3 bis 5   ≡ 0 bis 2

Abbildung 31: Anzahl vorhandener Ausstattungsmerkmale im Wohnumfeld differenziert nach Altersgruppen

Einschränkend ist jedoch anzumerken, dass das subjektive Empfinden des einzelnen Mieters bei der Beantwortung der Frage, ob denn die einzelnen Ausstattungsmerkmale tatsächlich vorhanden sind, eine große Rolle spielt. Auf ein weiteres Kriterium muss in diesem Zusammenhang ebenfalls noch hingewiesen werden. Die bedarfsgerechte Gestaltung des Wohnumfelds fällt nur zum Teil in den Verantwortungsbereich des Immobilienunternehmens, sodass deren Einflussnahme auf die resultierende Wohnqualität beschränkt ist. Insbesondere in Teilmärkten mit einer zurückgehenden Bevölkerungsanzahl kann unter wirtschaftlichen Gesichtspunkten der bisher gewohnte Standard der Infrastruktur meist nicht aufrechterhalten werden. Dies führt oftmals unweigerlich zu einer geringeren Wohnzufriedenheit und damit verbunden auch zu einem erhöhten Sicherheitsbedürfnis.[286]

4.2.1.2 Ergebnisanalyse der Nutzerbefragung - Wohngebäude

Die Ausstattungsmerkmale zeichnen sich dadurch aus, dass sie älteren Menschen nicht nur eine altersgerechte Wohnsituation bieten, sondern vielfach auch den Gebrauchswert des Wohnraumes und damit die Wohnqualität aller Mietergruppen erhöhen. So wissen beispielsweise nicht nur ältere, bewegungseingeschränkte Menschen die Vorzüge eines barrierefreien oder zumindest barrierearmen Zugangs zur Wohnung zu schätzen, sondern auch aus Komfortgründen eine Vielzahl jüngerer Mieter. Abbildung 32 zeigt den Wunsch nach verschiedenen Ausstattungen von Wohngebäuden für die Gesamtheit der Befragten.

---

[286] siehe Urbansky (2009), Erfolgreiches Bestandsmanagement von Wohnimmobilien: Analyse einer Befragung und Strategieentwicklung für Immobilienunternehmen, S. 102 f.

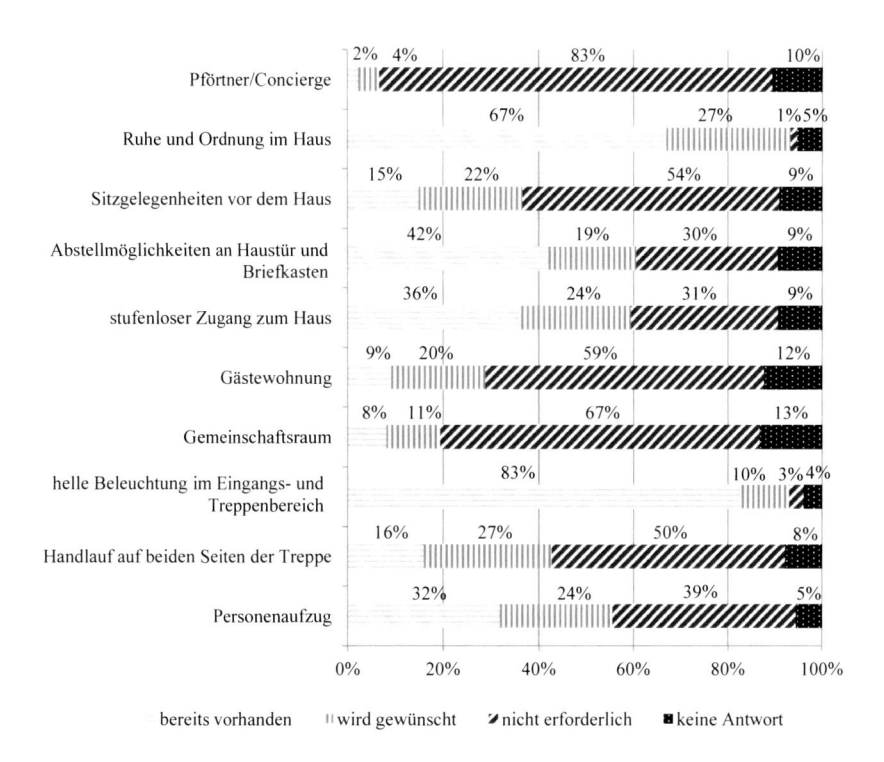

4.2 Demografischer Wandel und Wohnansprüche älterer Menschen 67

Merkmal	bereits vorhanden	wird gewünscht	nicht erforderlich	keine Antwort
Pförtner/Concierge	2%	4%	83%	10%
Ruhe und Ordnung im Haus	67%	27%	1%	5%
Sitzgelegenheiten vor dem Haus	15%	22%	54%	9%
Abstellmöglichkeiten an Haustür und Briefkasten	42%	19%	30%	9%
stufenloser Zugang zum Haus	36%	24%	31%	9%
Gästewohnung	9%	20%	59%	12%
Gemeinschaftsraum	8%	11%	67%	13%
helle Beleuchtung im Eingangs- und Treppenbereich	83%	10%	3%	4%
Handlauf auf beiden Seiten der Treppe	16%	27%	50%	8%
Personenaufzug	32%	24%	39%	5%

Abbildung 32: Merkmale Wohngebäude

Eine helle Beleuchtung im Eingangsbereich, das Vorhandensein von Handläufen an den Treppenhauswänden, Sitzgelegenheiten vor dem Haus, Abstellmöglichkeiten an Haustür und Briefkasten oder die vertikale Erschließung durch einen Personenaufzug spielen eine wichtige Rolle.[287] Hauptsächlich bemisst sich jedoch eine altersgerechte Ausstattungsgüte des Wohngebäudes vor allem nach der barrierefreien bzw. -armen Erreichbarkeit der Wohnung über den Hauseingang und das Treppenhaus. Je weniger Barrieren bei der Erschließung der eigenen Wohnungstür zu überwinden sind, desto höher wird die altersgerechte Ausstattung des Wohngebäudes angesehen.[288] Verdeutlicht wird dies durch Abbildung 33.

---

[287] siehe Edinger; Lerch; Lentze (2007), Barrierearm - Realisierung eines neuen Begriffes: Kompendium kostengünstiger Maßnahmen zur Reduzierung und Vermeidung von Barrieren im Wohnungsbestand, S. 123 ff.

[288] siehe Urbansky (2009), Erfolgreiches Bestandsmanagement von Wohnimmobilien: Analyse einer Befragung und Strategieentwicklung für Immobilienunternehmen, S. 49 f.

68 4 Entwicklung der Anforderungsprofile

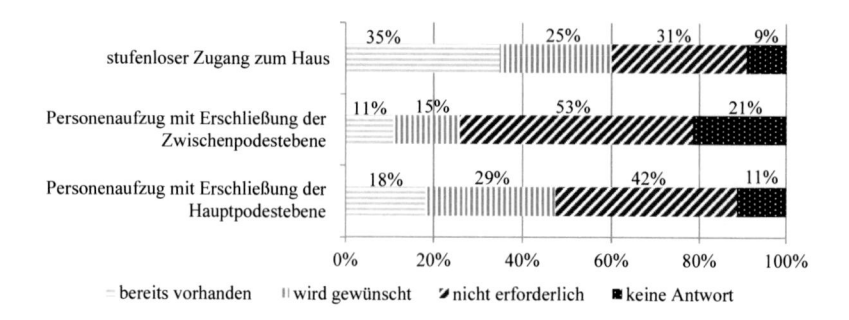

	0%	20%	40%	60%	80%	100%
stufenloser Zugang zum Haus	35%		25%	31%		9%
Personenaufzug mit Erschließung der Zwischenpodestebene	11%	15%	53%			21%
Personenaufzug mit Erschließung der Hauptpodestebene	18%	29%		42%		11%

= bereits vorhanden   ⁞⁞ wird gewünscht   ⌀ nicht erforderlich   ■ keine Antwort

Abbildung 33: Erreichbarkeit der Wohnung

Aufgrund der baulichen Gegebenheiten vieler Bestandsgebäude ist aus wirtschaftlichen Gründen und ohne zusätzlichen Eingriff in vermietete Bereiche eine Erschließung mit einem zusätzlich nachgerüsteten Aufzug nur über die Zwischenpodestebene möglich. Daraus resultierend sind die Antworten zu der Akzeptanz eines Personenaufzuges bei der Erschließung in der Zwischenpodest- oder Hauptpodestebene[289] von allgemeinem Interesse. Insgesamt haben sich von den 1.061 eingegangenen Fragebögen 781 Personen dazu geäußert, welche baulichen Maßnahmen ihnen am wichtigsten erscheinen.[290] Für 127 Befragte und damit reichlich 16 % war der Ein- oder Anbau eines Personenaufzuges das Primat. Davon gaben 81,89 % der Befragten (insgesamt 104 Personen) an, einen Aufzug in Hauptpodestebene zu bevorzugen. Demgegenüber standen nur 18,11 % der Befragten (insgesamt 23 Personen), denen ein Aufzug in Zwischenpodestebene ausreichte. Hierbei war nicht zu erkennen, ob diese Aussagen etagen- oder altersspezifische Unterschiede aufwiesen.[291] Wie in Abbildung 34 ersichtlich, ist jedoch grundsätzlich der Bedarf an Personenaufzügen in den oberen Etagen[292] größer. Während über 90 % der Befragten ab dem 4. Obergeschoss angaben, einen Aufzug zu wünschen oder bereits zu besitzen, erwähnten gerade einmal 27 % der Bewohner bis zum 1. Obergeschoss dieses Erfordernis. Signifikante altersspezifische Unterschiede waren hierbei nicht zu erkennen.[293]

---

[289] Hauptpodestebene = barrierefreie Erschließung, Zwischenpodestebene = mind. 1 Treppenlauf zur Erschließung der Wohnung
[290] siehe Anlage 1, Frage 8 a, b, S. 138
[291] siehe Urbansky (2009), Erfolgreiches Bestandsmanagement von Wohnimmobilien: Analyse einer Befragung und Strategieentwicklung für Immobilienunternehmen, S. 62 f.
[292] 4. OG und höher
[293] siehe Urbansky (2009), Erfolgreiches Bestandsmanagement von Wohnimmobilien: Analyse einer Befragung und Strategieentwicklung für Immobilienunternehmen, S. 65 ff. und 108 f.

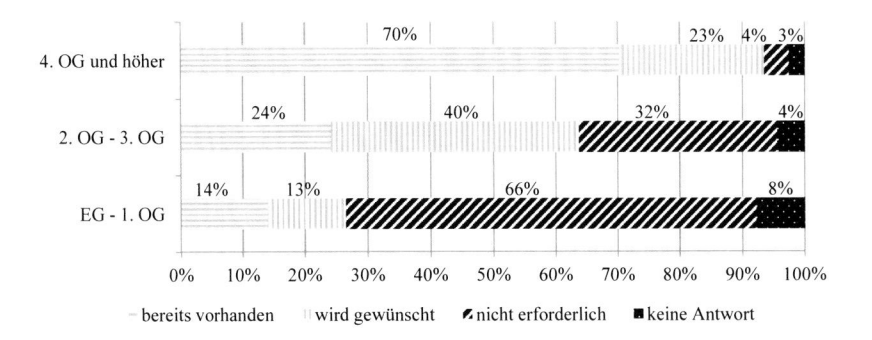

4.2 Demografischer Wandel und Wohnansprüche älterer Menschen   69

```
4. OG und höher      |      70%      | 23% 4% 3%
2. OG - 3. OG    24% |   40%   | 32% | 4%
EG - 1. OG    14% 13% |    66%    | 8%
              0%  10% 20% 30% 40% 50% 60% 70% 80% 90% 100%
```

bereits vorhanden   wird gewünscht   nicht erforderlich   keine Antwort

Abbildung 34: Ausstattungsmerkmal Aufzug

Nachfolgend soll an dieser Stelle nochmals betrachtet werden, ob die Anzahl der Ausstattungsmerkmale im Wohngebäude Rückschlüsse auf das Alter der Bewohner zulässt.[294] Während bei den bis 65-Jährigen, siehe Abbildung 35, etwa 28 % der befragten Haushalte das Vorhandensein von mindestens 4 Ausstattungsmerkmalen angeben, sind es bei den über 65-Jährigen bereits 36 %. Bei der Betrachtung der Fragen nach dem Wohnumfeld können die Merkmale objektiv beurteilt werden. Lediglich die Frage nach der „Ruhe und Ordnung im Haus" ist vom subjektiven Empfinden des jeweiligen Mieters abhängig. So besitzen die Ergebnisse zur altersgerechten Ausstattungsgüte des Wohngebäudes eine deutlichere Aussagekraft als die des Wohnumfeldes.

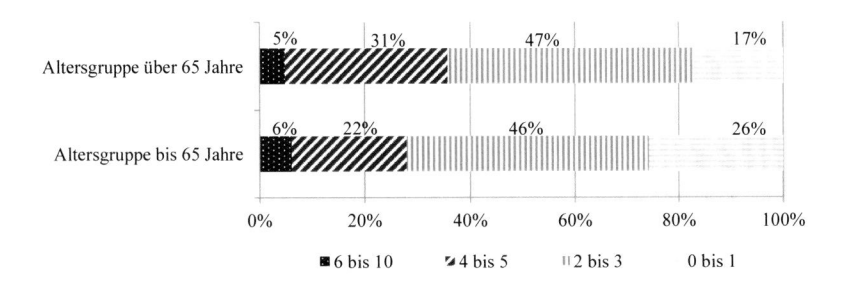

```
Altersgruppe über 65 Jahre    5%  31%    47%    17%
Altersgruppe bis 65 Jahre     6%  22%    46%    26%
                             0%   20%   40%   60%   80%   100%
```
6 bis 10   4 bis 5   2 bis 3   0 bis 1

Abbildung 35: Anzahl Ausstattungsmerkmale im Wohngebäude differenziert nach Altersgruppen

---

[294] siehe Urbansky (2009), Erfolgreiches Bestandsmanagement von Wohnimmobilien: Analyse einer Befragung und Strategieentwicklung für Immobilienunternehmen, S. 51 f.

Dies bestätigt die Annahme, dass mit fortschreitendem Alter der Wunsch und auch das Vorhandensein einer altersgerechten Ausstattungsgüte des Wohngebäudes zunehmen.

4.2.1.3 Ergebnisanalyse der Nutzerbefragung - Wohnung

Eine altersgerechte Ausstattungsgüte der Wohnung bemisst sich vor allem an deren Wohnqualität, welche sich hauptsächlich durch folgende Parameter ergibt:

- Erreichbarkeit der Wohnung
- Nutzung der Wohnung
- Sicherheit und Komfort
- Nutzung des Badezimmers

Die Ergebnisse sind, wie bereits bei der Analyse des Wohnumfeldes und des Wohngebäudes, nach Altersgruppen zusammengefasst und in Abbildung 36 dargestellt. Während in der Altersgruppe der über 65 Jährigen insgesamt 40 % der Befragten das Vorhandensein von 6 bis 19 Ausstattungsmerkmalen anführten, sind es in der Gruppe der bis 65-Jährigen nur 23 %.[295]

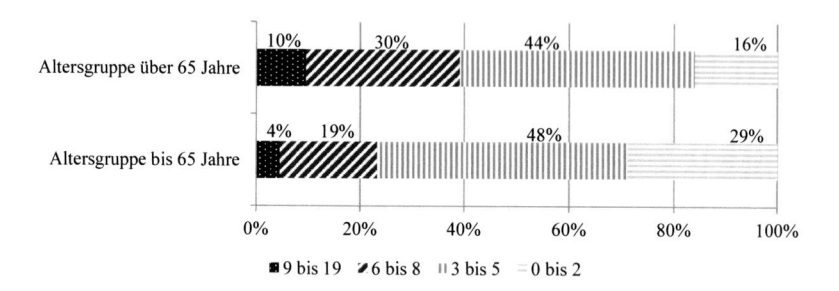

Abbildung 36: Anzahl Ausstattungsmerkmale in der Wohnung differenziert nach Altersgruppen

Ungeachtet der technischen Hilfsmittel wurde weitergehend analysiert, welche baulichen Gegebenheiten für ein „Selbstbestimmtes Wohnen im Alter" von den Befragten als wünschenswert angesehen werden. So ist der Wunsch, siehe Abbildung 37, eines barrierefreien Zuganges zu Balkon und Terrasse mit über 50 % eines der Hauptanliegen älterer Menschen. Mit 50 % wurde ein weiteres Augenmerk auf das Beseitigen von Türschwellen gelegt. Bei der näheren Analyse wurden die sicherheitsrelevanten Aus-

---

[295] siehe Urbansky (2009), Erfolgreiches Bestandsmanagement von Wohnimmobilien: Analyse einer Befragung und Strategieentwicklung für Immobilienunternehmen, S. 51 f.

4.2 Demografischer Wandel und Wohnansprüche älterer Menschen   71

stattungsmerkmale der Wohnung vor dem Hintergrund untersucht, ob mit dem Sicherheitsbedürfnis Rückschlüsse auf gesellschaftliche Entwicklungsprozesse der Menschen gezogen werden können. Diese Aussage wird benötigt, um zu erkennen, ob sich daraus Verschiebungen in den Grundbedürfnissen[296] ergeben.

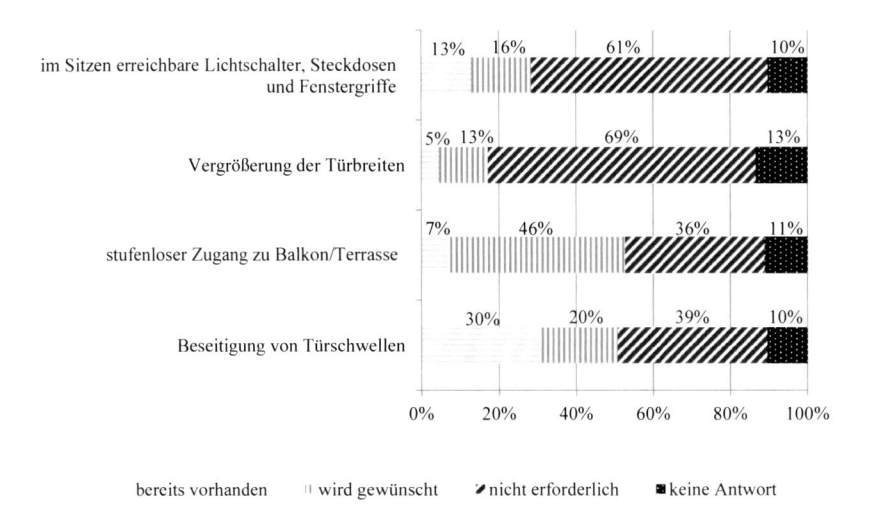

	bereits vorhanden	wird gewünscht	nicht erforderlich	keine Antwort
im Sitzen erreichbare Lichtschalter, Steckdosen und Fenstergriffe	13%	16%	61%	10%
Vergrößerung der Türbreiten	5%	13%	69%	13%
stufenloser Zugang zu Balkon/Terrasse	7%	46%	36%	11%
Beseitigung von Türschwellen	30%	20%	39%	10%

Abbildung 37: Erreichbarkeit der Wohnung

Als weiterer Hauptpunkt wird von den Bewohnern eine gut gesicherte Wohnungseingangstür mit einem Türspion angesehen, gefolgt von der Gegensprechanlage, welche möglichst mit einer Videoübertragung ausgestattet sein soll. Ein zusätzlicher Sichtschutz an Balkon oder Terrasse zur weiteren Erhöhung der Anonymität und des Schutzes der Privatsphäre spielt eher eine untergeordnetere Rolle. Insgesamt lässt sich festhalten, dass der Wunsch nach gut gesicherten Wohnungseingangstüren und damit der bereits angeführte Schutz der Privatsphäre bei über 90 % aller Befragten einen hohen Stellenwert besitzt. Auch die Gegensprechanlagen, möglichst in Verbindung mit einer Videoausführung, erfüllen mit 72 % dieses Kriterium und unterstützen damit, wie in Abbildung 38 ersichtlich, den Schutz vor äußeren Gefahren.

---

[296] siehe Abbildung 1, Die Maslowsche Bedürfnispyramide, S. 7

4 Entwicklung der Anforderungsprofile

Merkmal	bereits vorhanden	wird gewünscht	nicht erforderlich	keine Antwort
zusätzlicher Sicht-, Wind- oder Witterungsschutz an Balkon/Terrasse	27%	26%	39%	8%
flächenmäßige Vergrößerung von Balkon/Terrasse für mehr Bewegungsfreiheit	19%	21%	49%	11%
Anbau eines Balkons/einer Terrasse	69%	9%	13%	9%
gut gesicherte Wohnungstür mit Türspion	71%		21%	4% 5%
Gegensprechanlage (ggf. mit Video zur Sichtkontrolle)	41%	31%	20%	7%

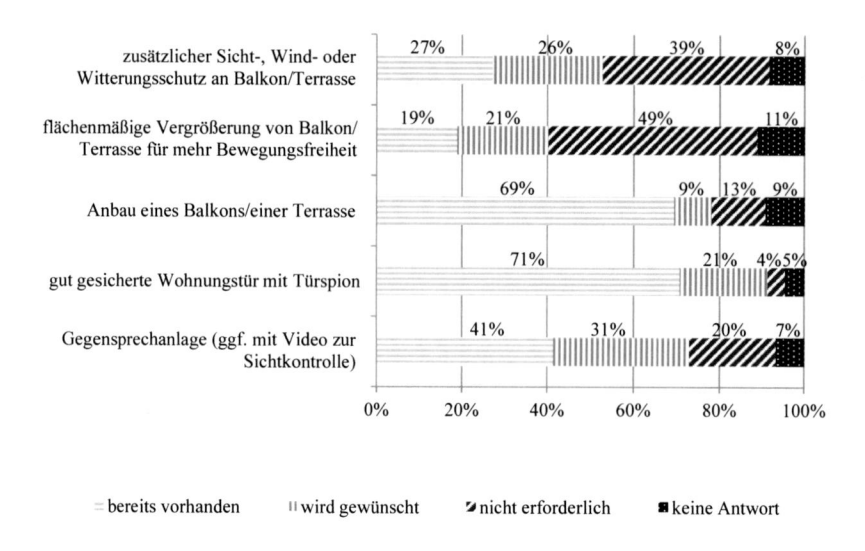

Abbildung 38: Sicherheit und Komfort

Bei der Analyse wurden die Sanitärräume besonders betrachtet, um festzustellen, ob mit zunehmendem Alter ein Beibehalt der Selbstständigkeit ermöglicht werden kann.[297] Gerade die Sanitärräume spielen eine nicht unerhebliche Rolle bei der Wohnzufriedenheit. Besonders sollten dabei die Sanitärgegenstände sowie die Gebrauchsgegenstände untersucht werden. In Abbildung 39 werden die untersuchten Bereiche aufgezeigt.

Anhand einer Auflistung der bereits angeführten Maßnahmen hatten die befragten Personen die Möglichkeit, diese nach den benötigten Schwerpunkten einzuordnen. Dabei waren die mit Abstand am wichtigsten gewünschten Ausstattungsgegenstände mit 75 % der Einbau eines Haltegriffes bei Badewanne oder Dusche, um einen sicheren Ein- und Ausstieg zu ermöglichen, mit 39 % der Einbau einer Dusche mit niedriger Einstiegshöhe und Sitzgelegenheit und die Einstiegshilfe für die Badewanne sowie mit 38 % das altersgerechte WC. Weitergehende seniorenfreundliche Maßnahmen, wie der flache Waschtisch, spielen mit 24 % der Nennungen eine eher nachgeordnete Rolle.

Da fast 70 % der Befragten das Vorhandensein einer Badewanne angaben, kann dieser Ausstattungswunsch als primär angesehen werden. Vielfach wird jedoch die Ausstiegshöhe als kritisch betrachtet. Der Einbau einer Dusche kann als nicht zielgruppenspezifischer Ausstattungswunsch mit immerhin 54 % der Nennungen betrachtet werden.

---

[297] siehe Menzel (2009), Badausstattung - Grundlage für eine nachhaltige Bestandsentwicklung, S. 38 f.

4.2 Demografischer Wandel und Wohnansprüche älterer Menschen

Merkmal	bereits vorhanden	wird gewünscht	nicht erforderlich	keine Antwort
flaches Waschbecken, das auch im Sitzen benutzt werden kann	7%	17%	67%	9%
altengerechtes WC mit Haltegriff und höherer Sitzhöhe	5%	33%	54%	8%
Haltegriffe bei Badewanne/Dusche für den sicheren Ein- und Ausstieg	22%	53%	19%	6%
Dusche mit niedriger Einstiegshöhe und Sitzgelegenheit	5%	34%	48%	13%
Einbau einer Dusche	25%	29%	35%	11%
Einstiegshilfe für die Badewanne	7%	32%	47%	14%
Einbau einer Badewanne	69%	3%	18%	10%

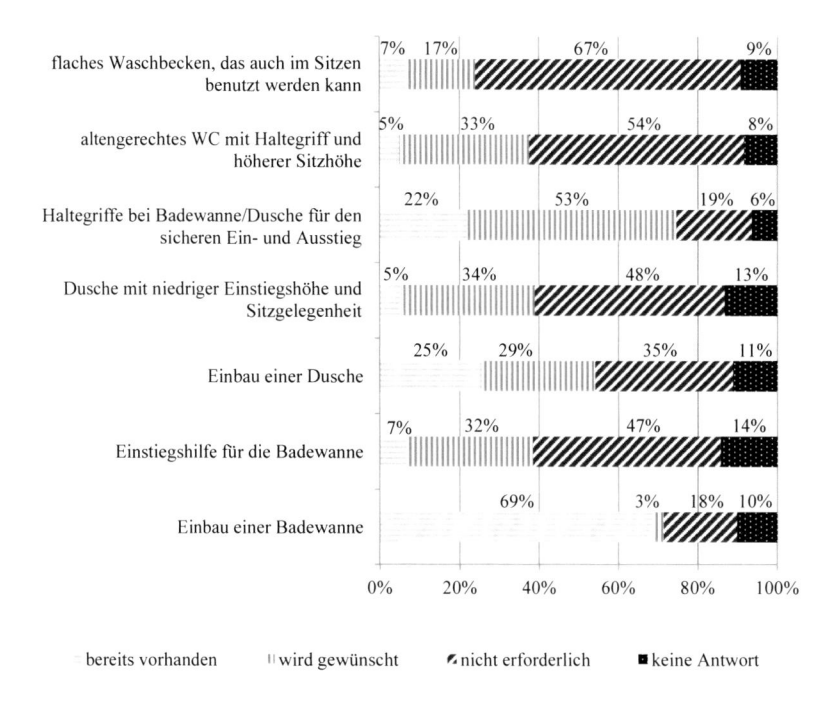

Abbildung 39: Nutzung des Badezimmers

Bei der Betrachtung einer altersgerechten Ausstattungsgüte der Wohnung und damit auch deren Wohnqualität können die Merkmale, analog derer des Wohngebäudes, objektiv beurteilt werden und besitzen dadurch ebenfalls eine deutlichere Aussagekraft.

4.2.1.4 Ergebnisanalyse der Nutzerbefragung - wohnbegleitende Dienstleistungen

Zur Bedarfsanalyse wurden die Haushalte nach den einzelnen Dienstleistungen befragt und das Ergebnis in Abbildung 40 zusammengefasst. Dabei konnte auch hier zwischen den Antwortmöglichkeiten „bereits vorhanden", „wird gewünscht" und „nicht erforderlich" ausgewählt werden.[298]

---

[298] siehe Urbansky (2009), Erfolgreiches Bestandsmanagement von Wohnimmobilien: Analyse einer Befragung und Strategieentwicklung für Immobilienunternehmen, S. 69 f.

74 4 Entwicklung der Anforderungsprofile

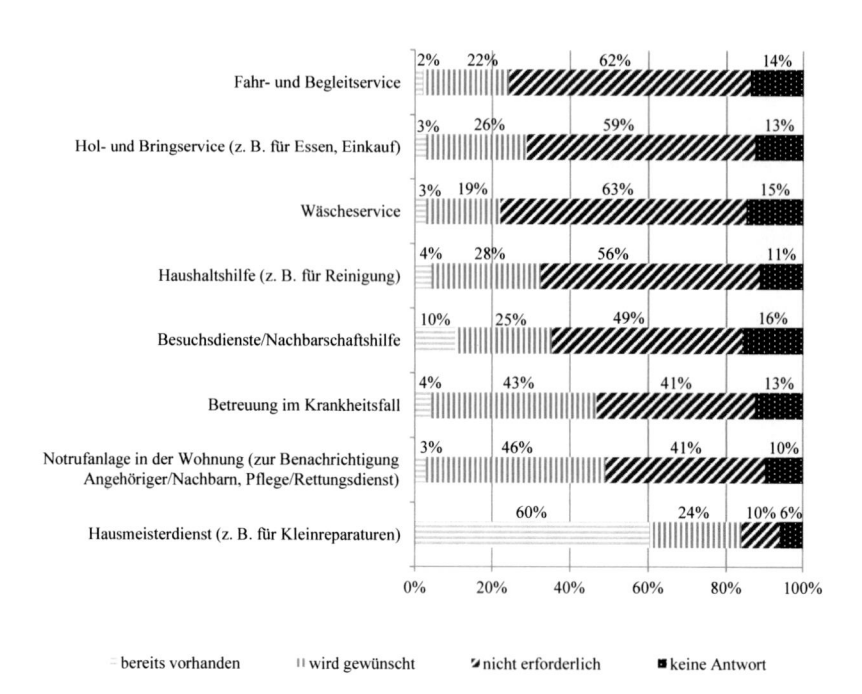

Dienstleistung	bereits vorhanden	wird gewünscht	nicht erforderlich	keine Antwort
Fahr- und Begleitservice	2%	22%	62%	14%
Hol- und Bringservice (z. B. für Essen, Einkauf)	3%	26%	59%	13%
Wäscheservice	3%	19%	63%	15%
Haushaltshilfe (z. B. für Reinigung)	4%	28%	56%	11%
Besuchsdienste/Nachbarschaftshilfe	10%	25%	49%	16%
Betreuung im Krankheitsfall	4%	43%	41%	13%
Notrufanlage in der Wohnung (zur Benachrichtigung Angehöriger/Nachbarn, Pflege/Rettungsdienst)	3%	46%	41%	10%
Hausmeisterdienst (z. B. für Kleinreparaturen)	60%		24%	10% 6%

Abbildung 40: Art der wohnbegleitenden Dienstleistungen

Im Vorfeld der Analyse wurde angenommen, dass der Bedarf an wohnbegleitenden Dienstleistungen mit zunehmendem Alter, insbesondere auch im Falle von Alleinstehenden, ansteigt. Auch wenn es zunehmend schwerer fällt, den Großteil der Arbeiten im Haushalt eigenständig zu bewältigen, kann davon ausgegangen werden, dass die „jungen Alten" versuchen, ihre Unabhängigkeit und Selbstständigkeit zu festigen. Insbesondere diese größtenteils noch vitale und dynamische Altersgruppe entwickelt häufig großen Widerstand gegen mögliche Abhängigkeitsverhältnisse.[299] Demgegenüber ist oftmals wegen fehlender familiärer Betreuungsmöglichkeiten die Inanspruchnahme wohnbegleitender Dienstleistungen für pflegebedürftige ältere Menschen unabdingbar. In vielen Fällen ist sie die einzige Alternative zum Umzug in eine stationäre Einrichtung.

---

[299] siehe Urbansky (2009), Erfolgreiches Bestandsmanagement von Wohnimmobilien: Analyse einer Befragung und Strategieentwicklung für Immobilienunternehmen, S. 68 ff.

Weiterhin wurde der Ansatz untersucht, ob auch für jüngere Haushalte ein Bedarf an wohnbegleitenden Dienstleistungen zu verzeichnen ist. Um dies zu prüfen, erfolgte eine gemeinsame Auswertung des Anteils der Haushalte, die bei den einzelnen wohnbegleitenden Dienstleistungen, getrennt für die Altersgruppen „0 bis 50 Jahre", 51 bis 65 Jahre", „66 bis 80 Jahre" und „über 80 Jahre, „bereits vorhanden" oder „wird gewünscht" angegeben haben.

Grundsätzlich wird davon ausgegangen, dass die Mieter, welche in Wohnquartieren mit vorhandenem, abrufbarem Dienstleistungsangebot leben, auch tatsächlichen, nachfragewirksamen Bedarf an diesen Leistungen haben und diese in Anspruch nehmen. Nur bedingt kann der Annahme, dass der Bedarf an wohnbegleitenden Dienstleistungen mit zunehmendem Alter kontinuierlich steigt, zugestimmt werden. Die nachfolgende Auswertung in Abbildung 41 zeigt, dass der Unterstützungsbedarf bei den sogenannten „alten Alten", mit Ausnahme der Hausmeisterdienste, stets am höchsten ist.[300] Insbesondere bei den folgenden Dienstleistungen: Installation einer Notrufanlage in der Wohnung, Betreuung im Krankheitsfall, Unterstützung durch eine Haushaltshilfe und Wäscheservice besteht ein großer gestiegener Bedarf gegenüber den jüngeren Altersgruppen. Dagegen konnten zwischen den sogenannten „jungen Alten" und den bis 65-Jährigen nur geringfügige Bedarfsunterschiede festgestellt werden. Bei einigen Dienstleistungen ist sogar mit zunehmendem Alter, mit Ausnahme der „alten Alten", ein sinkender Bedarf zu verzeichnen.

Ursprünglich wurden die wohnungsnahen Dienstleistungen vorrangig an den Bedürfnissen älterer Mieter ausgerichtet. Jedoch besteht auch bei den jüngeren Generationen, allerdings seltener durch die nachlassenden Fähigkeiten zur selbstständigen Bewältigung der Arbeiten im Haushalt, Interesse an diesen Dienstleistungen. Vielmehr werden sie in dieser Altersgruppe aufgrund geänderter gesellschaftlicher Rahmenbedingungen durch fehlende zeitliche Ressourcen oder auch durch den Wunsch nach mehr Komfort hervorgerufen. Ferner kann dieses Ergebnis auch darauf zurückzuführen sein, weil jüngere Generationen nicht nur aufgeschlossener gegenüber der Inanspruchnahme derartiger Dienstleistungsangebote, sondern auch eher bereit sind, dafür finanzielle Mittel einzusetzen.[301]

---

[300] siehe Urbansky (2009), Erfolgreiches Bestandsmanagement von Wohnimmobilien: Analyse einer Befragung und Strategieentwicklung für Immobilienunternehmen, S. 70 f.
[301] siehe Urbansky (2009), Erfolgreiches Bestandsmanagement von Wohnimmobilien: Analyse einer Befragung und Strategieentwicklung für Immobilienunternehmen, S. 70 f.

4 Entwicklung der Anforderungsprofile

Dienstleistung	über 80	66–80	51–65	0–50
Fahr- und Begleitservice	38%	26%	25%	37%
Hol- und Bringservice	50%	31%	27%	43%
Wäscheservice	48%	23%	25%	28%
Haushaltshilfe	64%	33%	35%	38%
Besuchsdienste/Nachbarschaftshilfe	55%	41%	39%	34%
Betreuung im Krankheitsfall	74%	54%	48%	40%
Notrufanlage in der Wohnung	70%	54%	49%	45%
Hausmeisterdienst	90%	91%	85%	80%

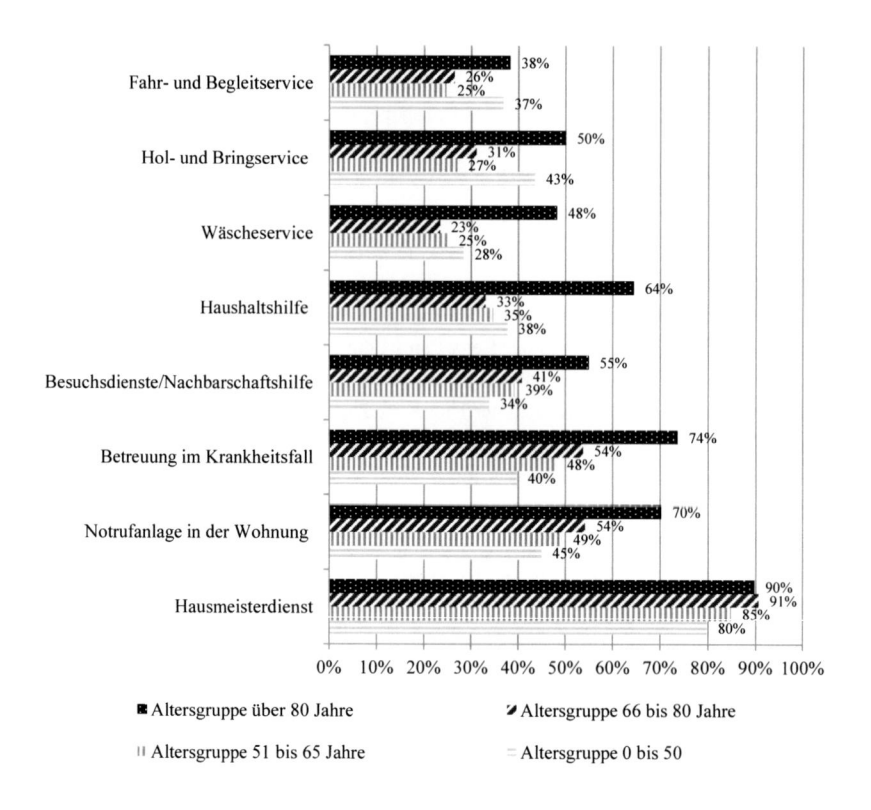

Abbildung 41: Wohnbegleitende Dienstleistungen differenziert nach dem Alter

Am Beispiel der über 80-Jährigen soll ergänzend in diesem Zusammenhang gezeigt werden, dass insbesondere ältere, alleinstehende Mieter einen vermehrten Bedarf an haushaltnahen Dienstleistungen haben. Diese Menschen sind durch die zunehmende Singularisierung im Alter besonders auf Hilfe- und Pflegeleistungen angewiesen. Die oftmals in früheren Lebensabschnitten gemeinsam ausgeführten Arbeiten im Haushalt müssen nunmehr allesamt im eigenen Verantwortungsbereich durchgeführt werden. Geschlechterspezifisch unterscheidet sich hierbei jedoch die Bedarfsinanspruchnahme. So fällt es oftmals älteren, alleinstehenden Männern schwer, Reinigungsarbeiten durchzuführen, während Frauen eher bei kleinen Reparaturen im Haushalt Hilfe benötigen.[302] Bei vorgenannter Altersgruppe ist jedoch das Interesse an einer Notrufanlage in der Wohnung durch das zunehmende Sicherheitsbedürfnis im Alter besonders hoch.

---

[302] siehe Urbansky (2009), Erfolgreiches Bestandsmanagement von Wohnimmobilien: Analyse einer Befragung und Strategieentwicklung für Immobilienunternehmen, S. 73

Während nur 58 % der in einem Zwei- oder auch Mehrpersonenhaushalt Lebenden angaben, bereits über solch ein System zu verfügen oder es sich zu wünschen, sind es bei den Einpersonenhaushalten bereits 85 %.[303] Abbildung 42 verdeutlicht diese Aussage.

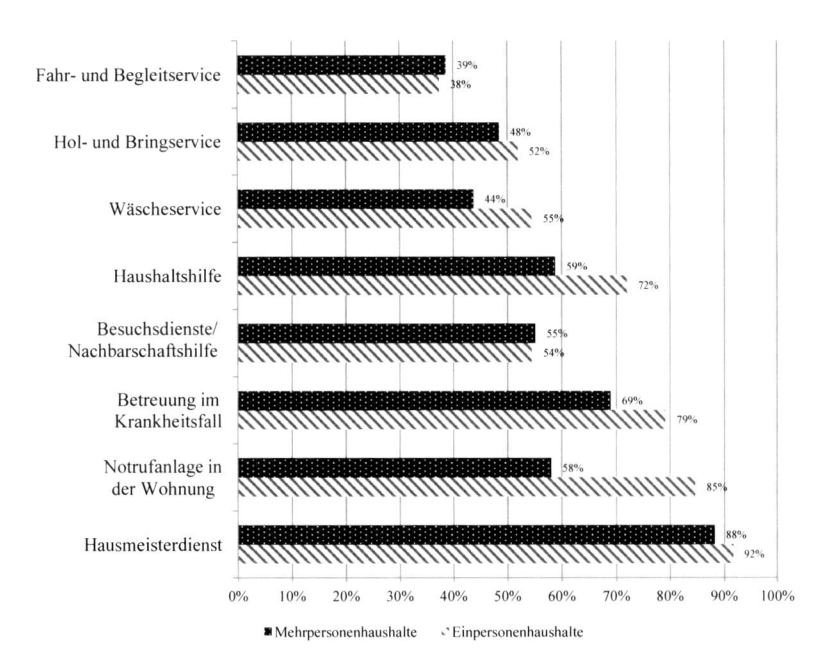

Dienstleistung	Mehrpersonenhaushalte	Einpersonenhaushalte
Fahr- und Begleitservice	39%	38%
Hol- und Bringservice	48%	52%
Wäscheservice	44%	55%
Haushaltshilfe	59%	72%
Besuchsdienste/ Nachbarschaftshilfe	55%	54%
Betreuung im Krankheitsfall	69%	79%
Notrufanlage in der Wohnung	58%	85%
Hausmeisterdienst	88%	92%

Abbildung 42: Wohnbegleitende Dienstleistungen der über 80-Jährigen haushaltsgrößendifferenziert (gewünscht und vorhanden)

Bei der Analyse wurde ein besonderes Augenmerk darauf gelegt, welche Wohnformen ältere Menschen bevorzugen. Dabei wurden, wie in Abbildung 43 dargestellt, sowohl Seniorenheime, alternative Wohnformen als auch das selbstständige Wohnen betrachtet. 16 % der Befragten wollen niemals in ein Seniorenheim ziehen und 90 % der Befragten gaben an, gern in ihrer vorhandenen Wohnung im bekannten Wohnumfeld alt zu werden und professionelle Hilfe in Anspruch zu nehmen. Dies führt zu dem Schluss, dass ältere Menschen so lange wie möglich selbstbestimmt in ihrer eigenen Wohnung wohnen bleiben wollen.

---

[303] siehe Urbansky (2009), Erfolgreiches Bestandsmanagement von Wohnimmobilien: Analyse einer Befragung und Strategieentwicklung für Immobilienunternehmen, S. 72 f.

78 4 Entwicklung der Anforderungsprofile

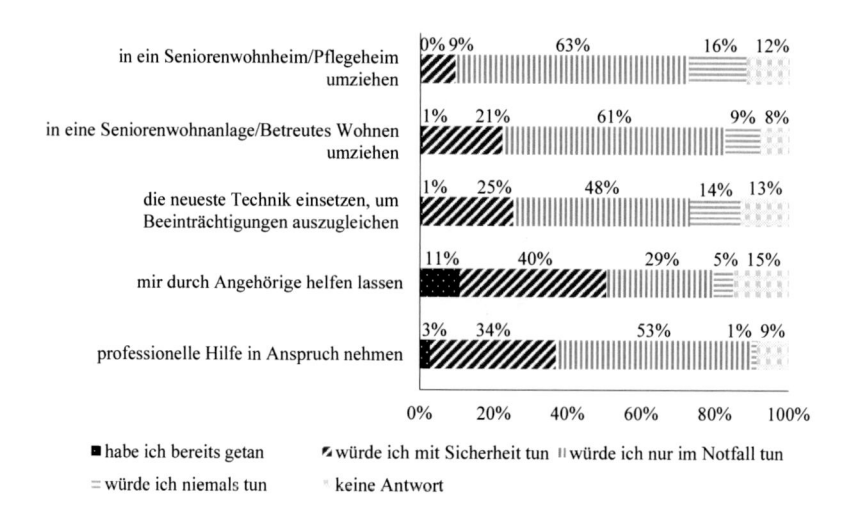

	habe ich bereits getan	würde ich mit Sicherheit tun	würde ich nur im Notfall tun	würde ich niemals tun	keine Antwort
in ein Seniorenwohnheim/Pflegeheim umziehen	0%	9%	63%	16%	12%
in eine Seniorenwohnanlage/Betreutes Wohnen umziehen	1%	21%	61%	9%	8%
die neueste Technik einsetzen, um Beeinträchtigungen auszugleichen	1%	25%	48%	14%	13%
mir durch Angehörige helfen lassen	11%	40%	29%	5%	15%
professionelle Hilfe in Anspruch nehmen	3%	34%	53%	1%	9%

Abbildung 43: Art der Hilfe bei Einschränkungen

Interessant ist auch, dass die oftmals angeführte Scheu älterer Menschen vor dem Einsatz der neuesten Technik zum Ausgleich motorischer Einschränkungen nicht festzustellen war. Insgesamt 73 % aller Befragten gaben an, von den Vorteilen profitieren zu wollen.

Am Beispiel der „Inanspruchnahme professioneller Hilfe" und zum „Einsatz neuester Technik" wurde untersucht, ob die Inanspruchnahme bzw. die Bereitschaft zur Inanspruchnahme mit zunehmendem Alter variiert und zunimmt. Ganz bewusst wurde dabei die Altersgruppe der 51- bis 65-Jährigen in die Auswertung mit einbezogen, da es interessant erscheint, zu welchem Zeitpunkt sich die Gruppe der „zukünftigen Alten" bereits mit der Frage der Pflege und Betreuung im Alter auseinandersetzt. Außerdem ist zur Beurteilung für unterstützende Maßnahmen wichtig, ob diese Alterskohorte der außerfamiliären Pflege und der unterstützenden Technik offener gegenübersteht. Gemäß Abbildung 44 und 45 kann bei der „Bereitschaft zur Inanspruchnahme professioneller Hilfe" kein kontinuierlicher Anstieg des Bedarfes mit zunehmendem Alter festgestellt werden. Auffallend sind auch die bislang doch relativ geringen Inanspruchnahmen.[304] In diesem Zusammenhang sei jedoch angeführt, dass laut der Pflegestatistik[305] Ende des

---

[304] siehe Urbansky (2009), Erfolgreiches Bestandsmanagement von Wohnimmobilien: Analyse einer Befragung und Strategieentwicklung für Immobilienunternehmen, S. 74 ff.
[305] siehe DESTATIS (2008), Bautätigkeit und Wohnungen: Mikrozensus - Zusatzerhebung 2006, Bestand und Struktur der Wohneinheiten sowie Wohnsituation der Haushalte, S. 13

Jahres 2007 etwa 31 % der über 80-Jährigen pflegebedürftig[306] waren, von denen ca. 60 % zu Hause versorgt und gepflegt wurden.

Bereitschaft zur Inanspruchnahme professioneller Hilfe

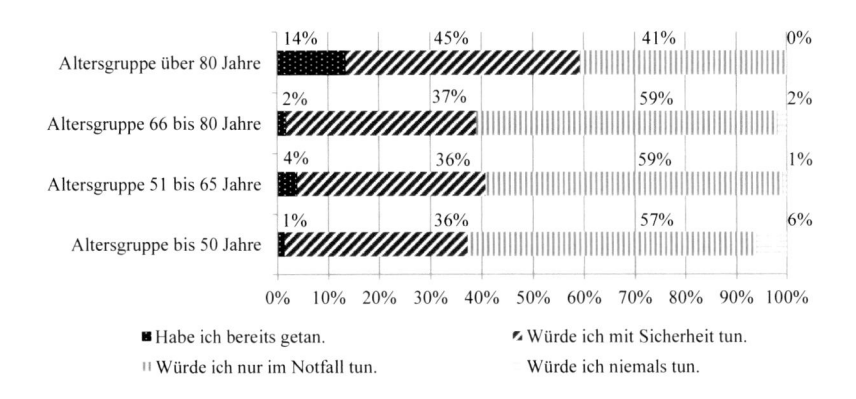

Altersgruppe	Habe ich bereits getan	Würde ich mit Sicherheit tun	Würde ich nur im Notfall tun	Würde ich niemals tun
über 80 Jahre	14%	45%	41%	0%
66 bis 80 Jahre	2%	37%	59%	2%
51 bis 65 Jahre	4%	36%	59%	1%
bis 50 Jahre	1%	36%	57%	6%

Abbildung 44: Bereitschaft zur Inanspruchnahme professioneller Hilfe

Bereitschaft zum Einsatz neuester Technik

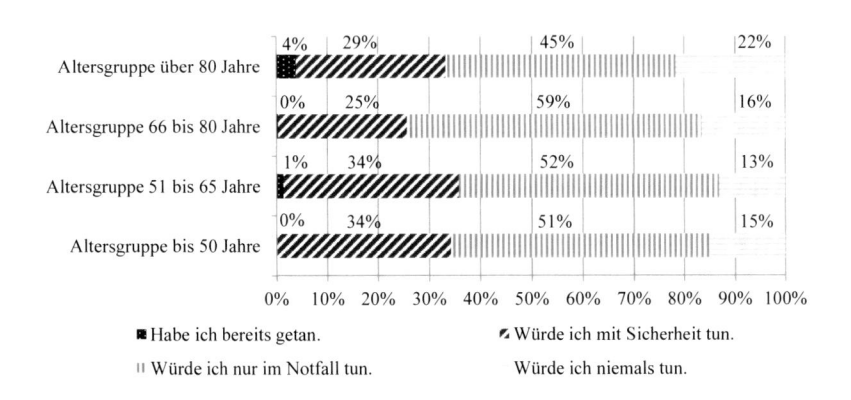

Altersgruppe	Habe ich bereits getan	Würde ich mit Sicherheit tun	Würde ich nur im Notfall tun	Würde ich niemals tun
über 80 Jahre	4%	29%	45%	22%
66 bis 80 Jahre	0%	25%	59%	16%
51 bis 65 Jahre	1%	34%	52%	13%
bis 50 Jahre	0%	34%	51%	15%

Abbildung 45: Bereitschaft zum Einsatz neuester Technik

---

[306] Personen, welche Leistungen nach dem SGB XI erhalten

80   4 Entwicklung der Anforderungsprofile

Demgegenüber stellt sich die „Bereitschaft zum Einsatz neuester Technik" differenzierter dar. Wird die grundsätzlich ablehnende Haltung betrachtet, so sinkt die Akzeptanz mit zunehmendem Alter. Da zumeist die Grundlagen für die Akzeptanz und Beherrschung sämtlicher technischer Innovationen bereits im Jugendalter und dem jungen Erwachsenenalter gelegt werden,[307] liegt dieses Ergebnis im Rahmen der Erwartungen.

4.2.2   Ergebnisanalyse der Nutzerbefragung - Regionale Betrachtungen

Betrachtet man die Wohnraumausstattung, so war in den 90er-Jahren der Wohnungsbestand in den neuen gegenüber dem der alten Bundesländer durch eine große Rückständigkeit gekennzeichnet.[308] Seit dieser Zeit wurden verstärkte Anstrengungen und Investitionen unternommen, um dieses Defizit auszugleichen. Es kann jedoch davon ausgegangen werden, dass die Wohnsituation in städtischen Regionen in vielen Fällen besser ist als in ländlichen. Begründet liegt dies oftmals darin, dass in den kleinen Gemeinden vermehrt durch die sinkenden Einwohnerzahlen infrastrukturelle Engpässe, welche die Wohnqualität des Wohnumfeldes reduzieren, vorliegen.[309]

In Abbildung 46 werden die bereits angeführten vorhandenen Ausstattungsmerkmale des Wohnumfeldes, des Wohngebäudes und der Wohnung zusammengefasst und getrennt nach den Regionen ausgewertet. Generell hat die Befragung gezeigt, dass sich die Wohnwünsche und somit auch die Ausstattungsgüte in den neuen Bundesländern mittlerweile nur unwesentlich von denen in den alten Bundesländern unterscheiden.

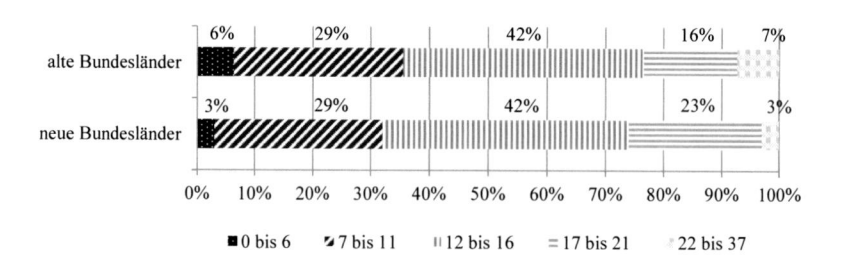

Abbildung 46: Nutzerbefragung - Ausstattungsmerkmale[310] differenziert nach Regionen

---

[307]   siehe Sackmann; Weymann (1994), Die Technisierung des Alltags, S. 7
[308]   siehe Brinker (2005), Das Bild vom Alter und dessen Einfluss auf die Wohnformen für ältere Menschen im 20. Jahrhundert in Deutschland, S. 302
[309]   siehe Urbansky (2009), Erfolgreiches Bestandsmanagement von Wohnimmobilien: Analyse einer Befragung und Strategieentwicklung für Immobilienunternehmen, S. 53 f.
[310]   siehe Anlage 1, Frage 6, 8, und 10, S. 138 f.

4.2 Demografischer Wandel und Wohnansprüche älterer Menschen 81

Größere Abweichungen zeigten sich jedoch bei den Angaben zur sicherheitstechnischen Ausstattung der Wohnungen. So wird angegeben, dass der Anteil der gut gesicherten Wohnungseingangstüren in den alten Bundesländern bei 88 % liegt und somit um 33 % höher ist als in den neuen Bundesländern. Ein ähnliches Bild zeichnet sich auch bei den Gegensprechanlagen ab. Hier wird ein um 21 % höherer Anteil genannt. Dagegen liegen die Angaben zum Wunsch nach einem zusätzlichen Sichtschutz an Balkonen und Terrassen mit 53 % bzw. 62 % annähernd gleich.[311]

Im Rahmen der Auswertung des SOEP[312] bestätigt auch das DESTATIS, dass sich in den neuen Bundesländern der Zustand der Wohngebäude von 1991 auf 2006 dem der alten Bundesländer angeglichen hat und somit nur noch geringe Ost-West-Unterschiede bestehen. Diese Angleichung ist u. a. auch auf leerstandsbedingten Handlungsdruck der Wohnungsunternehmen zurückzuführen. Infolgedessen wurden im Rahmen des Programms „Stadtumbau Ost" zahlreiche ältere und marode Wohnungsbestände abgerissen oder zurückgebaut.[313] Andererseits konnten durch Sanierungsmaßnahmen der Standard und auch die Ausstattungsmerkmale angehoben werden.[314] Demgegenüber fehlte meist in den alten Bundesländern dieser leerstandsbezogene Handlungsdruck, sodass aus Gründen der guten bis sehr guten Vermietbarkeit der Wohnungen keine Notwendigkeit bestand, die Ausstattungsqualität nachhaltig zu verbessern.

Als wichtigste Determinante der Wohnraumnachfrage steckt das Haushaltseinkommen als sogenannter ökonomischer Rahmen der Wohnungswahl den Preis für Wohnalternativen ab.[315] Die Vermutung, dass mit steigenden monatlichen Haushaltseinkommen auch die Ausstattungsqualität von Wohnumfeld, Wohngebäude und Wohnung zunimmt, kann jedoch nach Analyse der Befragung nicht bestätigt werden. Es konnten keine nennenswerten wechselseitigen Abhängigkeiten festgestellt werden.

Um Handlungsempfehlungen für die Immobilienunternehmen ableiten zu können, wurde im Rahmen der Befragung als wichtige Determinante auch die Bereitschaft der Mieter zur finanziellen Beteiligung bei der Erhöhung der Ausstattungsmerkmale ermittelt. Eine Analyse der Ergebnisse zeigt, dass ca. jeder dritte Haushalt nicht bereit ist, für eine verbesserte Wohnqualität eine erhöhte Miete zahlen zu wollen oder diese nicht bezahlen kann. Demgegenüber zeigen ca. zwei Drittel der befragten Haushalte eine Bereitschaft

---

[311] siehe Menzel (2009 a), Sicheres Wohnen - Grundlage für nachhaltige Bestandsentwicklung, S. 38 f.
[312] Das Sozio-oekonomische Panel (SOEP) ist eine repräsentative Wiederholungsbefragung von über 12.000 Privathaushalten in Deutschland. Die Befragung wird im jährlichen Rhythmus seit 1984 bei denselben Personen und Familien (= stets demselben Panel) durchgeführt.
[313] siehe DESTATIS (2008), Bautätigkeit und Wohnungen: Mikrozensus - Zusatzerhebung 2006, Bestand und Struktur der Wohneinheiten sowie Wohnsituation der Haushalte, S. 229
[314] siehe Urbansky (2009), Erfolgreiches Bestandsmanagement von Wohnimmobilien: Analyse einer Befragung und Strategieentwicklung für Immobilienunternehmen, S. 54 f.
[315] siehe Bison (1996), Die Regulierung des Mietwohnungsmarktes in der Bundesrepublik Deutschland: Eine positive ökonomische Analyse, S. 177 ff.

82 4 Entwicklung der Anforderungsprofile

zur finanziellen Beteiligung.[316] Anzumerken sei jedoch an dieser Stelle, dass die zusätzliche Zahlungsbereitschaft stets im Verhältnis vom aktuellen Mietniveau und dem aktuellen monatlichen Haushaltseinkommen betrachtet werden sollte. Diese beiden Größen spiegeln sich in der sogenannten Wohnbelastungsquote wider.[317]

Eine weitergehende „stadtbezogene" Differenzierung der Ergebnisse zeigt, dass die, wie in Abbildung 47 dargestellt, Zahlungsbereitschaft in den neuen Bundesländern um einiges höher ist als in den alten.

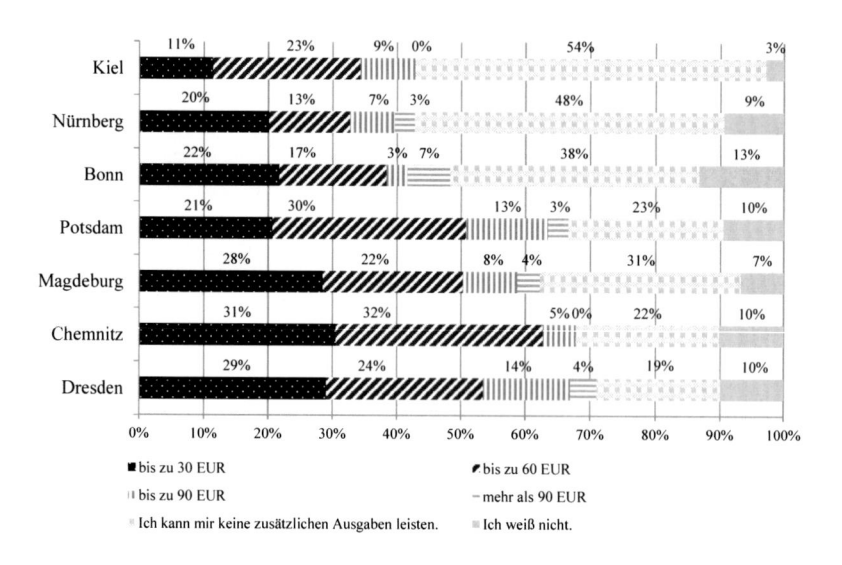

Stadt	bis zu 30 EUR	bis zu 60 EUR	bis zu 90 EUR	mehr als 90 EUR	Ich kann mir keine zusätzlichen Ausgaben leisten	Ich weiß nicht
Kiel	11%	23%	9%	0%	54%	3%
Nürnberg	20%	13%	7%	3%	48%	9%
Bonn	22%	17%	3%	7%	38%	13%
Potsdam	21%	30%	13%	3%	23%	10%
Magdeburg	28%	22%	8%	4%	31%	7%
Chemnitz	31%	32%	5%	0%	22%	10%
Dresden	29%	24%	14%	4%	19%	10%

Abbildung 47: Nutzerbefragung - finanzielle Möglichkeiten zur Mieterhöhung

Während sich über die Hälfte der Haushalte in den alten Bundesländern nicht in der Lage sieht, für eine Verbesserung der Wohnsituation eine höhere Miete zu zahlen, ist es in den neuen Bundesländern nur ein Viertel der Befragten. Dieses Ergebnis wurde unter Berücksichtigung der sozioökonomischen Rahmenbedingungen nicht so deutlich erwartet. Nach verstärkter Analyse konnte jedoch herausgefunden werden, dass dieses Ergebnis darauf zurückzuführen ist, dass das Einkommensniveau der befragten Haushalte in den alten Bundesländern geringer als das der neuen Länder ist. Auch eine differenzierte Betrachtung der Einkommenssituation nach Haushaltgröße bestätigte das Ergebnis.

---

[316] siehe Urbansky (2009), Erfolgreiches Bestandsmanagement von Wohnimmobilien: Analyse einer Befragung und Strategieentwicklung für Immobilienunternehmen, S. 81 f.
[317] siehe DESTATIS (2008), Bautätigkeit und Wohnungen: Mikrozensus - Zusatzerhebung 2006, Bestand und Struktur der Wohneinheiten sowie Wohnsituation der Haushalte, S. 231

4.2 Demografischer Wandel und Wohnansprüche älterer Menschen 83

Abbildung 48 korreliert das Einkommen mit der Bereitschaft zur finanziellen Beteiligung.[318]

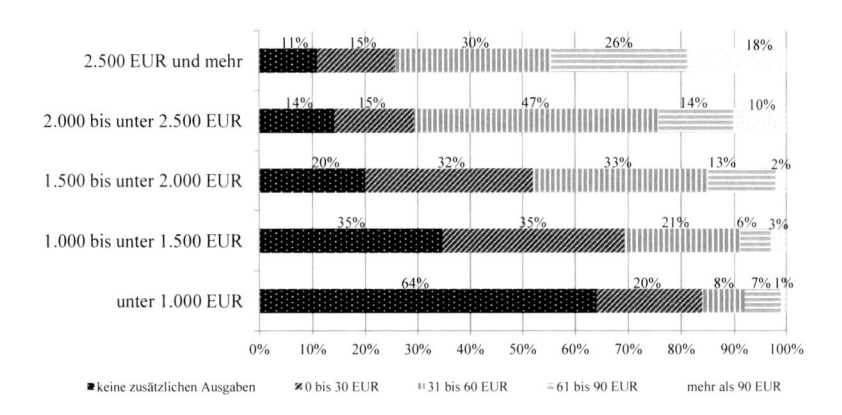

	keine zusätzlichen Ausgaben	0 bis 30 EUR	31 bis 60 EUR	61 bis 90 EUR	mehr als 90 EUR
2.500 EUR und mehr	11%	15%	30%	26%	18%
2.000 bis unter 2.500 EUR	14%	15%	47%	14%	10%
1.500 bis unter 2.000 EUR	20%	32%	33%	13%	2%
1.000 bis unter 1.500 EUR	35%	35%	21%	6%	3%
unter 1.000 EUR	64%	20%	8%	7%	1%

Abbildung 48: Nutzerbefragung - einkommensbezogene Mieterhöhungsmöglichkeiten

Dieses Ergebnis repräsentiert jedoch nicht die gesamtdeutsche Einkommens- und Mietersituation.[319] [320] Es konnte nicht festgestellt werden, dass sich mit steigendem Haushaltseinkommen auch die Ausstattungswünsche erhöhen. Jedoch war erkennbar, dass Mieter in Einpersonenhaushalten einen vermehrten Bedarf an zusätzlichen Ausstattungen aufzeigten als die in Mehrpersonenhaushalten.

4.2.3 Ergebnisanalyse der Nutzerbefragung - Prioritäten der Anpassungsmaßnahmen

Im Rahmen der Beurteilung der Wohnqualität konnten die befragten Haushalte ihre individuellen Prioritäten aller aufgelisteten baulichen Anpassungsmaßnahmen benennen. Sie hatten hierzu die Möglichkeit insgesamt vier Maßnahmen auszuwählen, welche in der Wertigkeit gleichrangig betrachtet wurden. Ziel war es, herauszufinden, welche

---

[318] siehe Urbansky (2009), Erfolgreiches Bestandsmanagement von Wohnimmobilien: Analyse einer Befragung und Strategieentwicklung für Immobilienunternehmen, S. 83 f.
[319] Anteil der Eigentumsquote in den alten Bundesländern mit 43,94 % der Haushalte deutlich höher als in den neuen Bundesländern (32,48 %), siehe LBS Bausparkasse der Sparkassen, 2011 Markt für Wohnimmobilien, S. 30
[320] siehe Deutsche Bank Research vom 03.05.2006 (Nr. 321), Anteil der Eigentumsquote in den alten Bundesländern etwa 45 %, in den neuen Bundesländern etwa 35 % der Haushalte, Online unter http://www.dbresearch.de/PROD/DBR_ INTERNET_ DE-PROD/PROD0000000 000186927.pdf, Abrufdatum 08.08.2011, S. 6 f.

der aufgezeigten Einzelmaßnahmen den größten Beitrag zur individuellen Wohnqualität und -zufriedenheit leisten und somit auch konkrete Handlungsempfehlungen für Immobilienunternehmen dokumentierten.[321] In Abbildung 49 sind diese Maßnahmen als prozentuale Darstellung des Bedarfes aufgelistet.

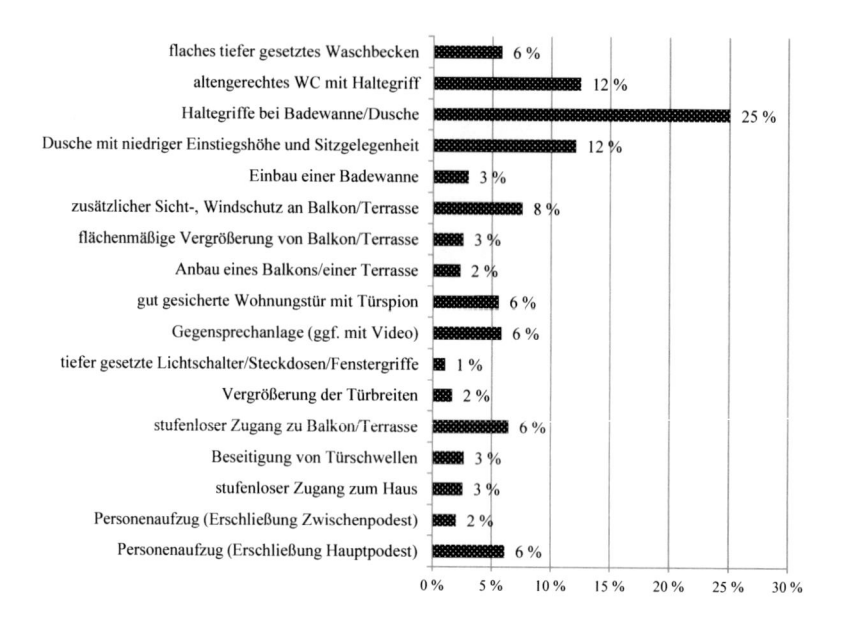

Maßnahme	Prozent
flaches tiefer gesetztes Waschbecken	6 %
altengerechtes WC mit Haltegriff	12 %
Haltegriffe bei Badewanne/Dusche	25 %
Dusche mit niedriger Einstiegshöhe und Sitzgelegenheit	12 %
Einbau einer Badewanne	3 %
zusätzlicher Sicht-, Windschutz an Balkon/Terrasse	8 %
flächenmäßige Vergrößerung von Balkon/Terrasse	3 %
Anbau eines Balkons/einer Terrasse	2 %
gut gesicherte Wohnungstür mit Türspion	6 %
Gegensprechanlage (ggf. mit Video)	6 %
tiefer gesetzte Lichtschalter/Steckdosen/Fenstergriffe	1 %
Vergrößerung der Türbreiten	2 %
stufenloser Zugang zu Balkon/Terrasse	6 %
Beseitigung von Türschwellen	3 %
stufenloser Zugang zum Haus	3 %
Personenaufzug (Erschließung Zwischenpodest)	2 %
Personenaufzug (Erschließung Hauptpodest)	6 %

Abbildung 49: Nutzerbefragung - wichtigste Maßnahmen

Diese Fragestellung gab jedoch einen großen Interpretationsspielraum,[322] da die Befragten mehrheitlich von der eigenen, momentanen Wohnsituation ausgingen und sich danach wahrscheinlich nicht entschieden haben, welche Ausstattungsmerkmale ihnen generell am wichtigsten sind. Sie haben wohl vielmehr danach entschieden, welche derzeit noch nicht vorhandenen Merkmale am ehesten nachgerüstet werden sollten. Diese Erkenntnis wird als wichtig bei der Analyse der Ergebnisse erachtet. Insgesamt lässt sich jedoch feststellen, dass vielfach sogenannte geringinvestive Maßnahmen, wie z. B. der Einbau eines zusätzlichen Haltegriffes im Badezimmer oder das Nachrüsten von beid-

---

[321] siehe Urbansky (2009), Erfolgreiches Bestandsmanagement von Wohnimmobilien: Analyse einer Befragung und Strategieentwicklung für Immobilienunternehmen, S. 60 ff.

[322] da unter Umständen die Wohnung des älteren Mieters bereits damit ausgestattet wurde, kann eine altersspezifische Unterscheidung des betrachteten Ausstattungsmerkmales schwierig sein

seitigen Handläufen im Wohngebäude, favorisiert wurden. Sie erhöhen die Wohnqualität und leisten damit einen Beitrag zur Mieterzufriedenheit. Diese Erkenntnis zeigt, dass oftmals ohne aufwendige Investitionen die Anzahl der Ausstattungsgegenstände erhöht werden kann, um älteren Menschen ein selbstbestimmtes Leben trotz altersbedingter Einschränkungen ermöglichen zu können.

Anpassungsmaßnahmen - wie z. B. der Einbau einer Dusche oder die Ausstattung mit altersgerechten Sanitärgegenständen - erfordern größere Investitionen und sind eher strukturell oder personenbezogen (individuell) auszuführen. Dieser Punkt wird jedoch ergänzend nochmals in Abschnitt 5.1.2.3 weiter vertieft.

4.2.4 Ergebnisanalyse der Nutzerbefragung - Zusammenfassende Betrachtung

Abschließend sollen die wichtigsten Erkenntnisse noch einmal gebündelt dargestellt werden. Diese Ergebnisse bilden neben den theoretischen Erkenntnissen die Grundlage für die Erarbeitung einer Strategie zur Bestandsentwicklung von Wohnimmobilien.

Bedeutung der altersgerechten Ausstattung

Mit vorliegender Analyse konnte aufgezeigt werden, dass die Wohnzufriedenheit mit steigender altersgerechter Ausstattungsgüte ansteigt, wobei auch die Mehrzahl der Mieter bereit ist, für eine Verbesserung der Wohnsituation einen höheren Mietzins zu zahlen. Der Bedarf, die Akzeptanz sowie die Bereitschaft hierzu konnte zielgruppen- und mietergruppenneutral analysiert werden.

Allein dieses Ergebnis rechtfertigt ein zusätzliches Engagement der Wohnungsunternehmen. Dies ist allerdings differenziert zu betrachten, da die Bereitschaft zur finanziellen Beteiligung in ihrer konkreten Höhe mit dem monatlich zur Verfügung stehenden Einkommen variiert. Aus Sicht der Wohnungsunternehmen gilt es, die individuellen Anpassungswünsche zu eruieren, bevor sich ein Mieter entschließt, in eine besser ausgestattete Wohnung zu ziehen.[323]

Ausstattungsgüte

Hinsichtlich Wohnqualität und Ausstattung zeigen die Wohngebäude und Wohnungen der 66- bis 80-Jährigen die höchste Güte auf. Lediglich die Ausstattungsqualität der Badezimmer ist bei den über 80-Jährigen höher. Dies lässt darauf schließen, dass eine komfortablere Nutzung in diesem Alterssegment notwendig und sehr wichtig ist.

---

[323] siehe Urbansky (2009), Erfolgreiches Bestandsmanagement von Wohnimmobilien: Analyse einer Befragung und Strategieentwicklung für Immobilienunternehmen, S. 84 f.

Zwischen den Haushalten der befragten Bewohner der verschiedenen Städte konnten nur geringfügige Unterschiede in der Qualität der Wohnausstattung festgestellt werden. Jedoch waren bei der Analyse der Haushalte in den neuen und alten Bundesländern diese Unterschiede nicht signifikant. Aus diesem Grund konnten sie in vorliegender Arbeit unberücksichtigt bleiben und bedurften keiner näheren Untersuchung.

Wenn man die Bewohner im EG und 1. OG unberücksichtigt lässt, so ist die Nachrüstung eines Personenaufzuges erwartungsgemäß als vordringlichste Maßnahme zu erkennen. Gefolgt wird dieser Ausstattungswunsch - bei der Betrachtung aller Befragten - von Maßnahmen zur besseren Nutzung des Badezimmers[324] sowie zur Erhöhung des Sicherheitsbedürfnisses.[325] Insgesamt werden sowohl weniger kostenintensive und damit zumeist geringinvestive, strukturelle als auch individuelle Anpassungsmaßnahmen nachgefragt.[326]

Wohnbegleitende Dienstleistungen

Die Analyse zeigte, dass bisher nur ein sehr geringer Anteil der Haushalte die Angebote für wohnbegleitende Dienstleistungen in Anspruch nimmt. Von großem Interesse ist, dass auch bei jüngeren Altersgruppen in zahlreichen Haushalten der Wunsch dafür bestand. Einpersonenhaushalte haben erwartungsgemäß den höchsten Bedarf an diesen Leistungen. Da traditionell bisher die Beauftragung von Dienstleistungsunternehmen nicht durch die Vermieter erfolgte, kann geschlussfolgert werden, dass trotz des vielfachen Wunsches oftmals eine Beauftragung an der Information oder Zugängigkeit scheitert. Es wird zukünftig verstärkt darauf ankommen, in Symbiose von Dienstleistungs- und Immobilienunternehmen diese Maßnahmen zum Vorteil aller verstärkt dem Mieter anzubieten.

Weiter konnte aufgezeigt werden, dass die über 80-Jährigen die größte Ablehnung für professionelle Dienstleistungen sowie die Inanspruchnahme von technischen Lösungen zur Unterstützung bei der Lebens- und Haushaltsführung haben. Demgegenüber zeigte sich diese Altersgruppe bei der Nutzung professioneller ambulanter Pflege sehr aufgeschlossen.[327]

---

[324] z. B. der Einbau eines Haltegriffes bei Badewanne/Dusche für den sicheren Ein- und Ausstieg, der Einbau einer Dusche mit niedrigerer Einstiegshöhe und Sitzgelegenheit oder der Einbau eines altersgerechten WC's

[325] z. B. gut gesicherte Wohnungseingangstüren oder Gegensprechanlagen möglichst in Verbindung mit einer Videoausführung

[326] siehe Urbansky (2009), Erfolgreiches Bestandsmanagement von Wohnimmobilien: Analyse einer Befragung und Strategieentwicklung für Immobilienunternehmen, S. 85 ff.

[327] siehe Urbansky (2009), Erfolgreiches Bestandsmanagement von Wohnimmobilien: Analyse einer Befragung und Strategieentwicklung für Immobilienunternehmen, S. 85 f.

5 Bestandsentwicklung von Wohnungsunternehmen in der Anwendung

Eine allgemeingültige Strategie zur Bestandsentwicklung zu erarbeiten und zu implementieren ist aufgrund der unterschiedlichen Teilmärkte sowie der speziellen Unternehmensrahmenbedingungen nicht umfassend möglich. Vielmehr sollen die aus Abschnitt 4 gewonnenen Erkenntnisse und Ergebnisse der Analyse zur Befragung „Selbstständiges Wohnen im Alter", der Literaturrecherche und Erfahrungswerte gebündelt werden und in eine Matrix zur Bewertung von Maßnahmen zur Bestandsentwicklung von Immobilienunternehmen einfließen. Dabei wird ein besonderes Augenmerk auf die Wohnbedürfnisse und die Wohnwünsche als Grundlage zur Einschätzung der zukünftigen Nachfrage gerichtet.

Die im Rahmen dieser Arbeit erfolgte Auswertung der Befragung bildet hierfür eine gute Basis. Sie liefert die Grunddaten für eine Bestandsentwicklung von Wohnungsunternehmen in der Anwendung und wurde durch weitergehende Recherchen unterstützt. Als wichtige Voraussetzung zur Akzeptanz sowohl aus kurz-, mittel- und langfristiger Sicht werden die wirtschaftlichen Prämissen aller am Prozess Beteiligten ebenfalls berücksichtigt. Ziel ist es, dass mit der in vorliegender Arbeit erstellten Matrix ein strategisches Analyseinstrument erlangt werden kann, welches durch seine multidimensionale Betrachtung Aufschluss über die unternehmensspezifische Bestandsentwicklung gibt. Durch eine objektive Bewertungsmöglichkeit kann sie den im Marktsegment aktiven Wohnungs- und Immobilienunternehmen als Richtschnur zur Entwicklung ihres eigenen Portfolios dienen und bildet somit einen der Schwerpunkte dieser vorliegenden Arbeit.

Die Entwicklung und Realisierung von Handlungsstrategien sollte und muss stets unter Beachtung der externen und internen Einflussfaktoren[328] auf das vorhandene Immobilienportfolio erfolgen.[329] Entscheidendes Kriterium zur Rechtfertigung eines Engagements im Sinne der Bestandsentwicklung des Immobilienportfolios ist die perspektivische Vermietbarkeit des angepassten Wohnraumes, welche im Zuge einer unternehmensspezifischen Wettbewerbsstrategieerarbeitung abzuwägen ist.

Insbesondere bei strukturellen Bestandsanpassungen, welche meist mit hohen Investitionskosten verbunden sind, ist zu prüfen, welchen Beitrag sie zur Steigerung der Erlöse und zur Verringerung der Erlösschmälerungen leisten können. Demgegenüber stecken die sozioökonomischen Rahmenbedingungen das Spektrum der konkreten Anpas-

---

[328] z. B. Eigentümerinteressen in Abhängigkeit von der Rechtsform des Unternehmens, management-, lage-, und objektspezifische Merkmale des Unternehmens,
[329] siehe Spieker (2005), Schrumpfende Märkte in der Wohnungswirtschaft: Ursachen, Folgen und Handlungsmöglichkeiten, S. 172 ff.

sungswünsche und Wohnalternativen ab.³³⁰ Ist also abzusehen, dass eine perspektivische Vermietbarkeit des aufwendig strukturell angepassten Wohnraumes nicht sichergestellt werden kann, dann sollte der Bestand individuell angepasst werden. Viele, der in der Befragung erwähnten Maßnahmen, erhöhen die Wohnzufriedenheit, liegen im geringinvestiven Bereich und verlangen keine umfassende Modernisierung des gesamten Wohnquartiers oder Wohngebäudes.³³¹

Im Rahmen der Bedienung der Zielgruppen konnte in den letzten Jahren festgestellt werden, dass die Immobilienunternehmen und ihre Mitarbeiter nicht mehr nur als Vermieter und Verwalter der baulichen Einheit, sondern zunehmend auch als Berater, Vermittler und Vertrauensperson auftreten. Diese Entwicklung fordert der Kunde/Mieter im Hinblick einer Kompetenzberatung.³³² ³³³ Insbesondere trifft dies, wie bereits angeführt, auf den Bereich der wohnbegleitenden Dienstleistungen mit der Kooperation des Forschungsfeldes „Alter und Technik" zu. Im Sinne der Zugängigkeit und Transparenz von bestehenden Angeboten ist hier bei vielen Wohnungsunternehmen noch ein Handlungsbedarf ersichtlich.³³⁴ Aus wohnungswirtschaftlichen Entwicklungspotenzialen sollten gemeinsame Schnittmengen aller potenziellen Zielgruppen verstärkt eruiert werden. Letztendlich ist es wichtig, geeignete Wohn- und Betreuungsformen bereitzustellen, welche die Diskrepanz zwischen den Bedürfnissen nach Selbstständigkeit und eingeschränkter Lebensführung auflösen. Dies bildet oftmals die Basis für eine langfristige Vermietbarkeit der Bestände.

5.1 Entwicklungsstrategie zur Bestandsentwicklung

5.1.1 Vorüberlegungen

Aus betriebswirtschaftlicher und volkswirtschaftlicher Sicht ist die Erfassung und Bewertung von Kriterien zur Wohnzufriedenheit bedeutsam, um mit Investitionsentscheidungen für die eigenen Immobilienbestände erfolgreich agieren zu können. Wohnzufriedenheit wirkt - aus volkswirtschaftlicher Sicht - in hohem Maße sozial stabilisierend. Sie ist die Voraussetzung für eine Identifikation mit der eigenen Wohnung sowie dem Wohnumfeld und damit die Grundlage für individuelles Engagement mit niedrigen sozialen Folgekosten. Mieterbindung und damit Kundenpflege ist nachweislich preiswer-

---

[330] siehe Urbansky (2009), Erfolgreiches Bestandsmanagement von Wohnimmobilien: Analyse einer Befragung und Strategieentwicklung für Immobilienunternehmen, S. 118 f.
[331] siehe Urbansky (2009), Erfolgreiches Bestandsmanagement von Wohnimmobilien: Analyse einer Befragung und Strategieentwicklung für Immobilienunternehmen, S. 104 f. und 118 f.
[332] siehe Heye; Wezemael (2007), Herausforderungen des sozio-demografischen Wandels für die Wohnbauindustrie, S. 54
[333] siehe Weinkopf (2006), Haushaltnahe Dienstleistungen für Ältere, S. 202 f.
[334] siehe Urbansky (2009), Erfolgreiches Bestandsmanagement von Wohnimmobilien: Analyse einer Befragung und Strategieentwicklung für Immobilienunternehmen, S. 119 f.

5.1 Entwicklungsstrategie zur Bestandsentwicklung

ter als Mieterneugewinnung und Kundenakquisition.[335] Gerade im Sinne einer langfristigen Vermietbarkeit und damit einer Reduzierung des Leerstandes sind diese Investitionsentscheidungen im Hinblick auf die Entwicklung eines wirtschaftlich tragfähigen Geschäftsmodells vorrangig.

Um bei der Bestandsentwicklung das Kriterium der Nachhaltigkeit zu erfüllen, ist eine Abkehr von der klassischen Wachstumsplanung hin zu einer nachhaltigen Bestandsentwicklung notwendig.[336] Zum besseren Verständnis werden diese 2 Ansätze in Abbildung 50 gegenübergestellt:

Klassische Wachstumsplanung	Nachhaltige Bestandsentwicklung
Ziel: Wachstum	Ziel: Korrektur, Stabilisierung und Erhalt der Regenerationsfähigkeit
vorrangige Aufgaben: Abbau von Defiziten durch zusätzliche Angebote und Steuerung von Investitionen	vorrangige Aufgaben: Abbau von Defiziten im Bestand und Verhinderung von Fehlinvestitionen
Steuerung erfolgt durch Pläne bei einem umfassenden Bestandsschutz	es erfolgt eine Prozesssteuerung (d. h. Beratung und Moderation)
Orientierung auf neue Bauflächen und Neubauten	Orientierung auf Um- und Nachnutzung des Bestandes sowie auf kreativen Rückbau
Existenz eindeutiger und verbindlicher Vorgaben (z. B. für Art und Maß der Nutzung)	es werden alternative Entwicklungsmöglichkeiten und eine multifunktionale Architektur angestrebt
es erfolgt eine sozial-räumliche Trennung von Wohnen, Arbeiten, Einkaufen und Erholen	strategische Rahmenkonzepte und sektoral übergreifende Lösungen gewährleisten einen effizienten Mitteleinsatz

Abbildung 50: Wachstumsplanung vs. Bestandsentwicklung[337]

Es ist wichtig, sich an aktuelle Entwicklungstendenzen anzupassen und somit fortlaufend ggf. eine Neuorientierung vorzunehmen. Das Ziel hinsichtlich einer nachhaltigen

---

[335] siehe Brauer (2008), Wohnen, Wohnformen, Wohnbedürfnisse - Soziologische und psychologische Aspekte in der Planung und Vermarktung von Wohnimmobilien, S. 183 ff.
[336] siehe Wiechmann (2003), Zwischen spektakulärer Inszenierung und pragmatischem Rückbau - Umbau von schrumpfenden Stadtregionen in Europa, S. 122 f.
[337] Quelle: Wiechmann (2003), Zwischen spektakulärer Inszenierung und pragmatischem Rückbau - Umbau von schrumpfenden Stadtregionen in Europa, S. 123

Bestandsentwicklung besteht darin, bei der Gestaltung eines marktkonformen und somit wirtschaftlichen Leistungsangebotes das breite Spektrum aller Zielgruppen zu berücksichtigen.

5.1.2 Wirtschaftliche Betrachtung der erfolgten Nutzerbefragung

„Aufgrund der hohen Altbaubestände bei Mehrgeschosswohngebäuden besteht die Notwendigkeit, auf die veränderten gesellschaftlichen Bedürfnisse mit möglichst weitgehenden barrierefreien Modernisierungsmaßnahmen mit vertretbarem Aufwand zu reagieren."[338]

Ziel dieser Arbeit ist es, sich mit der nachhaltigen Bestandsentwicklung und -anpassung auseinanderzusetzen. Hauptsächlich wird die Bedienung des Marktsegmentes „Wohnen im Alter" im bereits erstellten Wohnungsbestand stattfinden. Der Neubau wird eher eine untergeordnete Rolle spielen.[339] Diesen Ansatz prognostiziert unterstützend auch die Studie *„Perspektiven der Wohnungswirtschaft"*[340] aus dem Jahre 2008. Sie sieht den altersgerechten Umbau des vorhandenen Wohnungsbestandes als eine der Kernaufgaben der Wohnungswirtschaft in den kommenden Jahren an.

Im Rahmen einer nachhaltigen Bestandsentwicklung und unter dem Gesichtspunkt der wirtschaftlichen Auswirkungen der Nutzerbefragung wurde auch der Ansatz untersucht, ob Maßnahmen, welche sich für Immobilienunternehmen ökonomisch sinnvoll darstellen, diesen Stellenwert ebenfalls für Mieter einnehmen. Hierbei wurde insbesondere das Augenmerk auf die Durchführung von komplexen Sanierungsmaßnahmen, wie z. B. die energetische Verbesserung der vorhandenen Wohnungsbestände zur Senkung der Betriebskosten oder die Anordnung von Aufzügen zur Reduzierung von Barrieren, gerichtet. Wie die Analyse der Befragung bestätigte, werden diese Maßnahmen verstärkt durch die Mieter gewünscht. Nachfolgend sollen die wirtschaftlichen Auswirkungen unter Zugrundelegung der gesetzlichen Voraussetzungen näher beleuchtet werden.

In der Anlage 2 und 3 sind insgesamt 4 Amortisationsberechnungen beispielhaft aufgelistet. Unter der Annahme, dass sie die Wohnzufriedenheit erhöhen, zeigen die Berechnungen in der angeführten Anlage die Wirtschaftlichkeit der Maßnahme für die Immobilienunternehmen auf. Dabei wurden nur die rein finanziellen Auswirkungen betrachtet. Weitergehende Prämissen oder Auswirkungen, wie z. B. eventuelle Verringerung des Leerstandes sowie soziale Stabilisierungsfaktoren, blieben hierbei unberücksichtigt.

---

[338] siehe BBR (2008 b), Wohnen ohne Barrieren - erhöhte Wohnqualität für alle, S. 11
[339] siehe Brey (2008), Die Chancen des demografischen Wandels für die Wohnungs- und Städtepolitik, S.45 ff.
[340] siehe KfW (2008), KfW Bankengruppe, Beiträge zur Mittelstands- und Strukturpolitik Nr. 40, Sonderband Perspektiven der Wohnungswirtschaft

Im Folgenden soll wegen der analogen Aussagefähigkeit - auch in Verbindung mit Abschnitt 5.2.4 - nur die Variante des Aufzugsanbaus näher betrachtet werden. Die angeführten Kosten sind Ist-Abrechnungswerte von durchgeführten Maßnahmen im Jahr 2009. Bei umlagefähigen Investitionskosten von insgesamt 95.678,04 EUR beträgt die entsprechende Modernisierungsumlage nach § 559 BGB 10.524,58 EUR/Jahr. Die in Abschnitt 5.2.4 angeführten Maßnahmebeispiele haben insgesamt je 12 Wohnungseinheiten. Unter Berücksichtigung, dass auf die Erdgeschosswohnungen keine und auf das 1. Obergeschoss nur eine mit 50 % verminderte Umlage erfolgen darf, beträgt die Modernisierungsumlage zuzüglich der erforderlichen Betriebskosten[341] für die Wohnungen im 1. OG = 48,72 EUR/Monat und für das 2. bis 5. OG = 97,45 EUR/Monat.

Die Analyse der Befragung ergab jedoch, dass 13,2 % der Mieter bereit waren, bereit zu sein, für Modernisierungsmaßnahmen 61 bis 90 EUR ausgeben zu wollen. Nur 7 % sahen sich in der Lage, mehr als 90 EUR zu zahlen. Dies zeigt das Dilemma, in welchem sich die Immobilienunternehmen befinden. Auf der einen Seite sehen sie den Bedarf und die Notwendigkeit solcher Maßnahmen. Andererseits sind viele Mieter nicht in der Lage oder gewillt, die gesetzlichen Mieterhöhungspotenziale zu tragen. Auch ist dieses Mieterhöhungspotenzial auf den unterschiedlichen Teilmärkten aufgrund der unterschiedlichen Vergleichsmiete[342] nicht immer durchsetzbar.

Aufgrund dessen wurde in Anlage 3 zusätzlich eine Amortisationsrechnung ebenfalls in Anlehnung an § 559 BGB, jedoch mit einer verminderten Modernisierungsumlage in Höhe von 8 %, untersucht. Dies hat zur Folge, dass die Modernisierungsumlage 7.654,24 EUR/Jahr und somit ebenfalls zuzüglich der erforderlichen Betriebskosten für die Wohnungen im 2. bis 5. OG = 70,87 EUR/Monat und für die im 1. OG = 35,44 EUR/Monat beträgt. Hier ergab die Befragung eine wesentlich vermehrte Bereitschaft der Mieter zur Akzeptanz, welche allerdings zulasten der Immobilienunternehmen geht, denn der Amortisationszeitraum verlängert sich um insgesamt 9 Jahre.

Im Ergebnis der Amortisationsrechnungen, welche in Anlage 2 und 3 aufgeführt sind, und unter Berücksichtigung der durchgeführten Befragung lassen sich grundsätzlich zwei Sachverhalte ableiten. Einerseits ist bei einer Ausschöpfung der Modernisierungsumlage gemäß § 559 BGB die Bereitschaft der Mieter gering, den monatlichen Betrag zur Verbesserung ihrer persönlichen Wohnsituation zu akzeptieren oder akzeptieren zu können. Andererseits verringern sich bei einer Absenkung des Betrages durch eine verminderte Modernisierungsumlage, welche der Vermieter einseitig zugunsten der Mieter

---

[341] ca. 25 ct/m² Wohnfläche und Monat (entspricht bei einer 3-Raum-Wohnung mit 76 m² insgesamt ca. 19,00 €/Monat)
[342] siehe http://de.wikipedia.org/wiki/Vergleichsmiete, Abrufdatum 13.11.2010, Die Vergleichsmiete, als ortsübliche Vergleichsmiete wird aus den üblichen Entgelten (geregelt im § 558 Abs. 2 BGB), die in der Gemeinde oder einer vergleichbaren Gemeinde für Wohnraum vergleichbarer Art, Größe, Ausstattung Beschaffenheit und Lage in den letzten vier Jahren vereinbart oder geändert worden sind, gebildet.

vornimmt, die wirtschaftlichen und ökonomischen Auswirkungen für Immobilienunternehmen. Unter mittel- und langfristigen Prämissen sollte dieser Ansatz jedoch nicht leichtfertig verworfen werden.

5.1.2.1 Standardisierungsansatz für eine nachhaltige Bestandsentwicklung

Vielen älteren Menschen fällt die Vorstellung schwer, wie ihre Wohnung altersfreundlich umgestaltet werden kann und daraus resultierend, mit welchem Aufwand sowie welchen Kosten dies verbunden ist. Diese Tatsache berücksichtigt ein Großteil von Immobilienunternehmen und richtet Musterwohnungen oder andere Informations- und Anschauungsmöglichkeiten ein. Damit nehmen sie durch diese ganzheitliche Betrachtung ihre Rolle im sozialen Management wahr, versprechen sich aber somit auch Vorteile hinsichtlich der Mieterbindung und Erlössteigerung. Denn ein Mieter, der sich in seiner Wohnung wohlfühlt, zufrieden ist oder ggf. in seine Wohnung eigene finanzielle Mittel investiert hat, wird erfahrungsgemäß länger dort wohnen bleiben.

Als vorteilhaft für diesen Ansatz hat sich vielfach ein fester Angebotskatalog mit Maßnahmen zur altersfreundlichen Umgestaltung des eigenen Wohnraumes bewährt. Dieser Katalog enthält dabei Maßnahmen, welche vom Mieter je nach Bedarf und entsprechend seinen finanziellen Spielräumen ausgewählt werden können. Eine eventuell angegebene Preisspanne erleichtert dabei die Auswahl. Oftmals umfasst dieser Katalog sowohl Angebote im Rahmen von wohnbegleitenden Dienstleistungen als auch Handwerksleistungen zur Umgestaltung des eigenen Wohnraumes.

Beispielhaft sind in Anlage 4 folgende Möglichkeiten von geringinvestiven Maßnahmen zur Verbesserung der Wohnqualität mit den entsprechenden Umlagebeträgen, jedoch nicht nach § 559 BGB, angeführt:

- Badmodernisierung inkl. Umbau Badewanne zu Dusche,[343]
- Einbau einer gesicherten Wohnungseingangstür.[344]

Da die Immobilienunternehmen für die angeführten Maßnahmen mit Amortisationszeiträumen von insgesamt ca. 4 bis 5 Jahren rechnen, wurden diese zum Ansatz gebracht. Für die Badsanierung werden demnach entsprechend der entstehenden Kosten und des aufgeführten Amortisationszeitraumes insgesamt 615,60 EUR/Jahr (das entspricht 51,30 EUR/Monat) und für den Einbau einer gesicherten Wohnungseingangstür 243,45 EUR/Jahr (das entspricht 20,29 EUR/Monat) umgelegt.

---

[343] siehe Abbildung 49, Nutzerbefragung - wichtigste Maßnahmen, S. 90, wird gewünscht von 12 % der Befragten
[344] siehe Abbildung 49, Nutzerbefragung - wichtigste Maßnahmen, S. 90, wird gewünscht von 6 % der Befragten

Die angeführten Modernisierungskosten werden jedoch über die gesamte Mietdauer umgelegt, sodass bei einer eventuell längeren Mietzeit dies zum wirtschaftlichen Vorteil des Immobilienunternehmens gelangt. Dem kann eine kürzere Mietdauer entgegenwirken. Weiterhin, auch wenn die Umlage nicht auf Basis § 559 BGB erfolgt, kann sie oftmals nur so lange erhoben werden, bis die örtliche Vergleichsmiete erreicht ist.[345] In diesem Zusammenhang wird auf Abbildung 47 verwiesen. Da die Höhe der Modernisierungsumlage von der Mehrzahl der Befragten auch tragbar ist, ergibt sich hieraus ein Potenzial im Hinblick auf Umsatzerlöse und Mieterbindung für Immobilienunternehmen. Meist liegen die individuellen Anpassungsmaßnahmen im gering investiven Bereich und können dennoch eine große Wirkung erzielen. Die Analyse der Umfrage zeigte, dass viele kleine Anpassungsmaßnahmen auf der Prioritätenliste älterer Menschen weit oben stehen. Insbesondere Nachrüstungen im Badezimmer können die Wohnsicherheit und Wohnqualität stark erhöhen. Beispielsweise war der Wunsch - siehe Abbildung 49 - nach einem zusätzlichen Haltegriff verstärkt geäußert worden. Dieser ist meist bereits mit ca. 200 EUR zu realisieren und kann durchaus als gering investive Maßnahme eingeordnet werden.

Auf der Grundlage einer weitestgehenden „Standardisierung" der Maßnahmen ist es jederzeit unproblematisch möglich, Leistungen nach den aktuellen spezifischen Erfordernissen zu veranlassen und diese fortlaufend zu erweitern. Dieser Katalog ersetzt jedoch in keiner Weise die persönliche Beratung und Betreuung. Er kann nur unterstützend als Entscheidungsmittel wirken. Erfahrungsgemäß ist eine Vielzahl von Mietern bereit, für wohnwerterhöhende oder den Alltag unterstützende zusätzliche Maßnahmen Eigenmittel zu verwenden, sei es über eine Einmalzahlung oder eine monatliche Zusatzumlage zur Miete. Bei einigen Leistungen ist ggf. eine Beteiligung der Pflegekassen zu prüfen.[346] Für Immobilienunternehmen ist dies eine Möglichkeit, die Fluktuationsrate zu verringern und damit teilweise nicht unerhebliche Instandsetzungskosten zu vermeiden.

5.1.2.2 Kooperationsansatz für eine nachhaltige Bestandsentwicklung

Die Analyse der Befragung in vorliegender Arbeit lässt kein eindeutiges Bild eines Kooperationsansatzes von Immobilienunternehmen mit beispielsweise sozialen Trägern für eine nachhaltige Bestandsentwicklung erkennen. Wie bereits in Abschnitt 3.3 angeführt, hat die individuelle Biografie des Menschen einen bedeutenden Einfluss auf das persönliche Techniceinstellungs- und Nutzungsmuster.[347] Funktionale Einschränkungen des Alters können teilweise durch technische Geräte kompensiert werden und damit für

---

[345] siehe Abschnitt 3.3.4.3 - Nutzer-Investor-Dilemma, S. 54 f.
[346] siehe Urbansky (2009), Erfolgreiches Bestandsmanagement von Wohnimmobilien: Analyse einer Befragung und Strategieentwicklung für Immobilienunternehmen, S. 113 f.
[347] siehe Jakobs; Lehnen; Ziefle (2008), Alter und Technik, S. 61 f.

den Menschen eine längere selbstständige Lebensführung im eigenen Wohnumfeld gewährleisten.[348] Insbesondere der Verknüpfung von diversen innovativen wohnbegleitenden Dienstleistungsangeboten mit technischen Unterstützungsleistungen werden große Chancen eingeräumt.[349] Stellvertretend soll an dieser Stelle das Notrufsystem angeführt werden, welches von einer Vielzahl der Wohlfahrtsverbände angeboten und von Mietern derzeit verstärkt genutzt wird. Letztendlich könnten alle Bereiche des „Vernetzten Wohnens" in Verbindung mit wohnbegleitenden Dienstleistungen Berücksichtigung finden. Nach Wilde[350] lassen sich die technischen Anwendungen in folgende Nutzungsschemas einordnen:

1. Technologische Produkte und Systeme können im Hinblick auf die im Alter steigende Vulnerabilität[351] funktionaler Kompetenzen eine Kompensationsfunktion einnehmen. Eine nachlassende Hörleistung kann beispielsweise durch ein Hörgerät relativiert werden.
2. Potenzielle Schadensfälle oder Gesundheitsbeeinträchtigungen im Alter können durch entsprechende Technik frühzeitig erkannt bzw. verhindert werden. Sensoren in der Außenwand des Hauses können etwa die Pollenkonzentration in der Luft messen und allergische Personen bei Überschreitung eines Grenzwertes dazu animieren, die Fenster zu schließen.
3. Technik kann dazu dienen, pflegende Angehörige und verantwortliche Pflegedienste bzw. sonstige Dienstleister in ihren Tätigkeiten zu unterstützen. Videokonferenzsysteme bieten z. B. Angehörigen die Möglichkeit, auch über große Distanzen hinweg regelmäßig „nach dem Rechten zu sehen".
4. Schließlich kann Technik auch dazu beitragen, den Handlungsspielraum und die Optionen älterer (aber im Grunde aller) Menschen zu erweitern und dadurch ein höheres Maß an Lebensqualität zu ermöglichen. Telefon, Radio und Internet bieten besonders mobilitätseingeschränkten Personen eine Möglichkeit, am sozialen und gesellschaftlichen Leben teilzuhaben.

Entlang diesem Schema lassen sich in Verbindung mit wohnbegleitenden Dienstleistungen die vielfältigsten Möglichkeiten eruieren, um die Gesundheits- und Kompetenzverluste des Alters ausgleichen oder mindern zu können und damit eine längere selbstständige Lebensweise der älteren Menschen zu ermöglichen.[352]

---

[348] siehe Mollenkopf; Kaspar (2004), Technisierte Umwelten als Handlungs- und Erlebnisräume älterer Menschen, S. 193 ff.
[349] siehe Scharfenorth (2003), Mit dem Alter in die Dienstleistungsgesellschaft? - Perspektiven des demografischen Wandels für Wachstum und Gestaltung des tertiären Sektors, S. 189 ff.
[350] siehe Wilde; Franke (2006), Die „silberne" Zukunft gestalten - Handlungsoptionen im demografischen Wandel am Beispiel innovativer Wohnformen für ältere Menschen, S. 151
[351] zu lateinisch vulnus, Wunde - Bedeutung „Verwundbarkeit" oder „Verletzbarkeit"
[352] siehe Cirkel; Hilbert; Schalk (2004), Produkte und Dienstleistungen für mehr Lebensqualität im Alter, S. 61

5.1.2.3 Effizienz von Sanierungsmaßnahmen

Für die Effizienz von Wohnungssanierungen mit adäquaten Maßnahmen stellt das Verhältnis von Aufwand und Nutzen eines der wichtigsten Kriterien für Unternehmen dar. In dieser Betrachtung müssen sowohl die einmaligen als auch die fortlaufenden Kosten im Sinne des Ausbalancierens der Anbieter- und Kundenwünsche berücksichtigt werden. Grundsätzlich sollten dabei der Nachhaltigkeit und der Nutzerneutralität hohe Stellenwerte beigemessen werden. Insbesondere unter wirtschaftlichen Gesichtspunkten sind Bestandsanpassungen im Zuge periodisch anfallender Sanierungen oder ohnehin anstehender Modernisierungsmaßnahmen vorzuziehen.

Idealerweise werden diese Maßnahmen in leer stehenden oder frei gezogenen Objekten durchgeführt. Dies ermöglicht meist komplexe Modernisierung und Bestandsveränderungen.[353] Zwar werden hierfür oftmals höhere Investitionssummen erforderlich, jedoch sind alle Teilleistungen der Gesamtmaßnahme in Summe meist kostengünstiger, als wenn sie einzeln und mit zeitlichen Abhängigkeiten beauftragt werden. Weiterhin kann dadurch nicht nur reaktiv sowie im akuten Bedarfsfall Wohnraum nach Nutzererfordernis systematisch zur Verfügung gestellt werden. Die Vorteile für alle Beteiligten dieser „strukturellen" Anpassungen sind nachfolgend aufgeführt:[354]

Vorteile für den Vermieter bei „strukturellen" Anpassungsmaßnahmen:

- Maßnahmen sind, da sie nicht im bewohnten Zustand durchgeführt werden müssen, meist technisch leichter realisierbar, wirtschaftlicher und preisgünstiger als individuelle Anpassungsmaßnahmen
- Vermietungsargument
- langfristige Abstimmung und Ausrichtung des Immobilienportfolios
- höherer Mietzins bei Neuvermietung

Vorteile für den Mieter bei „strukturellen" Anpassungsmaßnahmen:

- Mieter können bereits hergerichtete Wohnräume beziehen und haben keine langwierigen und störenden Umbaumaßnahmen
- Barrierefreiheit ist meist eher realisierbar
- Mieter können sich im Vorfeld bereits vom Anpassungsgrad ein detailliertes Bild machen

Diese strukturellen Anpassungsmaßnahmen sind jedoch unter Berücksichtigung vorhandener Teilmärkte oftmals durch fehlende leer stehende Objekte oder eine rechtlich oder wirtschaftlich nicht durchsetzbare „Freiziehung" nicht gegeben. Hier gibt es meist nur die Möglichkeit individueller Anpassungsmaßnahmen, welche hauptsächlich spezi-

---

[353] siehe Urbansky (2009), Erfolgreiches Bestandsmanagement von Wohnimmobilien: Analyse einer Befragung und Strategieentwicklung für Immobilienunternehmen, S. 102 f.
[354] siehe Edinger; Lerch; Lentze (2007), Barrierearm - Realisierung eines neuen Begriffes: Kompendium kostengünstiger Maßnahmen zur Reduzierung und Vermeidung von Barrieren im Wohnungsbestand, S. 171 ff.

fisch sowie personenbezogen sind und sich vornehmlich auf die baulich-technischen Schritte beschränken. Die speziellen Bedürfnisse des Mieters und die baulichen Voraussetzungen sind Grundlage der individuellen Anpassung. Vornehmlich sollten diese Maßnahmen weitestgehend nachhaltig und damit wohnwertsteigernd sein. Dies gewährleistet, dass die Maßnahmen nach einem eventuell Auszug des Mieters zumeist nicht rückgebaut werden müssen. Auch hier ist das angemessene Kosten-Nutzen-Verhältnis zu wahren. Damit für beide Mietparteien sinnvolle Lösungen erarbeitet und umgesetzt werden können, ist eine fallbezogene Prüfung voranzustellen. Dies setzt eine umfassende Beratung, in welcher die individuellen Bedürfnisse und finanziellen Möglichkeiten des Mieters sowie die Inanspruchnahme von Zuschüssen detailliert betrachtet werden, voraus.[355] Auch bei den individuellen Anpassungsmaßnahmen ergeben sich nachfolgend aufgeführte Vorteile:[356]

Vorteile für den Vermieter bei „individuellen" Anpassungsmaßnahmen:
- Mieterbindung durch Mieterzufriedenheit, da mieterspezifisch auf jeweils persönliche Bedürfnisse reagiert wird
- durch individuelle Anpassungsmaßnahmen werden Fehlinvestitionen vermieden

Vorteile für den Mieter bei „individuellen" Anpassungsmaßnahmen:
- kurzfristige Anpassungen in unter Umständen kurzfristig entstehenden Problemlagen
- Mitsprachegelegenheit bei „fallbezogener" Auswahl von Maßnahmen
- Befriedigung der individuellen Wünsche und Bedürfnisse nach Anpassungsmaßnahmen
- Kostenübernahme durch Sozialamt, Pflegekassen o. a. möglich

Abschließend sind bei der Effizienz von Wohnungssanierungen verschiedene Ansätze in die Bewertung mit einzubeziehen. Häufig stellen die baulichen, technischen und serviceorientierten Anpassungsmaßnahmen die Unternehmen aufgrund vielschichtiger Wohnbedürfnisse vor neuartige Herausforderungen, welche meist noch außerhalb ihrer Kernkompetenzen liegen. Sie erfordern die Erschließung neuer Handlungsfelder und spiegeln sich in einer sog. multidimensionalen Nachfrage wider.[357] Um die Effizienz von Maßnahmen beurteilen zu können, ist eine ganzheitliche Betrachtung notwendig. Sowohl beim Betrachten von Anpassungen, welche zu einer Erhöhung der monatlichen Miete führen, als auch bei einmalig durch den Mieter vorzunehmenden Finanzierungen sollte der Vermieter Kompromissbereitschaft und Verhandlungsgeschick beweisen. Ge-

---

[355] siehe Urbansky (2009), Erfolgreiches Bestandsmanagement von Wohnimmobilien: Analyse einer Befragung und Strategieentwicklung für Immobilienunternehmen, S. 102 f.
[356] siehe Edinger; Lerch; Lentze (2007), Barrierearm - Realisierung eines neuen Begriffes: Kompendium kostengünstiger Maßnahmen zur Reduzierung und Vermeidung von Barrieren im Wohnungsbestand, S. 169 ff.
[357] siehe Heye; Wezemael (2007), Herausforderungen des sozio-demografischen Wandels für die Wohnbauindustrie

rade bei Mietermärkten bieten sich für den Mieter attraktive Wohnalternativen, sodass der Vermieter die Vor- und Nachteile der Kostenübernahme gegenüber den Wiederherstellungskosten bei Neuvermietung oder Leerstand abzuwägen hat.

5.1.2.4 Implementierung der Sanierungsmaßnahmen unter wirtschaftlichen Prämissen

In diesem Abschnitt soll der Ansatz einer Gesamtkostenbetrachtung bei der Auswahl von Anpassungsmaßnahmen im Bestand im Entscheidungsspielraum zwischen Kostenbeteiligung und Kostenübernahme aus Sicht des Vermieters näher betrachtet werden. Aus Erfahrungswerten eines Immobilienunternehmens mit ca. 13.500 Wohnungen des Jahres 2008 konnte ermittelt werden, dass durchschnittlich 3.100 EUR/Wohneinheit[358] für die reinen baulich-technischen Maßnahmen bei einem Mieterwechsel aufgewendet werden mussten. Dieser Ansatz bestätigte sich auch im Jahr 2009. Hier wurden 3.150 EUR/Wohneinheit[359] aufgewendet. Dabei schwankten in beiden Jahren die Investitionskosten von 50 bis 15.000 Euro pro Wohnung. Zu diesen Kostenansätzen sind im Regelfall noch weitere Leistungen zuzufügen, wie zum Beispiel:

- Aufwendungen für Mieterwechsel (u. a. Umbaumaßnahmen inkl. Beauftragung und Abrechnung, Wohnungsabnahmen sowie -übergaben)
- Erlösschmälerung und Wohnnebenkostenausfall während der Mietergewinnung, Leerstand sowie Umbauarbeiten
- Marketingaufwendungen und Datenpflege für Neuvermietung

Auch bei diesen Betrachtungen müssen die Besonderheiten der regionalen Teilmärkte berücksichtigt werden. Aus Sicht des Vermieters kann in den sogenannten Vermietermärkten ein Wohnungswechsel - durch einen höher zu erzielenden Mietzins bei Neuvermietung - durchaus vorteilhaft sein. Dieser Ansatz ist jedoch in Mietermärkten eher zu vernachlässigen. Oftmals müssen hier bei der Neuvermietung die Mietpreise abgesenkt oder längere Leerstandszeiten in Kauf genommen werden.[360] Es kann sinnvoll sein, aus Sicht des Vermieters mit Kompromissbereitschaft und Verhandlungsgeschick einen Teil oder die gesamten Kosten von Modernisierungsmaßnahmen zu übernehmen, um damit weitere Erlösschmälerungen abzuwenden. Auch vor dem Hintergrund des Unternehmensleitbildes und der Unternehmensstruktur sind diese Überlegungen mit großer Sorgfalt vorzunehmen. Sowohl an den Eigentümerinteressen als auch an der Rechtsform des Unternehmens orientiert sich die Gesamtausrichtung.[361] Während

---

[358] Ermittlungsgrundlage von 869 Mieterwechseln
[359] Ermittlungsgrundlage von 926 Mieterwechseln
[360] siehe Banse; Effenberger (2006), Auswirkungen des demografischen Wandels auf den Wohnungsbestand
[361] siehe GdW (2006), Wohnungs- und Immobilienwirtschaft in Deutschland - wirtschaftlicher Erfolg durch Innovation, S. 71 ff.

für private und freie Wohnungsunternehmen fast ausschließlich ökonomische Ziele im Vordergrund stehen, rücken für gemeinnützige Wohnungsunternehmen auch soziale Ziele in den Vordergrund.[362]

Für kommunale und städtische Wohnungsunternehmen steht vermehrt eine langfristige „Stadtrendite"[363] im Vordergrund. Die Unternehmen sehen sich dabei in der Pflicht, für breite Schichten der Bevölkerung angemessenen und vor allem bezahlbaren Wohnraum zur Verfügung zu stellen.[364] [365] Dies insbesondere auch für Haushalte mit sogenannten Marktzugangsschwierigkeiten, da Wohnraum für diese Mietergruppe am freien Wohnungsmarkt nur eingeschränkt gesichert werden kann. Unter Berücksichtigung der soziodemografischen Aspekte der Immobilienwirtschaft ist es jedoch erforderlich, auch die privaten Eigentümer in den Stadtumbauprozess zu integrieren.[366] [367] Wohnungsbaugenossenschaften, als weitere große Vermietergruppe, bieten ihren Mitgliedern eine sichere und langfristige Versorgung mit kostengünstigem, genossenschaftlichem Gemeinschaftseigentum und lassen sich keiner der oben angeführten Gruppen zuordnen.[368]

Da ein allgemeingültiger Handlungsansatz aufgrund der vielschichtig beschriebenen und multidimensionalen Einflussgrößen nicht gegeben werden kann, ist es gerade vor diesem Ansatz geboten, strukturelle oder individuelle Anpassungsmaßnahmen im fortlaufenden Fokus zu behalten und alle Einflussfaktoren gesamtwirtschaftlich und spezifisch für das jeweilige Immobilienunternehmen zu betrachten.

5.2 Entwicklungsstrategie zur Bestandsentwicklung - Multidimensionaler Ansatz

Aus Gründen der heterogen strukturierten Wohnungsunternehmen ergeben sich unterschiedliche Rahmenbedingungen zur Formulierung der Entwicklungsstrategie für Immobilienportfolios. Die Strategien, die dabei entwickelt werden, beruhen auf einer fortlaufenden situativen Neubewertung der Marktlage[369] und wurden in Abbildung 51 zusammengefasst.

---

[362] siehe Schwarz (2004), Strategisches Management in der Wohnungswirtschaft - ehemals gemeinnützige Wohnungsunternehmen auf dem Weg zu einem neuen Führungsverständnis
[363] unter dem Schlagwort der Stadtrendite wird seit geraumer Zeit der städtische Nutzen kommunaler Wohnungsunternehmen jenseits des betriebswirtschaftlichen Gewinns diskutiert
[364] siehe GdW (2008), Wohnungswirtschaftliche Daten und Trends 2008/2009, S. 97 ff.
[365] siehe GdW (2009), Wohnungswirtschaftliche Daten und Trends 2009/2010, S. 100 ff.
[366] siehe Bargstädt (2006), Aktuelle Forschungsvorhaben an der Professur Baubetrieb und Bauverfahren: Bauen im Bestand, Lifecycle Strategien für Bauwerke
[367] siehe Urbansky (2009), Erfolgreiches Bestandsmanagement von Wohnimmobilien: Analyse einer Befragung und Strategieentwicklung für Immobilienunternehmen, S. 98 f.
[368] siehe Kühne-Büning; Nordalm; Steveling (2005), Grundlagen der Wohnungs- und Immobilienwirtschaft
[369] siehe Glatter (2003), Strategien der Wohnungsunternehmen in schrumpfenden und wachsenden Märkten, S. 155 f.

5.2 Entwicklungsstrategie zur Bestandsentwicklung - Multidimensionaler Ansatz

Strategiefelder der Wohnungsunternehmen im Hinblick auf ...				
Problembewertung und -kommunikation	Marktanalysen	Marketing	Bestandsentwicklung	Unternehmensstruktur
Ignorieren, Leugnen, Annehmen, Ansprechen und Fordern, Abwarten und Verbergen, Handeln	Bestandsanalyse und Analyse der Nachfrage	offensive Wege der Werbung, Sonderangebote bei Neuvermietungen, erweiterter Mieterservice	Halten, Neubau/Kauf, Umnutzung oder Stilllegung, Modernisierung oder Wohnungszusammenlegung, Wohnumfeldaufwertung, Teilrückbau, Abriss, Verkauf	Personalabbau, Rückbaugesellschaften, Fusion, Insolvenz

Abbildung 51: Strategiefelder der Wohnungsunternehmen[370]

Um auf die Auswirkungen eines Mietermarktes oder eines Vermietermarktes sachgerecht reagieren zu können, bedarf es bei den Unternehmen der Immobilienwirtschaft einer langfristigen Strategieorientierung. Nachdem in den vorangegangenen Abschnitten die Grundlagen, eine Bedarfsanalyse sowie konkrete Prioritäten der Wohnungsunternehmen angeführt wurden, werden nunmehr strategische Positionierungen vorgenommen. Allerdings können keine allgemeingültigen Bewertungs- und Entwicklungsmodelle für Immobilienportfolios aufgestellt werden. Vielmehr wird sich jedes am Markt tätige Wohnungsunternehmen ein eigenes auf seine unternehmensinternen und -externen Rahmenbedingungen zugeschnittenes „Maßnahmenbündel" schnüren.[371]

In Abbildung 52 wird eine Entwicklungsstrategie zur Bestandsentwicklung aufgezeigt, welche die beeinflussenden Parameter berücksichtigt:

---

[370] Quelle: Glatter (2003), Strategien der Wohnungsunternehmen in schrumpfenden und wachsenden Märkten, S. 171
[371] siehe Urbansky (2009), Erfolgreiches Bestandsmanagement von Wohnimmobilien: Analyse einer Befragung und Strategieentwicklung für Immobilienunternehmen, S. 97 f.

5 Bestandsentwicklung von Wohnungsunternehmen in der Anwendung

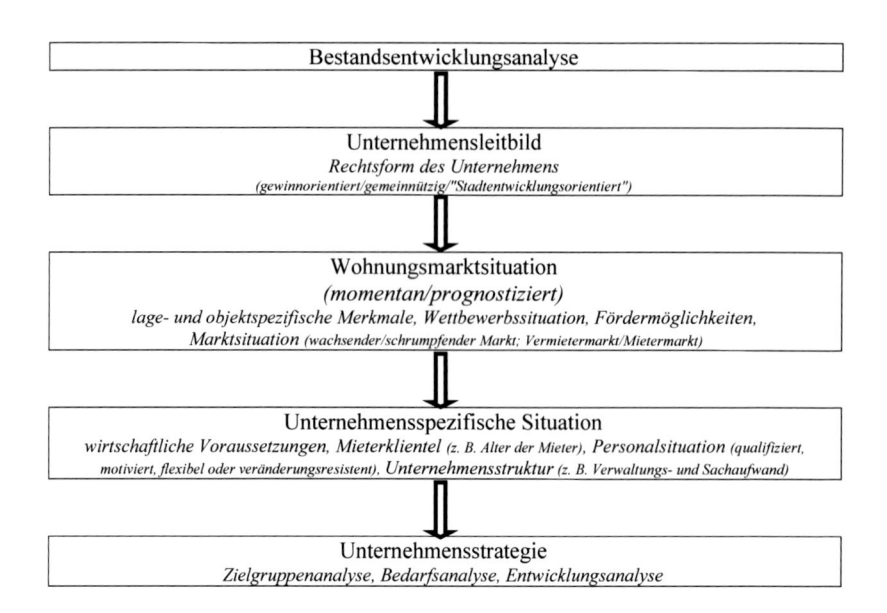

```
┌─────────────────────────────────────────────┐
│          Bestandsentwicklungsanalyse        │
└─────────────────────────────────────────────┘
                      ⇓
┌─────────────────────────────────────────────┐
│             Unternehmensleitbild            │
│          Rechtsform des Unternehmens        │
│ (gewinnorientiert/gemeinnützig/"Stadtentwicklungsorientiert") │
└─────────────────────────────────────────────┘
                      ⇓
┌─────────────────────────────────────────────┐
│            Wohnungsmarktsituation           │
│            (momentan/prognostiziert)        │
│ lage- und objektspezifische Merkmale, Wettbewerbssituation, Fördermöglichkeiten, │
│ Marktsituation (wachsender/schrumpfender Markt; Vermietermarkt/Mietermarkt) │
└─────────────────────────────────────────────┘
                      ⇓
┌─────────────────────────────────────────────┐
│        Unternehmensspezifische Situation    │
│ wirtschaftliche Voraussetzungen, Mieterklientel (z. B. Alter der Mieter), Personalsituation (qualifiziert, │
│ motiviert, flexibel oder veränderungsresistent), Unternehmensstruktur (z. B. Verwaltungs- und Sachaufwand) │
└─────────────────────────────────────────────┘
                      ⇓
┌─────────────────────────────────────────────┐
│             Unternehmensstrategie           │
│   Zielgruppenanalyse, Bedarfsanalyse, Entwicklungsanalyse │
└─────────────────────────────────────────────┘
```

Abbildung 52: Entwicklungsstrategie zur Bestandsentwicklung

Die Beantwortung der Frage, inwieweit und in welcher Form die ermittelten Wohnbedürfnisse durch die Wohnungsunternehmen befriedigt werden können, steht insofern im Mittelpunkt.[372] Je nach Fall sind dabei die praktischen Erfordernisse, die Umsetzung sowie die Finanzierung und Refinanzierung zu prüfen. Angesichts der Tatsache, dass nicht alle Wohnungsbestände unter rein wirtschaftlichen Gesichtspunkten anpassungsfähig sind bzw. sich deren Anpassung aus Gründen fehlender perspektivischer Vermietbarkeit infrage stellt, wird versucht, Kriterien für die Auswahl von anpassbaren Wohnungsbeständen zusammenzutragen. Dabei wurden insbesondere die von den befragten Mietern favorisierten Anpassungsmaßnahmen berücksichtigt und in ihrer erforderlichen prozentualen Anzahl hinterfragt.[373]

Als überaus komplex erweist sich die in dieser Arbeit entwickelte Bewertungsmethode zur Bestandsentwicklungsanalyse von Wohnimmobilien und geht weit über die allgemein damit assoziierten gesellschaftlichen, wirtschaftlichen und technischen Maßnahmen hinaus. Dabei ist es unabdingbar, dass jedes Unternehmen die aufgeführten Parameter spezifisch analysiert sowie daraus ableitend die eigene notwendige Strategie ent-

---

[372] siehe Pfeiffer; Faller; Braun; Möhlenkamp (2004), Wohnungspolitische Konsequenzen der langfristigen demografischen Entwicklung
[373] siehe Urbansky (2009), Erfolgreiches Bestandsmanagement von Wohnimmobilien: Analyse einer Befragung und Strategieentwicklung für Immobilienunternehmen, S. 101 f. und 117 f.

wickelt und somit die gewichteten Einflussfaktoren ausreichend berücksichtigt. Im Hinblick auf eine ganzheitliche Betrachtung wird der Wohnkomfort im Wohnumfeld, im Wohngebäude und in der Wohnung verstärkt im Bewusstsein aller Kundengruppen als Wohnraumausstattungs- und Qualitätsmerkmal wahrgenommen. Vor diesem Hintergrund ist die zunehmende Überzeugung der Vermieter feststellbar, dass zielgerichtete und angemessene Modernisierungen oder Umbauten der eigenen oder der verwalteten Wohnungsbestände unter Komfortaspekten zum Nutzen aller sind, seien sie alt oder jung.

Ein barrierearmer Wohnraum, Bäder mit ausreichenden Bewegungsflächen etc. sind nicht nur für ältere Menschen mit Beeinträchtigungen in ihren körperlichen, räumlichen, ergonomischen, anthropometrischen[374] und sensorischen Fähigkeiten eine wesentliche Voraussetzung für eine selbstbestimmte Lebensführung in den „eigenen vier Wänden", sie sind gleichermaßen auch für Familien mit kleinen Kindern vorteilhaft.[375] Prinzipiell kann jedoch, abhängig von der Lebenssituation und dem Lebensalter, festgestellt werden, dass sich Anforderungen und Erwartungen, aber auch Einstellungen, Ängste, Flexibilität u. v. m. verändern.

Für Immobilienunternehmen wird es vermehrt darauf ankommen, bei der Entwicklungsstrategie zur Bestandentwicklung unter wirtschaftlichen Gesichtspunkten auf eine hohe Schnittmengenübereinstimmung zu achten und damit die Grundlage für eine große Zielgruppennachfrage zu legen. Hier sollte verstärkt auf Bedürfnisse und Erfahrungswerte zurückgegriffen werden, denn durch die absehbar notwendigen Modernisierungsmaßnahmen sind diese Überlegungen für einen effizienten Mitteleinsatz von erheblicher finanzieller Bedeutung.

5.2.1 Methodische Ansätze für Bewertungsverfahren

Investitionen in die Immobilienbestände erfordern aufgrund ihrer sozioökonomischen Relevanz stets abgewogene Entscheidungen. Aus diesem Grund soll in diesem Abschnitt der Ansatz, wie die multidimensionalen Einzelprämissen zu einem Gesamtergebnis zusammengeführt und wie daraus methodische Ansätze für Bewertungsverfahren abgeleitet werden können, näher betrachtet werden.

Die im Rahmen einer Bewertungsanalyse durchzuführenden Prozesse nehmen eine zentrale Stellung ein und dienen der Vorbereitung von Entscheidungen mit verschiedenen Alternativen. Grundsätzlich steht die Beantwortung zweier zentraler Fragen im Mittelpunkt einer jeden Analyse:

---

[374] Ermittlung und Anwendung der Maße des menschlichen Körpers
[375] siehe BBR (2008 b), Wohnen ohne Barrieren - Erhöhte Wohnqualität für alle, S. 9 f.

1. Welche Maßnahmen sollen aus der Vielzahl potenzieller Alternativen ausgewählt, betrachtet und realisiert werden?
2. Ist die Durchführung der ausgewählten Maßnahme kurz-, mittel- oder langfristig ökonomisch sinnvoll?

Ausgangspunkt und Basis für die Bewertungsanalyse sind Bedarfs- und Prognoseanalysen, welche die Informationen über derzeitige und zukünftige Entwicklungen liefern. Zwar können die Ergebnisse wegen des langfristigen Amortisationszeitraumes nicht als Dogma angenommen werden, dennoch ermöglichen diese Werte, die Wirtschaftlichkeit von Maßnahmen aus heutiger Sicht monetär zu bewerten. Als Methoden zur Bewertung können u. a. Investitionsrechenverfahren[376] oder Effizienzanalysen[377] angewendet werden.[378]

Bei den Investitionsrechenverfahren stehen betriebswirtschaftliche Aspekte wie die Wirtschaftlichkeit und die Rentabilität im Vordergrund. Sozioökonomisch relevante Auswirkungen werden in der Immobilienwirtschaft i. d. R. nur bei maßnahmebezogenen Bewertungsverfahren unterstützend angewendet. Da bei den Effizienzanalysen verstärkt die bereits angeführten sozioökonomisch relevanten Auswirkungen berücksichtigt werden können, finden sie in Immobilienunternehmen vermehrte Beachtung. Weil die Vorgehensweise bei den Effizienzanalysen im Grunde ähnlich ist, soll nachfolgend nur die Nutzwertanalyse näher betrachtet werden. In Abbildung 53 wird der schematische Ablauf dargestellt.

Wegen ihrer logischen und plausiblen Aussage wird die Nutzwertanalyse gern angewendet. Um die Präferenzen des Entscheidungsträgers für ein multidimensionales Zielsystem zu ordnen, stellt sie ein allgemein anwendbares nicht monetäres Verfahren dar. Sie konzentriert sich in ihren Betrachtungen auf den Nutzwert mit subjektiv festzulegenden Gewichtungen und Erfüllungsgraden. Diese qualitativen und quantitativen Zielkriterien vermindern den Aussagewert originärer Einzelgrößen. Kosten werden nur indirekt berücksichtigt. Wie Schuh bemerkt, stellt die Nutzwertanalyse ein multidimensionales, der Entscheidungsfindung dienendes gesamtwirtschaftliches Erfassungs- und Bewertungsverfahren dar.[379] Sie wird in unterschiedlichen Entscheidungssituationen angewendet.[380] Eine Reduktion auf den Gesamtnutzen hat jedoch zur Folge, dass Problembereiche verdeckt und unerwünschte Wirkungen und Austauschreaktionen hervorgerufen werden können. Für die Transparenz, Nachvollziehbarkeit und Akzeptanz der

---

[376] z. B. Kostenvergleichsrechnungen, Kapitalwertmethode, Kosten-Erlös-Rechnung, Rentabilitätsrechnung, Gewinnvergleichsrechnungen
[377] z. B. Nutzen-Kosten-Analyse, Nutzwertanalyse, Kosten-Wirtschaftlichkeits-Analyse
[378] siehe Schach; Jehle (2006), Transrapid und Rad-Schiene-Hochgeschwindigkeitsbahn - Ein gesamtheitlicher Systemvergleich, S. 337 ff.
[379] siehe Schuh (2001), Entscheidungsverfahren zur Umsetzung einer nachhaltigen Entwicklung, S. 19
[380] siehe Schulte (1999), Investition: Grundlagen des Investitions- und Entscheidungsmanagements - Investitionscontrolling und Investitionsrechnung

Ergebnisse ist es unabdingbar, eine Offenlegung und differenzierte Begründung der Bewertung vorzunehmen.

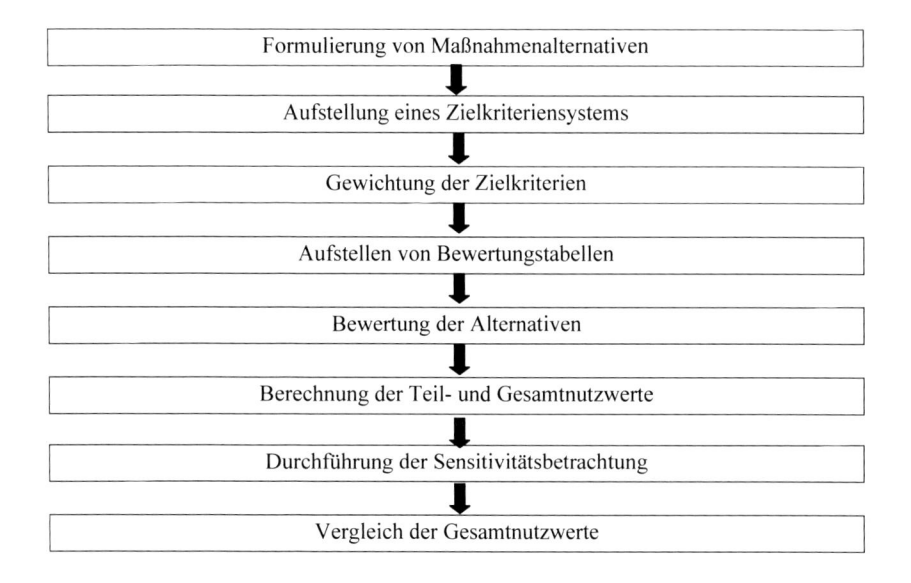

```
┌─────────────────────────────────────────────┐
│   Formulierung von Maßnahmenalternativen    │
└─────────────────────────────────────────────┘
                      ↓
┌─────────────────────────────────────────────┐
│     Aufstellung eines Zielkriteriensystems  │
└─────────────────────────────────────────────┘
                      ↓
┌─────────────────────────────────────────────┐
│         Gewichtung der Zielkriterien        │
└─────────────────────────────────────────────┘
                      ↓
┌─────────────────────────────────────────────┐
│        Aufstellen von Bewertungstabellen    │
└─────────────────────────────────────────────┘
                      ↓
┌─────────────────────────────────────────────┐
│           Bewertung der Alternativen        │
└─────────────────────────────────────────────┘
                      ↓
┌─────────────────────────────────────────────┐
│    Berechnung der Teil- und Gesamtnutzwerte │
└─────────────────────────────────────────────┘
                      ↓
┌─────────────────────────────────────────────┐
│     Durchführung der Sensitivitätsbetrachtung│
└─────────────────────────────────────────────┘
                      ↓
┌─────────────────────────────────────────────┐
│         Vergleich der Gesamtnutzwerte       │
└─────────────────────────────────────────────┘
```

Abbildung 53: Schematischer Ablauf der Nutzwertanalyse[381]

Die entscheidende Grundfrage, welche sich den Unternehmen mit Immobilienbeständen stellt, lautet: *„Wie sollen die Bestände entwickelt werden?"*. Damit erfolgt die Festlegung der Investitionsziele verbunden mit der daraus resultierenden Bestimmung des Investitionsbedarfes. Oftmals wird hier in Abhängigkeit der jeweiligen unternehmensspezifischen Investitionsmöglichkeit ein erster Dissens ersichtlich, welcher eine Abwägung zwischen wirtschaftlichen und sozioökonomischen Gesichtspunkten erforderlich macht. Im Speziellen wird unterschieden zwischen unbedingt erforderlichen Maßnahmen und sogenannten Bedarfs- oder Wertsteigerungsinvestitionen zur nachhaltigen Bestandsentwicklung.

Diese Priorisierung ist unter Berücksichtigung der unternehmensinternen und -externen Prämissen spezifisch und kann nicht verallgemeinert werden.[382] Im Rahmen dieser Arbeit wurde hierzu ein spezielles Verfahren, welches auf Basis einer Nutzwertanalyse

---

[381] Quelle: Schach; Jehle (2006), Transrapid und Rad-Schiene-Hochgeschwindigkeitsbahn - Ein gesamtheitlicher Systemvergleich, S. 345
[382] siehe Urbansky (2009), Erfolgreiches Bestandsmanagement von Wohnimmobilien: Analyse einer Befragung und Strategieentwicklung für Immobilienunternehmen, S. 99 f.

basiert, entwickelt, und unter Berücksichtigung der multidimensionalen Zielkriterien eine Bestandsentwicklungsanalyse ermöglicht. Auf diese Analyse wird in den folgenden Abschnitten noch dezidiert eingegangen. Grundsätzlich kann der Entscheidungsablauf bei der Bestandsentwicklungsanalyse von Wohnimmobilien, wie in Abbildung 54 dargestellt, sowohl unter energetischen als auch unter demografischen Prämissen als Methode der Bestandsentwicklung wie folgt zusammengefasst werden:

Festlegung der Investitionsziele
↓
Bestimmung des Investitionsbedarfes
↓
Bestandsentwicklungsanalyse mit Entwicklung von Einzelnutzwerten (als Methode der Nutzwertanalyse)
↓
Ermittlung der Varianten von Investitionen unter Berücksichtigung des möglichen Investitionsvolumens ("Clusterbildung")
↓
Ermittlung des bevorzugten Clusters[383] durch Verifikation[384]/Risikoanalysen (z. B. Extremwertbetrachtungen, Sensitivitätsanalysen)
↓
Unternehmerische Entscheidung

Abbildung 54: Schematischer Ablauf des Entscheidungsablaufes

Im Anschluss an diese Analyse werden verschiedene Varianten durch die Ermittlung eines bevorzugten Clusters untersucht, welche unter Berücksichtigung des möglichen Investitionsvolumens einen effektiven Einsatz der Investitionsmittel mit dem größtmöglichen Nutzen für Eigentümer und Nutzer gewährleisten. Um eine Bewertung von Einzelmaßnahmen und ggf. daraus resultierend eine Zuordnung von Maßnahmen zu ermöglichen, ist es vorteilhaft, dass Cluster gebildet werden. *„Zu Beginn der neunziger Jahre des vergangenen Jahrhunderts wurde der Begriff des Clusters, allerdings nicht in so engen räumlichen Grenzen, in denen er heute oft Anwendung findet, von dem amerikanischen Ökonomen Michael E. Porter[385] geprägt."*[386]

---

[383] englisch für Bündel, Haufen, Traube, Schwarm
[384] Verifikation (von lat. *veritas* ‚Wahrheit' und *facere* ‚machen') ist der Nachweis, dass ein vermuteter oder behaupteter Sachverhalt wahr ist
[385] Michael Eugene Porter (* 1947) ist an der Harvard Business School Leiter des Institute for Strategy and Competitiveness
[386] siehe http://www.faz.net/artikel/C30664/stadtentwicklung-das-laster-mit-dem-cluster-30088399.html, Abrufdatum 17.10.2010

In einem bestimmten Produktions- oder Dienstleistungsbereich definiert dabei die Wertkette meist ein Cluster. Im Immobilienbereich wurde der Begriff des Clusters erst später und im Zusammenhang mit einer Wertschöpfungskette, welche Einfluss auf den Lebenszyklus der Immobilien hat, angewendet. Um von einem Cluster sprechen zu können, bedarf es einer kritischen Masse von Immobilien. Sie sollten sich zudem in räumlicher Nähe zueinander befinden und entlang einer Wertschöpfungskette durch gemeinsame Interaktionen ergänzen. Mittels sog. Clusteranalysen werden Gruppen[387] von Gebäuden ermittelt, welche Ähnlichkeiten von Eigenschaften oder von multidimensionalen Zielkriterien aufweisen. Wie Alfen[388] bemerkt, bilden dabei die Kriterien Technisierungsgrad, Maßnahmenart, Handlungsbedarf und die Liegenschaftsstruktur die Grundlage der Clusterbildung.

Eine mögliche Vorgehensweise in der Bildung von Clustern im Sinne einer Gruppierung von gleichartigen Maßnahmen zur Bestandsentwicklung besteht darin, alle multidimensionalen Betrachtungen einzubeziehen, um so ansatzweise eine Lebenszyklusorientierung abzubilden. Nicht selten ist dieser Prozess langwierig, da die Varianten- oder Clusterbildung wohlüberlegt abgewogen werden sollte, auch unter Einschluss verschiedener Verifikationen oder Risikoanalysen.

Sowohl aus unternehmenspolitischen als auch aus soziodemografischen Prämissen kann vereinzelt die Ausführung von Maßnahmen, welche unter wirtschaftlichen Gesichtspunkten nicht favorisiert werden, geboten sein. Am Ende dieses Prozesses kristallisiert sich ein Konglomerat von Maßnahmen heraus, sodass aus unternehmerischer Sicht und unter Berücksichtigung aller Prämissen letztendlich eine tragfähige Entscheidung getroffen werden kann. Insbesondere bei mittelfristigen Bestandsentwicklungsanalysen muss dieser Entscheidungsprozess fortlaufend geprüft und verifiziert werden.

An dieser Stelle sei jedoch der Hinweis gestattet, dass eine Kommunikation der Clusterbildung nach „außen" hin sowohl aus unternehmenspolitischen als auch aus gesellschaftlichen Prämissen mit Schwierigkeiten behaftet sein kann. Dieser Ansatz der Vermittlung ist sorgfältig abzuwägen.

5.2.2 Multidimensionale Betrachtung von Zielkriterien

Die multidimensionale Betrachtung von Zielkriterien erfolgt strukturiert anhand von Erfüllungsgraden und Gewichtungen. Dabei werden die betrachteten Maßnahmen durch den ermittelten Gesamtnutzwert in eine Reihenfolge gebracht. Da zumindest die Einschätzung des Erfüllungsgrades und der Gewichtung unter subjektiven Gesichtspunkten

---

[387] sog. Cluster
[388] siehe Alfen; Fischer; Schwanck; Kiesewetter; Steinmetz; Gürtler (2008), Lebenszyklusorientiertes Management öffentlicher Liegenschaften am Beispiel von Hochschulen und Wissenschaftseinrichtungen, S. 17

erfolgt, wurde innerhalb dieser Arbeit der Versuch unternommen, Zielkriterien als Teil der Nutzwertanalyse zur Beurteilung des Erfüllungsgrades in einer Matrix zusammenzutragen. Insgesamt wurde ein hierarchisches Zielkriteriensystem gewählt, um alle Einflussfaktoren zwar bündeln, aber dennoch detailliert berücksichtigen zu können.

Im Bereich der Gestaltungsfaktoren wurden die Kriterien des vorhandenen Standortes der Immobilie[389] mit der umgebenden Infrastruktur[390] abgebildet. Sie bilden durch die Nachfrageelastizität ein entscheidendes Argument bei einer nachhaltigen Investitionsentscheidung. Die Funktionsfaktoren berücksichtigen ausschließlich den qualitativen und quantitativen Zustand der Immobilie.[391]

Gerade diese Einflüsse sind meist ausschlaggebend für die Effizenz der Sanierungsmaßnahmen. Letztendlich beachten die Wirtschaftlichkeitsfaktoren nicht nur die zu untersuchende Maßnahme, sondern auch die unternehmensexternen Prämissen sowie den vorhandenen Teilmarkt.[392] [393] Sinnvoll ist ein 3-stufiges Gliederungssystem, dessen multidimensionale Prämissen voneinander unabhängig sein sollten. Dies birgt den Vorteil einer allumfassenden, abgewogenen und objektiven Analysemöglichkeit. Damit gelingt es, die Maßnahmen in ihrer Gesamtheit betrachten, vergleichen und analysieren zu können.

Es wurde darauf geachtet, dass alle wichtigen Entscheidungsargumente berücksichtigt sind und somit die Basis für eine transparente und sorgfältige Entscheidung bilden. Klarheit schafft dabei die Konzentration auf die wirklich ausschlaggebenden Faktoren. Diese Kriterien und Argumente, welche letztendlich eine Entscheidung begründen, können durch die Transparenz und Nachvollziehbarkeit in der Entscheidungsfindung einer genauen Prüfung unterzogen werden. Sie einigt oftmals unterschiedliche Präferenzen von mehreren Entscheidungsträgern, gewährt eine Vergleichbarkeit der Alternativen in derselben Hinsicht und kann oft auch zu neuen Erkenntnissen während des Prozesses führen. Die Zielkriterien, welche als Teil der Nutzwertanalyse ersichtlich sind, können wie folgt klassifiziert und in Abbildung 55 näher betrachtet werden:

---

[389] wie z. B. Objektlage und Image
[390] wie z. B. Bildungs-, Versorgungs- sowie Freizeiteinrichtungen
[391] wie z. B. Gebäudesubstanz und Ausstattungsmerkmale
[392] wie z. B. Nachfrageelastizität, Marktsituation und wirtschaftliche Prämissen
[393] Domus Consult Wirtschaftsberatungsgesellschaft mbH (2002), Übersicht zur Verdichtung der Portfoliodimension, S. 2 ff.

5.2 Entwicklungsstrategie zur Bestandsentwicklung - Multidimensionaler Ansatz

Gestaltungsfaktor	Infrastruktur	**Bildungseinrichtungen** (z. B. Kinderbetreuung, Schulen etc.), **Versorgungseinrichtungen** (z. B. Einzelhandel, ärztliche Versorgung, Anbindung an Öffentl. Personennahverkehr (ÖPNV), PKW-Abstellmöglichkeit etc.) **Freizeiteinrichtungen** (z. B. Gastronomie, Fitness, Sport, Unterhaltung, Freizeit etc.)
	Lage	**Objektlage** (z. B. Lage, Entfernung zu Zentren, Entfernung zu Naherholungsmöglichkeiten, Lärmemission, Grünflächenanteil etc.) **Image** (z. B. Teilmarkt, Wohnumfeld etc.)
Funktionsfaktor	Substanz	Gebäudezustand, Anpassungsbedarf
	Ausstattung	Ausstattungsmerkmale, rechtliche Restriktionen
Wirtschaftlich-keitsfaktor	Nachfrage-elastizität	Fluktuation, Mieterstruktur
	Marktsituation	Stärke der Wettbewerber, nachhaltige Entwicklung
	wirtschaftliche Prämissen	Unternehmensstruktur, Mieterklientel, wirtschaftliche Voraussetzungen

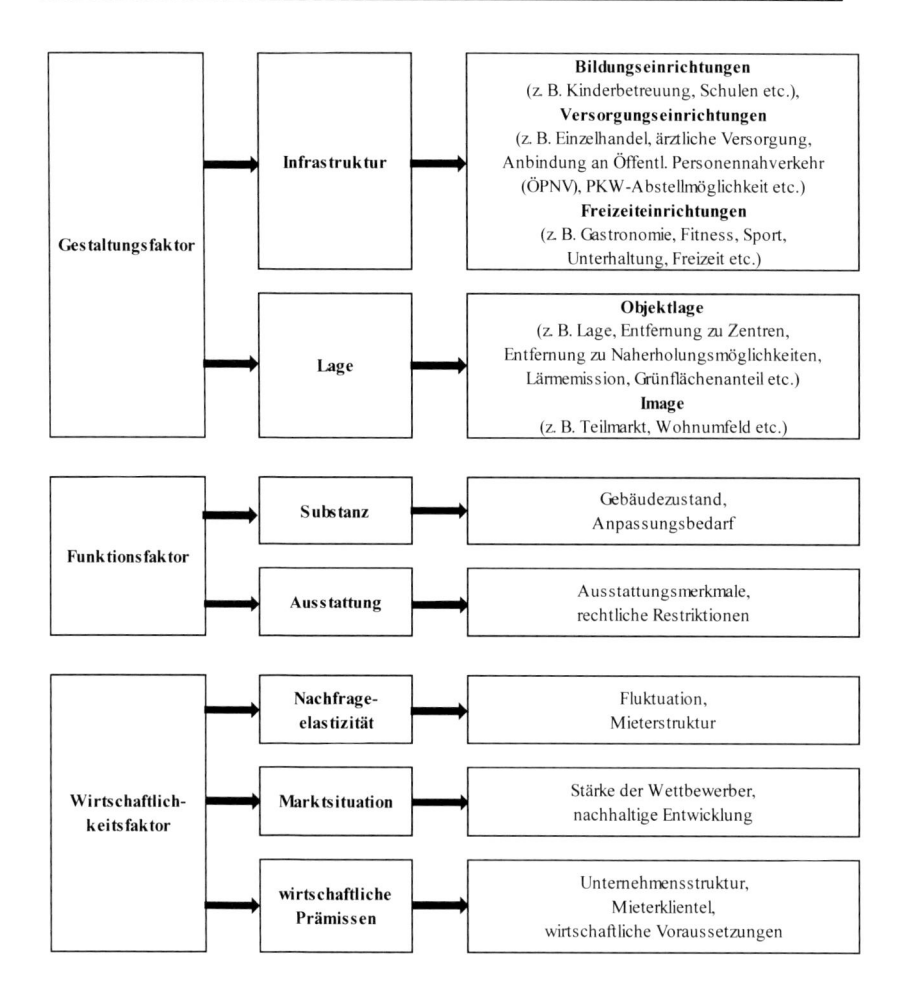

Abbildung 55: Multidimensionale Zielkriterien

5.2.3 Modell der Analyse von Maßnahmen zur Bestandsentwicklung

Es ist sicher unstrittig, dass eine Analyse von Maßnahmen zur Bestandsentwicklung von Immobilien eine Entscheidung maßgeblich unterstützen kann. Sie kann Selbige jedoch nicht ersetzen. In Abschnitt 5.2.1 wurden bereits die verschiedenen Analyseverfahren angeführt und näher betrachtet.

Eine Beurteilung auf Basis einer Nutzwertanalyse bietet den Vorteil, dass diese Methode:[394]

- weniger umfangreich und „zeitraubend" ist
- eine direkte Vergleichbarkeit der einzelnen Kriterien ermöglicht
- eine Anpassung an eine große Zahl spezifischer Erfordernisse erfolgen kann
- eine flexible Anpassung an die jeweiligen speziellen Erfordernisse gegeben ist
- Unvergleichbares durch eine Auswahl gemeinsamer Kriterien vergleichbar gemacht werden kann

Eine wichtige Voraussetzung bildet auch der Wirtschaftlichkeitsfaktor mit den Bereichen Nachfrageelastizität, Marktsituation und wirtschaftliche Prämissen. Damit berücksichtigt er im Wesentlichen die äußeren Umstände, wie z. B. die unternehmensspezifische Situation, die Gegebenheiten des umgebenden Teilmarktes sowie die Wettbewerbssituation des eigenen Unternehmens. Dem Grunde nach bilden sie die Basis und letztendlich auch einen entscheidenden Einflussfaktor für eine nachhaltige Bestandsentwicklung.

Von den Präferenzen der Entscheidungsträger[395] unter Berücksichtigung der unternehmensexternen und -internen Prämissen hängt die Gewichtung ab, wobei die Zahlendarstellung eine Vergleichbarkeit gewährleistet. Die angeführten Werte beruhen auf Erfahrungen und sollten im Rahmen der Anwendung einer unternehmensspezifischen Prüfung unterzogen werden. Letztendlich liegt in der Gewichtungszahl der Zielkriterien jedoch der Schlüssel für das Ergebnis der Bestandsentwicklungsanalyse. Bei der Betrachtung der einzelnen Kriterien, welche im Rahmen der Matrix präsent sind, ist es notwendig, dass die Objektivität von allen am Prozess Beteiligten gewahrt bleibt und auf diese Weise sog. „Bauchentscheidungen" deutlich reduziert werden.

Aus diesem Grund werden in Abbildung 56 die Vorgaben der Bewertung der Zielkriterien zur Anwendung empfohlen.[396] Die Basis für die Ermittlung dieser Vorgaben bilden die Analyse der durchgeführten Befragung „Selbstständiges Wohnen im Alter", die Berücksichtigung der im Rahmen dieser Arbeit durchgeführten Literaturrecherche sowie die eigenen Erfahrungswerte.

---

[394] siehe http://de.wikipedia.org/wiki/Nutzwertanalyse, Abrufdatum 30.08.2010
[395] oder ggf. auch von den Forderungen der Kreditgeber/Gläubiger
[396] Domus Consult Wirtschaftsberatungsgesellschaft mbH (2002), Systematik der Portfolio-Dimension, S. 7 ff.

5.2 Entwicklungsstrategie zur Bestandsentwicklung - Multidimensionaler Ansatz

Gestaltungsfaktor

Infrastruktur	< 15 min fußläufig	< 30 min fußläufig	< 30 min mit ÖPNV	unzureichend
Bildungseinrichtungen				
Kinderbetreuung	100%	60%	30%	0%
Schulen	100%	60%	30%	0%
Versorgungseinrichtungen				
Einzelhandel	100%	60%	30%	0%
ärztliche Versorgung	100%	60%	30%	0%
Anbindung ÖPNV	100%	50%	-	0%
Garagen, Carports, Stellplätze	100%	50%	0%	0%
Freizeiteinrichtungen				
Gastronomie	100%	60%	30%	0%
Fitness, Sport	100%	60%	30%	0%
Unterhaltung, Freizeit	100%	60%	30%	0%

Lage				
Objektlage				
Lage	reines Wohngebiet 100%	allg. Wohngebiet 70%	Mischgebiet 30%	Industriegebiet 0%
Entfernung zu Zentren	< 15 min fußläufig 100%	< 30 min fußläufig 60%	< 30 min mit ÖPNV 30%	unzureichend 0%
Entfernung zu Naherholungsmöglichkeiten	< 15 min fußläufig 100%	< 30 min fußläufig 60%	< 30 min mit ÖPNV 30%	unzureichend 0%
Lärmemission	niedrig 100%	mittel 70%	hoch 30%	unzureichend 0%
Grünflächenanteil	hoch 100%	mittel 70%	niedrig 30%	unzureichend 0%
Image				
Teilmarkt	gute Akzeptanz 100%	mittlere Akzeptanz 70%	mäßige Akzeptanz 30%	unzureichende Akzeptanz 0%
Wohnumfeld	gute Akzeptanz 100%	mittlere Akzeptanz 70%	mäßige Akzeptanz 30%	unzureichende Akzeptanz 0%

Funktionsfaktor

Substanz				
Gebäudezustand	neuwertiger Zustand 100%	mittlerer Zustand 60%	mäßiger Zustand 30%	schlechter Zust./sanierungsbed. 0%
Anpassungsbedarf	niedrig 100%	mittel 70%	hoch 30%	nicht anpassbar 0%

Ausstattung				
Ausstattungsmerkmale	gehobener Standard 100%	mittlerer Standard 70%	niedriger Standard 30%	unzureichend 0%
rechtliche Restriktionen	gute Akzeptanz 100%	mittlere Akzeptanz 70%	mäßige Akzeptanz 30%	keine Akzeptanz 0%

Wirtschaftlichkeitsfaktor

Nachfrageelastizität				
Fluktuation	niedrig 100%	mittel 70%	hoch 30%	
Mieterstruktur	gute Zielgruppenmischung 100%	mittlere Zielgruppenmischung 60%	mäßige Zielgruppenmischung 30%	keine Zielgruppenmischung 0%

Marktsituation				
Stärke der Wettbewerber	Alleinstellungsmerkmal 100%	starke Marktposition 60%	mäßige Marktposition 30%	schwache Marktposition 0%
nachhaltige Entwicklung	wachsender (Teil-) Markt 100%	stagnierender (Teil-) Markt 50%	schrumpfender (Teil-) Markt 0%	

wirtschaftliche Prämissen				
Unternehmensstruktur	gemeinnützig 100%	Stadtentwicklungsorientiert 60%	gewinnorientiert 30%	
Mieterklientel	gute Einkommen 100%	mittlere Einkommen 60%	mäßige Einkommen 30%	transferabhängig 0%
wirtschaftliche Voraussetzungen	gute Rentabilität 100%	mittlere Rentabilität 60%	mäßige Rentabilität 30%	keine Rentabilität 0%

Abbildung 56: Vorgaben zur Bewertung der Zielkriterien der Matrix zur Bewertungsanalyse von Maßnahmen zur Bestandsentwicklung

Unter Zugrundelegung der Bewertung in den einzelnen Merkmalsgruppen in Verbindung mit den jeweiligen Gewichtungsfaktoren ergibt sich eine tabellarische Bewertungsübersicht. Aus dieser wird eine Rangfolge aller infrage kommenden Maßnahmen ermittelt. Diese Spezifik bietet den Vorteil, dass eine detaillierte Betrachtung des gesamten Bestandes sowohl objekt- als auch maßnahmenspezifisch erfolgen kann. Gerade dieser Ansatz ist als Entscheidungshilfsmittel für das Management von Nutzen. Grundlage dieser Methode sind jedoch multidimensionale Zielkriterien mit einem ausgewogenen Wichtungsfaktor zur Beurteilung des Erfüllungsgrades.

Basis für die in vorliegender Arbeit erfolgte Matrix zur Nutzwertanalyse von Bestandsimmobilien war eine umfangreiche Untersuchung spezifischer Maßnahmen von Investitionen,[397] welche in den Jahren 2006 bis 2009 zur Ausführung gelangen sollten. Dabei wurden sowohl die ausgeführten als auch die verworfenen Maßnahmen betrachtet. Weiter wurden die Ergebnisse der Analyse der in vorliegender Arbeit erfolgten Befragung „Selbstständiges Wohnen im Alter" berücksichtigt und mit zusätzlichen Literaturrecherchen untersetzt. So konnten die Einflussfaktoren wie Lage, Infrastruktur, Anpassungsbedarf und Ausstattungsmerkmale, welche unmittelbar aus der Befragungsanalyse abgeleitet wurden und einen wesentlichen Einfluss auf die Beurteilung bzw. Priorisierung von Maßnahmen haben, besondere Berücksichtigung finden. Letztendlich wurden sämtliche beeinflussende Prämissen untersucht und deren unmittelbarer Einfluss auf die Bestandsentwicklung von Wohnimmobilien analysiert. Daraus konnte eine Systematik abgeleitet werden, welche die Grundlage für die Ermittlung von „Basis"-Gewichtungszahlen bot. Diese Matrix sollte als Managementhilfsmittel und Grundlage für zukünftige Entscheidungen zur Bewertung und Beurteilung herangezogen werden können. Gerade hier zeigte sich, dass vor einer Anwendung der Bestandsentwicklungsanalyse die Gewichtungszahlen maßnahmen- und unternehmensspezifisch begutachtet und ggf. assimiliert werden müssen. Unter diesen Voraussetzungen ist es möglich, ein begründetes Entscheidungshilfsmittel für das Management erarbeiten zu können.

Im Rahmen der Erarbeitung dieser Gewichtungsmatrix war es erforderlich, eine multidimensionale Betrachtung der Zielkriterien durchzuführen und die wichtigen Prämissen nach deren Einflussgröße zu differenzieren. Diese bildet die Grundlage für ein Analyseverfahren, welches transparente und nachvollziehbare Ergebnisse abbildet. Es ist jedoch sinnvoll, die Gewichtungsmatrix regelmäßig zu evaluieren, um damit aktuelle, aussagekräftige und belastbare Resultate erzielen zu können.

Abbildung 57 zeigt nachfolgend die Matrix zur Nutzwertanalyse von Bestandsimmobilien:

---

[397] z. B. Aufzugsanbauten, energetische Sanierungsmaßnahmen, Balkonanbauten, Grundrissänderungen u. a.

5.2 Entwicklungsstrategie zur Bestandsentwicklung - Multidimensionaler Ansatz

Bewertungskriterien	Gewichtungszahl		Erfüllungsgrad	Teilnutzwert
Gestaltungsfaktor	35%			0,00%
Infrastruktur		60%	0,00	
Bildungseinrichtungen		30%	0,00	
Kinderbetreuung		50%		
Schulen		50%		
Versorgungseinrichtungen		40%	0,00	
Einzelhandel		30%		
ärztliche Versorgung		30%		
Anbindung ÖPNV		30%		
Garagen, Carports, Stellplätze		10%		
Freizeiteinrichtungen		30%	0,00	
Gastronomie		30%		
Fitness, Sport		40%		
Unterhaltung, Freizeit		30%		
Lage		40%		0,00
Objektlage		40%	0,00	
Lage		40%		
Entfernung zu Zentren		10%		
Entfernung zu Naherholungsmglk.		10%		
Lärmemission		20%		
Grünflächenanteil		20%		
Image		60%	0,00	
Teilmarkt		60%		
Wohnumfeld		40%		
Funktionsfaktor	25%			0,00%
Substanz		40%		0,00
Gebäudezustand		40%	0,00	
Anpassungsbedarf		60%	0,00	
Ausstattung		60%		0,00
Ausstattungsmerkmale		60%	0,00	
rechtliche Restriktionen		40%	0,00	
Wirtschaftlichkeitsfaktor	40%			0,00%
Nachfrageelastizität		30%		0,00
Fluktuation		50%	0,00	
Mieterstruktur		50%	0,00	
Marktsituation		30%		0,00
Stärke der Wettbewerber		30%	0,00	
nachhaltige Entwicklung		70%	0,00	
wirtschaftliche Prämissen		40%		0,00
Unternehmensstruktur		25%	0,00	
Mieterklientel		25%	0,00	
wirtschaftliche Voraussetzungen		50%	0,00	
Gesamtnutzwert				0,00%

Abbildung 57: Gewichtungsmatrix zur Bewertungsanalyse von Maßnahmen der Bestandsentwicklung

Über die ermittelte Gewichtungszahl wird der Anteil der einzelnen Teilziele an dem Gesamtnutzwert beschrieben und erfolgt getrennt von der Bewertung der Teilnutzwerte. Die Rangfolge der einzelnen Maßnahmen ermittelt sich anhand des Gesamtnutzwertes. Dies ermöglicht eine Auswertung sowohl nach dem höchsten absoluten Gesamtnutzen und somit dem Maximalpunktprinzip, aber auch durch Bestimmung eines dominierenden Kriteriums für die Entscheidungsfindung. Als vorteilhaft für das Management erwies sich bei Anwendung der Matrix zur Bewertungsanalyse von Maßnahmen zur Bestandsentwicklung, dass die Auswahl der Maßnahmen nicht „willkürlich", sondern fundiert anhand einer Analyse untersucht wurden. Das sorgt für mehr Transparenz und Anerkenntnis bei den Entscheidern und Aufsichtsgremien.

5.2.4 Bewertungsanalyse von Maßnahmen zur Bestandsentwicklung in der Anwendung

Nachfolgend soll dieser Ablauf exemplarisch anhand zweier Einzelmaßnahmen dargestellt werden. Sie sind beispielhaft in den Anlagen 5 und 6 gegenübergestellt und wurden im Jahr 2010 im Rahmen der Bewertungsanalyse von Maßnahmen zur Bestandsentwicklung untersucht. Einerseits sollte damit die prinzipielle Herangehensweise bei der Anwendung der Matrix zur Bewertungsanalyse von Maßnahmen der Bestandsentwicklung aufgezeigt werden. Andererseits sollen auch notwendige Suggestionen aller multidimensionaler Zielkriterien erörtert werden. Selbstverständlich gibt es für die Anwendung der in dieser Arbeit entwickelten Bestandsentwicklungsanalyse keine Einschränkung zur möglichen Clustergröße.

Es handelt sich bei nachfolgendem Beispiel um einen Aufzugsanbau an zwei baugleichen Gebäuden[398] unterschiedlicher Standorte. Im Rahmen der Auswahl des Investitionsbedarfs sollte unternehmensintern der Wunsch der Mieter nach einem Aufzugsanbau verwirklicht werden. Der Bedarf bestand und wurde auch durch die Befragung unterstützt, in welcher 8 % der Befragten angaben,[399] sich einen Aufzug als wichtigste Maßnahme zu wünschen. Die Investitionsmittel waren jedoch für nur einen Aufzugsanbau im Jahresbudgetplan vorhanden und es sollte durch die Bewertungsanalyse von Maßnahmen zur Bestandsentwicklung untersucht werden, an welchem Gebäude auf der Basis des Maximalpunktprinzips der höchste absolute Gesamtnutzen erzielt werden kann.

Die in Abbildung 57 aufgeführten Kriterien zur Beurteilung des Erfüllungsgrades wurden dabei analysiert und auf ihre Einflussgröße differenziert. Der Standort des Gebäudes im Maßnahmebeispiel 1 befand sich am Stadtrand in einem größeren Plattenbaugebiet, das Maßnahmebeispiel 2 unweit des Stadtzentrums in einer kleineren Siedlung mit Gebäuden des industriellen Wohnungsbaus. Die Kriterien des Gestaltungsfaktors konnten wie folgt eingeschätzt werden:

---

[398] DDR-Wohnungsbauserie 70 (WBS 70)
[399] siehe Abbildung 49, Nutzerbefragung - wichtigste Maßnahmen, S. 90

Maßnahmebeispiel 1
- Infrastruktur: ausgezeichnete Voraussetzungen, geringe Abstriche bei Freizeiteinrichtungen
- Lage: reines Wohngebiet mit unzureichendem Image, Abstriche in Bereichen Entfernung zu Zentren und zu Naherholungsmöglichkeiten, Lärmemission und Grünflächenanteil

Maßnahmebeispiel 2
- Infrastruktur: gute Voraussetzungen, geringe Abstriche im Bereich Versorgungs- und Freizeiteinrichtungen
- Lage: reines Wohngebiet mit ausgezeichnetem Image, Abstriche in Bereichen Entfernung zu Zentren, Entfernung zu Naherholungsmöglichkeiten, Lärmemission und Grünflächenanteil

Die Substanz des Gebäudes konnte durch das baugleiche Objekt einheitlich bewertet werden. Währenddessen zeigten sich die weiteren Einflussfaktoren des Funktionsfaktors wie folgt:

Maßnahmebeispiel 1
- Substanz: mittlerer Gebäudezustand und Anpassungsbedarf
- Ausstattung: mittlerer Stand der Ausstattungsmerkmale, mäßige Akzeptanz des Vorhabens durch die Mieter

Maßnahmebeispiel 2
- Substanz: mittlerer Gebäudezustand und Anpassungsbedarf
- Ausstattung: mittlerer Stand der Ausstattungsmerkmale, mittlere Akzeptanz des Vorhabens durch die Mieter

Letztendlich wurde der Wirtschaftlichkeitsfaktor wie folgt eingeschätzt:

Maßnahmebeispiel 1
- Nachfrageelastizität: mittlere Fluktuation, mäßige Zielgruppenmischung
- Marktsituation: starke Marktposition, schrumpfender Teilmarkt
- wirtschaftliche Prämissen: gemeinnütziges Unternehmen, mäßige Einkommen der Mieter, keine Rentabilität der Maßnahme durch fehlendes Mieterhöhungspotenzial

Maßnahmebeispiel 2
- Nachfrageelastizität: mittlere Fluktuation, mittlere Zielgruppenmischung
- Marktsituation: Alleinstellungsmerkmal, stagnierender Teilmarkt
- wirtschaftliche Prämissen: gemeinnütziges Unternehmen, mittlere Einkommen der Mieter, mittlere Rentabilität der Maßnahme

Während also am Maßnahmebeispiel 1 insbesondere der Bereich der infrastrukturellen Erschließung als vorteilhafter eingeschätzt wurde, zeigte das Maßnahmebeispiel 2 letztendlich im Image, in der wirtschaftlichen Nachhaltigkeit sowie in den rechtlichen Restriktionen[400] deutliche Vorzüge. Bedingt durch die bereits angeführte Gewichtung der Bewertungskriterien konnte das Maßnahmebeispiel 2 mit 74,25 %[401] im Vergleich zu 51,69 %[402] des Maßnahmebeispieles 1 einen wesentlich höheren Gesamtnutzwert erzielen. Während der folgenden Verifikation wurde als unternehmerische Entscheidung die Maßnahme im Beispiel 2 favorisiert und letztendlich auch ausgeführt. Die angeführte Maßnahme im Maßnahmebeispiel 1 wurde hingegen verworfen.

Die an dem Entscheidungsprozess beteiligten Personen konnten durch die Anwendung der bereits erwähnten Matrix die subjektive Betrachtung im Verfahrensablauf einschränken und somit eine aussagekräftige Analyse erarbeiten. Daraus resultierend konnte die Akzeptanz der Entscheidung bei den Aufsichtsgremien erhöht und die Tragfähigkeit unter Berücksichtigung der angeführten multidimensionalen Zielkriterien eruiert werden. Letztendlich trug die Bewertungsanalyse von Maßnahmen zur Bestandsentwicklung dazu bei, den Entscheidungsablauf zu verkürzen. Die konsequente unternehmensspezifische Anwendung des in Abbildung 54 dargestellten Entscheidungsablaufes ermöglichte ein transparentes und nachvollziehbares Verfahren für alle Beteiligten.

5.2.5 Verifikation der Bestandsentwicklungsanalyse von Wohnimmobilien

Im Folgenden soll die Frage durchleuchtet werden, wo die Grenzen oder die eventuellen Schwierigkeiten bei der Anwendung dieser Methode liegen und ob die entscheidungsrelevanten Fragen ausreichend Berücksichtigung finden. Dabei soll insbesondere untersucht werden, wie sich das Modell verhält, um nachhaltige Entscheidungen im Sinne des Gesamtportfolios zu treffen. Grundsätzlich ist vor Anwendung der Matrix die unternehmerische Entscheidung zu treffen, ob eine Bestandsentwicklung über das gesamte Immobilienportfolio gleichmäßig erfolgen oder ob Differenzierungen in den Teilmärkten vorgenommen werden sollen. Ist es letztendlich vorteilhafter, die vorhandenen oder möglichen Investitionsmittel gleichmäßig auf alle Bestände zu verteilen oder sie auf besondere Prämissen oder Teilmärkte einzuschränken? Das ist die unternehmensspezifische Kernfrage, welche nicht verallgemeinert sowie letztendlich auch nicht mit der entwickelten Matrix beantwortet werden kann und soll. Diese fundamentale Frage der Bestandsentwicklung muss jedes am Markt tätige Unternehmen unter Berücksichtigung seiner unternehmensexternen und -internen Prämissen selbst lösen.[403] Sie ist insbesondere abhängig von Faktoren wie Lage, Größe, Qualität, Aufteilung, Ausstattung etc. und definiert dabei den Nutzwert. Dieser ist ausschlaggebend für eine nachhaltige Entwicklung, welche sich in Vermietbarkeit und somit Erlöserwirtschaftung widerspiegelt.

---

[400] beispielweise in der Akzeptanz der Bewohner bei der Durchführung von Maßnahmen
[401] siehe Anlage 6, Gesamtnutzwert Maßnahmebeispiel 6, S. 147
[402] siehe Anlage 5, Gesamtnutzwert Maßnahmebeispiel 5, S. 146
[403] siehe Kühne-Büning; Nordalm; Steveling (2005), Grundlagen der Wohnungs- und Immobilienwirtschaft

Um diesen Ansatz zu verdeutlichen, wurde der Gesamtablauf der Bestandsentwicklungsmethode in Anlage 7 zusammengefasst. Auf Basis der Auswahl der Investitionsziele und des daraus resultierenden Investitionsbedarfs, wie bereits in Abbildung 54 dargestellt, wird eine Aufstellung aller Maßnahmen im Gesamtportfolio vorgenommen. Zumeist erfolgt hier, wie bereits angeführt, der erste Dissens zwischen der Summe der Einzelinvestitionen und der maximal möglichen Gesamtinvestitionssumme des Unternehmens. Im nächsten Schritt wird unter Anwendung der beschriebenen Bestandsentwicklungsanalyse mit der Entwicklung von Einzelnutzwerten der Gesamtnutzwert jeder einzelnen Maßnahme ermittelt. Anschließend werden die Maßnahmen in unterschiedlichen Varianten sog. Clustern zugeordnet. Das Ziel besteht darin, die verschiedenen Cluster in der Form zu bilden, dass die Maßnahmen so zusammengefasst werden, dass die Investitionsziele mit dem Investitionsbedarf assimiliert werden und dabei die maximal mögliche Gesamtinvestitionssumme nicht überschritten wird. Erfahrungsgemäß ist die Bildung mehrerer Maßnahmenbündel möglich. Dabei kann es ein Ziel sein, Maßnahmen in der Form zu bündeln, dass der höchste durchschnittliche Gesamtnutzwert erreicht wird. Darauf aufbauend wird durch Verifikation das bevorzugte Cluster analysiert. Hierbei ist es ebenfalls erforderlich, verschiedene Risikoanalysen, wie beispielsweise Extremwertbetrachtungen oder Sensitivitätsanalysen, durchzuführen. Damit wird die Grundlage für die Wahl der Maßnahmen und deren Zusammenstellung im Cluster gelegt. Letztendlich bildet jedoch die unternehmensspezifische Prüfung und Auswahl von geeigneten Maßnahmenkombinationen auf Basis der in dieser Arbeit entwickelten Bestandsentwicklungsanalyse die Grundlage für die unternehmerische Entscheidung.

5.3 Entwicklungspotenziale von Immobilienunternehmen

Der Nachfragetrend nach adäquatem Wohnraum in ausreichender Anzahl, in der gewünschten Qualität und an den Orten, wo er gewünscht oder benötigt wird, stellt die am Wohnungsmarkt tätigen Unternehmen vor große Herausforderungen. Sicher unumstritten wird durch die sozioökonomischen und soziodemografischen Prämissen der Bedarf an barrierefreiem Wohnraum zunehmen, denn auch weiterhin wird das quantitativ vorherrschende Wohnen in der eigenen Wohnung stattfinden.[404]

Derzeit wird vor allem oftmals die Etablierung mikrosystemtechnischer Lösungen in Formen generationsübergreifenden Wohnens favorisiert. Dies beinhaltet vor allem eine Symbiose von technischen Assistenzsystemen, baulichen und technischen Maßnahmen sowie wohnbegleitenden Dienstleistungen. Das oberste Ziel dabei ist die für den Nutzer optimale Verbindung dieser Teilbereiche zum Ausgleich der Einschränkungen der motorischen Fähigkeiten im Alter. Um diese Lösungen zu entwickeln, zu erproben und

---

[404] siehe Urbansky (2009), Erfolgreiches Bestandsmanagement von Wohnimmobilien: Analyse einer Befragung und Strategieentwicklung für Immobilienunternehmen, S. 117

umzusetzen, ist es unabdingbar, dass Forschungseinrichtungen, Wirtschaftsunternehmen und Wohnungsbaugesellschaften oder -genossenschaften eng zusammenarbeiten. Für die Immobilienunternehmen ergeben sich dabei nachfolgend aufgeführte Ansätze:[405]

1. Analyse der Nachfrage- und Angebotsentwicklung von mikrosystemtechnisch und multimedial basierten Dienstleistungen auf Grundlage der wirtschaftlichen und marktgerechten Entwicklung des Immobilienbestandes
2. Erarbeiten und Implementieren von Leistungspaketen im Bereich Komfort, Sicherheit und Gesundheit, um ein selbstbestimmtes Leben trotz altersbedingter Einschränkungen in der eigenen Wohnung ermöglichen zu können
3. Prüfen, langfristiges Etablieren und Fortschreiben von Serviceketten im Bereich wohnbegleitender Dienstleistungen
4. Entwickeln von geeigneten wirtschaftlichen Geschäftsmodellen unter Berücksichtigung unternehmensstrukturspezifischer Voraussetzungen sowie regionalspezifischer demografischer und energetischer Prämissen
5. Ergänzen der Service- und Dienstleistungen zur Etablierung des Erfahrungsaustausches, der Wissensvermittlung, zum Entgegenwirken der Vereinsamung sowie zur Unterstützung der individuellen Lebensformen des Alters

Neben der Analyse der nachfragerelevanten Bedürfnisse der Kunden/Mieter sind auch weitere Faktoren über den Erfolg oder Misserfolg der Wettbewerbsstrategie entscheidend. Für jedes Unternehmen sind dabei durch die unternehmensinternen sowie die unternehmensexternen Rahmenbedingungen andere Ausgangsvoraussetzungen gegeben. Maßgeblich für den Erfolg der Wettbewerbsstrategie sind die Stärken und Schwächen der Immobilienbestände sowie die Chancen und Risiken der regional gegebenen bzw. prognostizierten Wohnungsmarktstruktur.

Die Bestandsentwicklung wird auch in Zukunft eine der wichtigsten Strategien im Spannungsfeld des demografischen Wandels bleiben, da sie den Immobilienunternehmen verschiedene Ansätze zur Weiterentwicklung ihres Wohnungsbestandes bietet. Dabei sind die Kriterien der Nachhaltigkeit eine Grundvoraussetzung bei der insbesondere mittel- und langfristigen Betrachtung.[406] Vorrangiges Ziel und Handlungsmaxime für alle Immobilienunternehmen ist, mit der Gestaltung eines marktkonformen sowie marktattraktiven Leistungsangebotes das breite Spektrum aller Ziel- und Mietergruppen berücksichtigen zu können. Allein aus rein ökonomischen und wirtschaftlichen Gründen wird hierbei durch die verschiedenen Lebensstiele und Wohnvorstellungen der Mieter einerseits eine stärkere Zielgruppenorientierung für die optimale Bedienung von Nutzen sein. Andererseits wird dies auch die größtmögliche Inanspruchnahme und Gestaltung aller vorhandenen Schnittmengen erfordern.

---

[405] siehe auch Projekt „Alter leben" des VSWG, http://alter-leben.vswg.de/
[406] siehe Wiechmann (2003), Zwischen spektakulärer Inszenierung und pragmatischem Rückbau - Umbau von schrumpfenden Stadtregionen in Europa, S. 122 f.

6 Schlussbetrachtung

Bedingt durch die geringe Geburtenrate in Deutschland sowie eine stetig steigende Lebenserwartung wird sich der Altersaufbau der Bevölkerung zunehmend verändern. Die Bevölkerungsstruktur wird sich dahin gehend wandeln, dass die Anzahl älterer Menschen - bei gleichzeitiger Abnahme der jüngeren und mittleren Altersgruppen - zunehmen wird. Diese Entwicklung hat eine veränderte Gestaltung unserer Wohnumwelt zur Folge. Dabei bedingt die Auseinandersetzung mit den konkreten Bedürfnissen oftmals ein konsequentes und gesamtheitliches Herangehen an diese Problematik.

Der römische Traktatschreiber Vitruv[407] entdeckte die Dreieinigkeit utilitas, firmitas und venustas als Prinzipien der Architektur.[408] Vereinfacht zusammengefasst musste zunächst einmal die Nützlichkeit (utilitas) stimmen und somit die Funktion und die Wirtschaftlichkeit gegeben sein. Dies setzt wiederum voraus, dass solide gebaut, modernisiert oder revitalisiert wurde und daraus resultierend die Festigkeit (firmitas) gewährleistet ist. Letztendlich gilt es aber auch, eine Immobilie derart zu strukturieren, zu gestalten, in das Wohnumfeld einzupassen und zu erschließen, dass die Schönheit (venustas) oder Wohngestalt ausreichend berücksichtigt wird. Durch diese auch heute noch aktuelle Dreieinigkeit ist die Grundlage für eine langfristige und möglichst dauerhafte Vermietbarkeit gelegt.

Mithilfe der in dieser Arbeit entwickelten Bestandsentwicklungsanalyse können die Immobilienbestände weitgehend objektiv bewertet sowie kategorisiert werden und damit eine Basisstrategie für eine Entwicklungskonzeption bilden. Das vordringliche Ziel besteht darin, angesichts begrenzter finanzieller Spielräume Potenziale zu erkennen und Fehlinvestitionen zu vermeiden.

6.1 Zusammenfassung und Ergebnisse der Arbeit

Entscheidend für die Akzeptanz der in vorliegender Arbeit angeführten Strategien und somit letztendlich für deren Erfolg ist, wie der demografische und gesellschaftliche Wandel angesehen wird und daraus resultierend, wie die Immobilienunternehmen die Chance zur Implementierung der Maßnahmen vorantreiben und auch nutzen. Wenn es gelingt, dass der demografische Wandel mit seinen daraus resultierenden Veränderungen nicht als Verlust, sondern vielmehr als Gewinn von Lebensqualität angesehen wird, können Lösungen zum Erhalt der Selbstständigkeit im häuslichen Wohnbereich und für einen verminderten Primärenergiebedarf etabliert werden.

---

[407] Marcus Vitruvius Polio, um 70 - 60 v. Chr. geboren
[408] siehe http://de.wikipedia.org/wiki/Vitruv, Abrufdatum 23.12.2010

Wichtig ist, dass die bedarfsgerechte Anpassung der Wohnungsbestände über den gesamten Immobilienbestand möglichst ohne eine langfristige Fördermöglichkeit wirtschaftlich gestaltet werden kann. Zwar stehen viele der angeführten Maßnahmespektren im politischen sowie öffentlichen und damit gesellschaftlichen Fokus, aber im Hinblick auf eine wirtschaftliche Umsetzbarkeit für Immobilienunternehmen gibt es vielfach noch Nachholbedarf. Nur wenn den Immobilienunternehmen mittel- oder langfristige Möglichkeiten zur Refinanzierung aller angeführten Maßnahmen bereitstehen, wird es möglich sein, dass die Bestände zeitnah und mit großem Engagement nachgebessert werden können. Dies gilt sowohl für demografische aber auch für energetische Prämissen. Vor diesem Hintergrund stellt es sowohl für Wirtschaft, Politik, Gesellschaft und damit für alle Bereiche des gesellschaftlichen Lebens eine Herausforderung dar.

Unter Berücksichtigung der sozioökonomischen und soziodemografischen Faktoren haben die Ergebnisse der Befragung gezeigt, dass die bevorzugte Wohnform im Alter die eigene private Wohnung sein wird. Es konnte ebenfalls aufgezeigt werden, dass die nachfragerelevanten Bedürfnisse nach z. B. Sicherheit, der Badausstattung oder der Barrierefreiheit entscheidend über den Erfolg oder Misserfolg einer Wettbewerbsstrategie sind. Auch weitere Faktoren wie z. B. die eigenen Stärken und möglichen Verbundeffekte zu anderen Geschäftseinheiten oder -partnern, die Attraktivität des bearbeiteten regionalen bzw. sachlichen Teilmarktes mit Bezug auf Nachfrageelastizität, die Mieterloyalität, die Stärke der Wettbewerber und rechtlicher Restriktionen im Hinblick auf Abbruch- oder Umbaumaßnahmen sind nicht zu vernachlässigen. In vorliegender Arbeit konnten die Bedürfnisse strukturiert und Lösungsansätze zur langfristigen Bewältigung dieser wohnungswirtschaftlichen Aufgaben aufgezeigt werden. Neben den baulichen und technischen Maßnahmen sowie den innovativen Dienstleistungen trägt das soziale Engagement zur Imageverbesserung und zur Bindung aller Zielgruppen an das Immobilienunternehmen bei. Insgesamt ist unabdingbar, dass alle aufgezeigten Lösungsansätze gesamtwirtschaftlich und unternehmensspezifisch betrachtet werden müssen.

Für alle Immobilienunternehmen ist es unter den Bedingungen einer wirtschaftlich tragfähigen Bestandsentwicklung des eigenen Immobilienportfolios zur dauerhaften Etablierung am Markt und damit letzten Endes zur Nutzung eines langfristigen Nachfragetrends unabdingbar, wirtschaftlich tragende Entwicklungsmöglichkeiten zu analysieren und zu assimilieren. Dabei sind die regionalspezifischen, soziodemografischen, energetischen, ökologischen und sozioökonomischen Prämissen im ausreichenden Maße zu berücksichtigen.

Eine allgemeingültige Strategie zum wirtschaftlichen Erfolg konnte aufgrund der unterschiedlichen Rahmenbedingungen nicht formuliert werden. Deshalb wurden alle für den Erfolg ausschlaggebenden Parameter für die Marktsegmente in einer Matrix zusammengetragen. Daraus resultierend wurde auf Basis einer Nutzwertanalyse mithilfe des Gesamtnutzwertes eine Handlungsempfehlung für Immobilienunternehmen zur Beurteilung und Bewertung von Maßnahmen erarbeitet. Um eine größtmögliche Objektivität zu erreichen, wurden ebenfalls multidimensionale Beurteilungskriterien in einer Matrix zusammengefasst.

Mit zunehmendem Alter der Mieter, das zeigten die Ergebnisse der Umfrage, sind zwar einige Ausstattungsmerkmale wichtiger, jedoch konnten keine signifikanten Unterschiede zur Befriedigung der Wohnbedürfnisse jüngerer Altersgruppen ermittelt werden. Der Unterschied liegt darin, dass die Älteren stärker auf das tatsächliche Vorhandensein der angeführten baulichen, technischen und sozialen Ausstattungsmerkmale angewiesen sind als jüngere Altersgruppen. Sie nehmen diese zusätzlichen Angebote oftmals auch aus Gründen der Komforterhöhung gern in Anspruch. Damit konnte der Lösungsansatz bestätigt werden, dass eine „zielgruppenübergreifende" Bestandsentwicklung hinsichtlich einer modularen Gestaltung der baulichen, technischen, sozialen und finanziellen Komponenten möglich ist. So kann durch eine hohe Anpassungsfähigkeit an sich verändernde individuelle Leistungsanforderungen der Menschen eine spezifische Bedarfsanpassung gesichert werden. Der Vorteil für Immobilienunternehmen liegt darin, dass eine verstärkt einseitige Ausrichtung auf eine bestimmte Zielgruppe nicht erforderlich ist. Somit kann eine weitestgehend nutzerneutrale Bestandsanpassung erfolgen, welche maßgeblich zur Erhöhung des Marktwertes der Immobilien beiträgt.

6.2 Ausblick

Die Bestandsentwicklung von Wohnimmobilien wird auch in Zukunft eine der wichtigsten Determinanten im Spannungsfeld des demografischen Wandels, der energetischen Anforderungen und der wirtschaftlichen Akzeptanz bei Mietern und Eigentümer bleiben. Trotz altersbedingter Einschränkungen wird aufgrund der geschilderten sozioökonomischen Prämissen der Ansatz des *„Selbstständigen Wohnens im Alter"* an Bedeutung gewinnen, da sich die älteren Menschen seltener mit einer betreuten Lebensform anfreunden und sich diese zukünftig finanziell vermindert ermöglichen können. Unter Beachtung der Kriterien der Nachhaltigkeit bieten sich den Immobilienunternehmen verschiedene Ansätze zur Weiterentwicklung ihres Portfolios. Auch aus dem Blickwinkel einer volkswirtschaftlichen Sichtweise muss es gelingen, mit baulichen Modernisierungen, mit mikrosystemtechnisch, multimedial und sozial basierten innovativen Dienstleistungen ein Wohnen in den eigenen vier Wänden bis ins hohe Alter zu ermöglichen. Selbstverständlich reichen die bisherigen Aktivitäten zur Erarbeitung von Studien und zum Entwickeln neuer Handlungsempfehlungen allein nicht aus, um den umfassenden Zielen zur Auseinandersetzung mit einem zukünftig verstärkt relevanten Thema erschöpfend gerecht zu werden. Auch muss es zeitnah gelingen, vom Prozess der vielfältigsten Pilotphasen in eine sog. allgemeine Anwendungsphase zu gelangen.

Vielfach scheitert dies derzeit noch an der wirtschaftlichen Umsetzung und der Akzeptanz der Implementierung.

Auch die mit vorliegender Arbeit erfolgte Analyse der durchgeführten Befragung „*Selbstständiges Wohnen im Alter*" von 1.061 Personen in 7 regional verschiedenen Teilmärkten in Deutschland ermöglicht noch weitergehende Dimensionierungen der Auswertungen. So können im Speziellen weitere Korrelationsbeziehungen analysiert werden, welche in vorliegender Aufgabenstellung nicht im unmittelbaren Fokus standen. Eine große Chance kann auch darin liegen, dass die ermittelten Erkenntnisse über den Entwicklungsbedarf, die Bestandsentwicklungsanalyse sowie die reale Implementierung von Maßnahmen und Dienstleistungsansätzen für andere Themenbereiche und Innovationen nutzbar sind. Weiterer Forschungsbedarf besteht auch darin, die in vorliegender Arbeit aufgestellte methodische Entwicklungsstrategie mit der Matrix zur Bewertungsanalyse von Maßnahmen zur Bestandsentwicklung für Immobilienunternehmen sowie den daraus hergeleiteten allgemeinen Handlungsempfehlungen auf die einzelnen Teilmärkte herunter zu brechen. Dies böte die Grundlage mit einem strategischen Analyseinstrument weitergehende Risikobetrachtungen sowie Sensitivitätsanalysen durchzuführen und damit spezielle unternehmenspolitische Prämissen zu analysieren.

In einem abschließenden Ausblick kristallisiert sich heraus, dass die Thematik „Entwicklung von Immobilienportfolios am Beispiel von Wohnungsbeständen" in Forschung und gesellschaftlichem Kontext von großer Bedeutung ist. Dabei sind nicht nur aus volkswirtschaftlicher Sicht, sondern auch unter wirtschaftlichen Prämissen die Ansätze zur Akzeptanz aller beteiligten Partner fortlaufend zu prüfen und zu assimilieren. Auf dieser Grundlage wird es möglich sein, dass die Immobilienunternehmen die zukünftigen Herausforderungen mit einem ausreichend geeigneten Bedarf an Wohnraum bedienen können.

Literaturverzeichnis

AAL (2008)	AMBIENT ASSISTED LIVING: *1. Deutscher Kongress mit Ausstellung Technologien - Anwendungen - Management (Tagungsband)*; VDE Verlag, Berlin, Offenbach, 2008
AAL (2009)	AMBIENT ASSISTED LIVING: *2. Deutscher Kongress mit Ausstellung Technologien - Anwendungen - Management (Tagungsband)*; VDE Verlag, Berlin, Offenbach, 2009
Alfen; Fischer; Schwanck; Kiesewetter; Steinmetz; Gürtler (2008)	ALFEN, H. W.; FISCHER, K.; SCHWANCK, A.; KIESEWETTER, F.; STEINMETZ, F.; GÜRTLER, V.: *„Lebenszyklusorientiertes Management öffentlicher Liegenschaften am Beispiel von Hochschulen und Wissenschaftseinrichtungen"*; in: Schriftenreihe der Professur Betriebswirtschaftslehre im Bauwesen, Band 4, Online unter: http://e-pub.uni-weimar.de; volltexte; 2008; 1359;
Backes; Clemens; Künemund (2004)	BACKES, G. M.; CLEMENS, W.; KÜNEMUND, H. (Hrsg.): *Lebensformen und Lebensführung im Alter;* Alter(n) und Gesellschaft, Band 10, VS Verlag für Sozialwissenschaften, Wiesbaden, 2004
Bach; Ottmann; Sailer (2005)	BACH, H.; OTTMANN, M.; SAILER, E.: *Immobilienmarkt und Immobilienmanagement - Entscheidungsgrundlagen für die Immobilienwirtschaft;* Verlag Franz Vahlen, München, 2005
Banse; Effenberger (2006)	BANSE, J.; EFFENBERGER, K.-H.: *Deutschland 2050 - Auswirkungen des demografischen Wandels auf den Wohnungsbestand;* Leibniz-Institut für ökologische Raumentwicklung, Dresden, 2006
Banse; Möbius; Deilmann (2008)	BANSE, J.; MÖBIUS M.; DEILMANN C.: *Wohnen im Alter 60+ Ergebnisse einer Befragung in der Stadt Dresden;* Leibniz-Institut für ökologische Raumentwicklung, Dresden, 2008 (Band 156)
Bargstädt; Hegewald (2006)	BARGSTÄDT, H.-J.; HEGEWALD, A.: *Aktuelle Forschungsvorhaben an der Professur Baubetrieb und Bauverfahren: Bauen im Bestand, Lifecycle-Strategien für Bauwerke;* in: Schriften der Professur Baubetrieb und Bauverfahren Nr. 12, Hrsg.: Prof. Dr.-Ing. H.-J. Bargstädt M. Sc. - Weimar, 2006
Bargstädt; Hegewald; König; Fischer (2006 a)	BARGSTÄDT, H.-J.; HEGEWALD, A.; FISCHER, K.; KÖNIG, M.: *Lifecycle-Strategien für Bauwerke: Investition, Bewirtschaftung und Revitalisierung;* in: der bogen: Journal der Bauhaus-Universität Weimar, Heft 2, Weimar, 2006

Bau- und Wohnforschung (2007)	BAU- UND WOHNFORSCHUNG: *Vermeidung von Wohnungsleerständen durch Wohn- und Serviceangebote für ältere Menschen;* Fraunhofer IRB Verlag, Stuttgart, 2007
BBR (2001)	BUNDESAMT FÜR BAUWESEN UND RAUMORDNUNG (Hrsg.): *Wohnungsprognose 2015; in: Kooperation mit dem Institut für Ökologische Raumentwicklung (IÖR) Dresden;* Bonn, 2001 (BBR-Berichte Band 10)
BBR (2005)	BUNDESAMT FÜR BAUWESEN UND RAUMORDNUNG (Hrsg.): *Raumordnungsbericht 2005;* Bonn, 2005
BBR (2006)	BUNDESAMT FÜR BAUWESEN UND RAUMORDNUNG (Hrsg.): *Wohnungs- und Immobilienmärkte 2006;* Bonn, 2006
BBR (2007)	BUNDESMINISTERIUM FÜR VERKEHR, BAU UND STADTENTWICKLUNG UND BUNDESAMT FÜR BAUWESEN UND RAUMORDNUNG (Hrsg.): *Innovationsprozesse im Wohnungsbestand - unter besonderer Berücksichtigung privater Vermieter;* Bonn, 2007
BBR (2007 a)	BUNDESAMT FÜR BAUWESEN UND RAUMORDNUNG (Hrsg.): *Innovation für familien- und altengerechte Stadtquartiere;* ExWoSt-Information 32, Bonn, 2007
BBR (2008)	BUNDESMINISTERIUM FÜR VERKEHR, BAU UND STADTENTWICKLUNG UND BUNDESAMT FÜR BAUWESEN UND RAUMORDNUNG (Hrsg.): *Umgang mit Bestandsobjekten im europäischen Ausland;* Bonn, 2008
BBR (2008 a)	BUNDESMINISTERIUM FÜR VERKEHR, BAU UND STADTENTWICKLUNG UND BUNDESAMTES FÜR BAUWESEN UND RAUMORDNUNG (Hrsg.): *Bewertung energetischer Anforderungen im Lichte steigender Energiepreise für die EnEV und die KfW-Förderung;* Bonn, 2008
BBR (2008 b)	BUNDESAMT FÜR BAUWESEN UND RAUMORDNUNG: *Demografische Entwicklung verlangt neue Standards;* in: „*Wohnen ohne Barrieren - Erhöhte Wohnqualität für alle*": Kompetenzzentrum der Initiative „*Kostengünstig qualitätsbewusst Bauen*"; Berlin, 2008, Online unter http:// www.kompetenzzentrum-bauen.de; fileadmin; user_upload; dokumente; Fachberichte; 081203wohnen-ohne-barrieren_download.pdf

BBR (2008 c)	BUNDESAMT FÜR BAUWESEN UND RAUMORDNUNG: *Expertise „Stadtrendite durch kommunale Wohnungsunternehmen"*; Berlin, 2008
BBT (2008)	BBT GREENBUILDING LEVERAGE: 2008; Online unter: http:// 213.148.140.163; publicity; bbu; internet.nsf; 0; 078F7568311473ADC12577610031DAE9; $FILE; Inhalt_aus_0308-Energie-einsp.pdf
BBU (2006)	VERBAND BERLIN - BRANDENBURGISCHER WOHNUNGSUNTERNEHMEN E. V.: *Komfortwohnen für jung und alt*; Berlin, 2006
Berlin Institut (2005)	BERLIN INSTITUT FÜR BEVÖLKERUNG UND ENTWICKLUNG: *Deutschland 2020 - Die demografische Zukunft der Nation;* Berlin Institut, 3. Auflage, Berlin, 2005
Bertelsmann (2005)	BERTELSMANN STIFTUNG: *Positionspapier „Perspektiven für das Wohnen im Alter": Handlungsempfehlungen des Beirates „Leben und Wohnen im Alter" der Bertelsmann Stiftung;* Bertelsmann Stiftung, Gütersloh, 2005
Beyersdorff; Pelzl (2007)	Beyersdorff, M.; Pelzl, W.: *Effektive Gestaltung des kommunalen Immobilienmanagements - eine ganzheitliche Analyse zur Gestaltung der Immobilienmanagement - Funktion deutscher Kommunalverwaltungen*; Leipzig Universität Dissertation 2006, Institut für Immobilienmanagement der Universität Leipzig, Leipzig, 2007
BFW (2007)	Bundesverband Freier Immobilien- und Wohnungsunternehmen e. V.: *Wohnen im Alter*; Berlin, 2007
BFW; UEPC-Studie (2007)	Bundesverband Freier Immobilien- und Wohnungsunternehmen e. V.: *BFW Arbeitskreis Seniorenimmobilien;* 2007, Online unter: http:// www.bfw-bund.de; fileadmin; user_upload; Dokumente; arbeitskreise; BFW_Brosch%C3%BCre_Seniorenimmobilien_Internet.pdf
BiB (2008)	BUNDESINSTITUT FÜR BEVÖLKERUNGSFORSCHUNG (Hrsg.): *Bevölkerung: Daten, Fakten, Trends zum demografischen Wandel in Deutschland*; Bundesinstitut für Bevölkerungsforschung und Statistisches Bundesamt, Wiesbaden, 2008
Bison (1996)	BISON, J.: *Die Regulierung des Mietwohnungsmarktes in der Bundesrepublik Deutschland: Eine positive ökonomische Analyse*; Peter Lang Verlagsgruppe, Frankfurt am Main, 1996

BMBau (1997)	BUNDESMINISTERIUM FÜR RAUMORDNUNG, BAUWESEN UND STÄDTEBAU (Hrsg.): *Wohnungen für ältere Menschen: Planung, Ausstattung, Hilfsmittel*; Bonn - Bad Godesberg, 1997
BMBF (2008)	BUNDESMINISTERIUM FÜR BILDUNG UND FORSCHUNG (Hrsg.): *Grundlagenforschung Energie 2020+ Die Förderung der Energieforschung durch das Bundesministerium für Bildung und Forschung*; Online unter: http:// www.bmbf.de; pub; Grundlagen-forschung_energie.pdf
BMVBS (2008)	BUNDESMINISTERIUM FÜR VERKEHR, BAU UND STADTENTWICKLUNG (Hrsg.): *Stadtentwicklungsbericht 2008*; Online unter: http:// www.bmvbs.de; cae; servlet; contentblob; 27952; publication File; 29032; stadtentwicklungsbericht-der-bundesregierung-2008. Pdf
BMWi (2010)	BUNDESMINISTERIUM FÜR WIRTSCHAFT UND TECHNOLOGIE: *Forschung für Energieeffizienz*; Berlin, 2010
Börsch-Supan (2005)	BÖRSCH-SUPAN, A.: *Risiken im Lebenszyklus: Theorie und Evidenz*; Perspektiven der Wirtschaftspolitik 2005 6(4), S. 449-469
Bohn (2008)	BOHN, J.: *Bestandsmanagement von Wohnimmobilien unter Beachtung demografischer und wirtschaftlicher Randbedingungen*; Diplomarbeit, Dresden, 2008
Bohne-Winkel (1994)	BOHNE-WINKEL, S.: *Das strategische Management von offenen Immobilienfonds unter besonderer Berücksichtigung der Projektentwicklung von Gewerbeimmobilien*; Oestrich-Winkel, Dissertation, Immobilien Informationsverlag Rudolf Müller, Köln, 1994
Brauer (2008)	BRAUER, K.-U.: *Wohnen, Wohnformen, Wohnbedürfnisse - Soziologische und psychologische Aspekte in der Planung und Vermarktung von Wohnimmobilien*; IZ Immobilienzeitung Verlagsgesellschaft, Wiesbaden, 2008
Brey (2008)	BREY, H.- M.: *Die Chancen des demografischen Wandels für die Wohnungs- und Städtepolitik;* in: KREUZER, V.; REICHER, C.; SCHOLZ, T.: *Zukunft Alter - Stadtplanerische Handlungsansätze zur altengerechten Quartiersgestaltung*; Blaue Reihe - Dortmunder Beiträge zur Raumplanung, Institut für Raumplanung; Technische Universität Dortmund (Hrsg.), Juventa, 2008, Nr. 130, S. 45 – 57

Brinker (2005)	BRINKER, K.: *Das Bild vom Alter und dessen Einfluss auf die Wohnformen für ältere Menschen im 20. Jahrhundert in Deutschland*; Tenea Wissenschaft - Fraunhofer IRB, Berlin, 2005
Bruhnke; Kübler (2002)	BRUHNKE, K.-H., KÜBLER, R.: *Der Lebenszyklus einer Immobilie*; Online unter: http:// www.marktprofis.de; attacments; 087_ Der%20Lebenszyklus%20einer%20Immobilie .pdf
Bürkner; Berger; Luchmann (2007)	BÜRKNER, H.- J.; BERGER, O.; LUCHMANN, E.; TENZ, F.: *Der demografische Wandel und seine Konsequenzen für Wohnungsnachfrage, Städtebau und Flächennutzung*; IRS Leibniz-Institut für Regionalentwicklung und Strukturplanung (Hrsg.), Erkner, 2007
Cirkel; Hilbert; Schalk (2004)	CIRKEL, M.; HILBERT, J.; SCHALK, C.: *„Produkte und Dienstleistungen für mehr Lebensqualität im Alter"*; Expertise für den 5. Altenbericht der Bundesregierung, Institut Arbeit und Technik Gelsenkirchen, Berlin, 2004, Online unter: http:// www.bmfsfj.de; Politikbereiche; aelteremenschen,did=19798.html
DB Research (2005)	DEUTSCHE BANK RESEARCH: *Neue Pflegeimmobilien für eine alternde Gesellschaft, DB Research, Demografie Spezial - Aktuelle Themen 334*, Frankfurt a. M., 2005, Online unter: http:// www.dbresearch.de; PROD; DBR_INTERNET_DE-PROD; PROD 0000000000191741.PDF
DESTATIS (2003)	STATISTISCHES BUNDESAMT: *Einkommens- und Verbrauchsstichprobe 2003*; Statistisches Bundesamt, Wiesbaden, 2003, Online unter: http:// www.destatis.de; jetspeed; portal; cms; Sites; destatis; Internet; DE; Content; Publikationen; Qualitaetsberichte; WirtschaftsrechnungenZeibudget; WirtschaftsrechnEVS03,property=file.pdf
DESTATIS (2005)	STATISTISCHES BUNDESAMT: *Statistisches Jahrbuch 2005*; Wiesbaden, 2005
DESTATIS (2006)	STATISTISCHES BUNDESAMT: *Bevölkerung Deutschlands bis 2050 - 11. koordinierte Bevölkerungsvorausberechnung*; Wiesbaden, 2006
DESTATIS (2007)	STATISTISCHES BUNDESAMT: *Entwicklung der Privathaushalte bis 2025: Ergebnisse der Haushaltsvorausberechnung 2007*; Wiesbaden, 2007

Literaturverzeichnis

DESTATIS (2008)	STATISTISCHES BUNDESAMT: *Bautätigkeit und Wohnungen: Mikrozensus - Zusatzerhebung 2006, Bestand und Struktur der Wohneinheiten sowie Wohnsituation der Haushalte*; Wiesbaden, 2008
DESTATIS (2009)	STATISTISCHES BUNDESAMT: *Bevölkerung Deutschlands bis 2060 - 12. koordinierte Bevölkerungsvorausberechnung*; Wiesbaden, 2009
DESTATIS (2009 a)	STATISTISCHES BUNDESAMT: *Statistisches Jahrbuch 2009*; Wiesbaden, 2009
Deutscher Bundestag (1996)	DEUTSCHER BUNDESTAG (Hrsg.): *Herausforderungen unserer älter werdenden Gesellschaft an den einzelnen und die Politik: Studienprogramm Band II*; Enquête-Kommission „Demografischer Wandel", Verlag Rudolf von Decker, Heidelberg, 1996
Deutscher Bundestag (2002)	DEUTSCHER BUNDESTAG: *Schlussbericht der Enquête-Kommission "Demografischer Wandel - Herausforderungen unserer älter werdenden Gesellschaft an den Einzelnen und die Politik"*; Deutscher Bundestag 14. Wahlperiode, Berlin, 2002
Deutscher Verband (2007)	BERICHT DER KOMMISSION DES DEUTSCHEN VERBANDES FÜR WOHNUNGSWESEN, STÄDTEBAU UND RAUMORDNUNG E.V. IN KOOPERATION MIT DEM BUNDESMINISTERIUM FÜR VERKEHR, BAU UND STADTENTWICKLUNG: *Chancen der vor uns liegenden demografischen Entwicklung für die Wohnungs- und Städtepolitik;* Berlin, 2007
Deutscher Verband (2009)	BERICHT DER KOMMISSION DES DEUTSCHEN VERBANDES FÜR WOHNUNGSWESEN, STÄDTEBAU UND RAUMORDNUNG E.V. IN KOOPERATION MIT DEM BUNDESMINISTERIUM FÜR VERKEHR, BAU UND STADTENTWICKLUNG: *Wohnen im Alter;* Berlin, 2007
Diederichs (2006)	DIEDERICHS, C. J.: *Immobilienmanagement im Lebenszyklus;* Springer Verlag, Berlin, 2006
Diedrich (2005)	DIEDRICH, R.: *Entwicklung werthaltiger Immobilien;* Teubner Verlag, Wiesbaden, 2005
Domus Consult (2002)	DOMUS CONSULT WIRTSCHAFTSBERATUNGSGESELLSCHAFT MBH: *Ergebnisse der Portfolioanalyse;* Potsdam-Babelsberg, 2002

Edinger; Lerch; Lentze (2007)	EDINGER, S.; LERCH, H.; LENTZE, C.: *Barrierearm - Realisierung eines neuen Begriffes: Kompendium kostengünstiger Maßnahmen zur Reduzierung und Vermeidung von Barrieren im Wohnungsbestand;* Fraunhofer IRB Verlag, Stuttgart, 2007 (Bauforschung für die Praxis, Band 81)
Eichner (2003)	EICHNER, V.: *Auswirkungen der demografischen Entwicklung auf die Wohnungsmärkte;* in: Wohnungswirtschaft und Mietrecht, 58. Jahrgang, Heft 11, S. 607 – 612, Deutscher Mieterbund e. V., Berlin, 2003
empirica (2006)	EMPIRICA AG: *Die Generationen über 50 - Wohnsituation, Potenziale und Perspektiven;* Berlin, 2006
empirica (2010)	EMPIRICA AG; LUWOGE CONSULT IM AUFTRAG DER IBB BERLIN: *Wirtschaftlichkeit energetischer Sanierungen im Berliner Mietwohnungsbestand;* Studie, Berlin, 2010
ExWoSt (2007)	BUNDESMINISTERIUM FÜR VERKEHR, BAU UND STADTENTWICKLUNG: *Innovationen für familien- und altengerechte Stadtquartiere*; ExWoSt, Bonn, 2007
Falk (2004)	FALK, B. R.: *Fachlexikon Immobilienwirtschaft;* VDM Verlag Dr. Müller Verlag, Köln, 2004
F+B (2006)	F+B FORSCHUNG UND BERATUNG FÜR WOHNEN, IMMOBILIEN UND UMWELT GMBH: *Förderung von Sicherheit in Nachbarschaften als Herausforderung für Wohnungsunternehmen*; Hammonia Verlag, Hamburg, 2006
GdW (2003)	GdW BUNDESVERBAND DEUTSCHER WOHNUNGS- UND IMMOBILIENUNTERNEHMEN E.V.: *Wohnungswirtschaftliche Daten und Trends 2003; 2004: Zahlen und Analysen aus der Jahresstatistik des GdW*; Hammonia Verlag, Berlin, 2003
GdW (2006)	GdW BUNDESVERBAND DEUTSCHER WOHNUNGS- UND IMMOBILIENUNTERNEHMEN E.V.: *Wohnungs- und Immobilienwirtschaft in Deutschland - wirtschaftlicher Erfolg durch Innovation*; Hammonia Verlag, Berlin, 2006 (*Branchenbericht 2*)
GdW (2007)	GdW BUNDESVERBAND DEUTSCHER WOHNUNGS- UND IMMOBILIENUNTERNEHMEN E.V.: *Die Auswirkungen der Europäischen Union auf den Wohnungs- und Städtebau in den Mitgliedsstaaten*; Hammonia Verlag, Berlin, 2007 (*Arbeitshilfe 52*)

GdW (2007 a)	GdW BUNDESVERBAND DEUTSCHER WOHNUNGS- UND IMMOBILIENUNTERNEHMEN E.V.: *Vernetztes Wohnen*; Hammonia Verlag, Berlin, 2007 (*Arbeitshilfe 54*)
GdW (2007 b)	GdW BUNDESVERBAND DEUTSCHER WOHNUNGS- UND IMMOBILIENUNTERNEHMEN E.V.: *Wohnungswirtschaftliche Daten und Trends 2007; 2008: Zahlen und Analysen aus der Jahresstatistik des GdW*; Hammonia Verlag, Berlin, 2007
GdW (2008)	GdW BUNDESVERBAND DEUTSCHER WOHNUNGS- UND IMMOBILIENUNTERNEHMEN E.V.: *Wohnungswirtschaftliche Daten und Trends 2008; 2009: Zahlen und Analysen aus der Jahresstatistik des GdW*; Hammonia Verlag, Berlin, 2008
GdW (2008 a)	GdW BUNDESVERBAND DEUTSCHER WOHNUNGS- UND IMMOBILIENUNTERNEHMEN E.V.: *Wohntrends 2020*; Hammonia Verlag, Berlin, 2008
GdW (2009)	GdW BUNDESVERBAND DEUTSCHER WOHNUNGS- UND IMMOBILIENUNTERNEHMEN E.V.: *Wohnungswirtschaftliche Daten und Trends 2009; 2010: Zahlen und Analysen aus der Jahresstatistik des GdW*; Hammonia Verlag, Berlin, 2009
GdW (2010)	GdW BUNDESVERBAND DEUTSCHER WOHNUNGS- UND IMMOBILIENUNTERNEHMEN E.V.: *GdW Stellungnahme - Bericht der Bundesregierung über die Wohnungs- und Immobilienwirtschaft in Deutschland*; Hammonia Verlag, Berlin, 2010
GdW (2010 a)	GdW BUNDESVERBAND DEUTSCHER WOHNUNGS- UND IMMOBILIENUNTERNEHMEN E.V.: *Wohnungswirtschaftliche Daten und Trends 2010; 2011: Zahlen und Analysen aus der Jahresstatistik des GdW*; Hammonia Verlag, Berlin, 2010
GdW (2010 b)	GdW BUNDESVERBAND DEUTSCHER WOHNUNGS- UND IMMOBILIENUNTERNEHMEN E.V.: *Den gesellschaftlichen und demografischen Wandel aktiv gestalten - Wohnungswirtschaft schafft Zukunft für ein sich änderndes Wohnen*; Hammonia Verlag, Berlin, 2010
Glatter (2003)	GLATTER, J.: *Strategien der Wohnungsunternehmen in schrumpfenden und wachsenden Märkten*; in: HUTTER, G.; IWANOW, I.; MÜLLER, B. (Hrsg.): *Demografischer Wandel und Strategien der Bestandsentwicklung in Städten und Regionen*; Leibniz-Institut für ökologische Raumentwicklung, Dresden, 2003 (IÖR-Schriften Band 41)

Graubner (2008)	GRAUBNER, A., PROF. DR.-ING.: „*Abreißen ist manchmal besser*"; in: www.facility-manager.de 12; 08, FORUM Zeitschriften und Spezialmedien GmbH, Merching, 2008
Heinze; Eichener (1997)	HEINZE, R. G.; EICHENER, V. (Projektleitung): *Neue Wohnung auch im Alter: Folgerungen aus dem demografischen Wandel für Wohnungspolitik und Wohnungswirtschaft*; Schader-Stiftung, Darmstadt, 1997
Heuer; Nordalm (2001)	HEUER, J. H. B.; NORDALM, V.: *Die Wohnungsmärkte im gesamtwirtschaftlichen Gefüge;* in Jenkis, H. W. (Hrsg.) *Kompendium der Wohnungswirtschaft*; 4. Auflage, Oldenbourg Wissenschaftsverlag, München, 2001
Heye; Wezemael (2007)	HEYE, C.; WEZEMAEL J. E. V.: *Herausforderungen des soziodemografischen Wandels für die Wohnbauindustrie;* in Zeitschrift DISP: Netzwerk Stadt und Landschaft, Zürich, 2007
Homann (2001)	HOMANN, K.: *Immobilien-Management - Ein erfolgspotenzialorientierter Ansatz*; in Gondring, H. (Hrsg.), Lammel, E. (Hrsg.) *Handbuch der Immobilienwirtschaft,* Gabler Verlag, Wiesbaden, 2001, S. 373 – 407
Huber (2008)	HUBER, A., DR.: *Neues Wohnen in der zweiten Lebenshälfte;* Birkhäuser Verlag AG, Basel, 2008
Hungenberg (2004)	HUNGENBERG, H.: *Strategisches Management in Unternehmen*; 3. Auflage, Gabler Verlag, Wiesbaden, 2004
Hungenberg (2007)	HUNGENBERG, H.; WULF, T.: *Grundlagen der Unternehmensführung*; 3. Auflage, Springer Verlag, Berlin - Heidelberg, 2007
IEU (2009)	INITIATIVE ERDGAS PRO UMWELT: *Enormes Modernisierungspotenzial in Deutschland,* Berlin; Essen, 2009, Online unter: http://www.energie-portal.info; cms; front_ content.php? idcat=124 &idart=1796
IFB (2006)	INSTITUT FÜR BAUFORSCHUNG: *Informationen, Nutzungskostenplanung für die Wohnungswirtschaft*, 2006, Online unter: http://www.bauforschung.de; index.php?c=forschung&u=projekte _archiv
Impulse für den Wohnungsbau (2007)	KAMPAGNE „IMPULSE FÜR DEN WOHNUNGSBAU": *Seniorengerechtes Bauen als Herausforderung für die Wohnungs- und Sozialpolitik in der Bundesrepublik Deutschland*; Positionspapier, 2007

InWIS (2011)	INWIS FORSCHUNG & BERATUNG GMBH: *Wege aus dem Vermieter-Mieter-Dilemma - Konzeptstudie;* Bochum, 2011
Iwanow; Hutter; Müller (2003)	IWANOW, I.; HUTTER, G.; MÜLLER, B.: *Demografischer Wandel und Strategien der Bestandsentwicklung in Städten und Regionen - Einführung und Überblick über die Beiträge*; in: HUTTER, G.; IWANOW, I.; MÜLLER, B. (Hrsg.): *Demografischer Wandel und Strategien der Bestandsentwicklung in Städten und Regionen*; Leibniz-Institut für ökologische Raumentwicklung, IÖR Schriften, Band 41, Dresden, 2003
IW Köln (2008)	INSTITUT DER DEUTSCHEN WIRTSCHAFT KÖLN: *Immobilien und Klimaschutz - Potenziale und Hemmnisse;* Köln, 2008 (IW Trends 2; 2008)
IWU (2008)	INSTITUT WOHNEN UND UMWELT GMBH - FORSCHUNGSEINRICHTUNG DES LANDES HESSEN UND DER STADT DARMSTADT: *Wirtschaftlichkeit energiesparender Maßnahmen für die selbst genutzte Immobilie und den vermieteten Bestand;* Darmstadt, 2008
IZT (2006)	INSTITUT FÜR ZUKUNFTSSTUDIEN UND TECHNOLOGIEBEWERTUNG: *Nachhaltige Wohnungswirtschaft - Werkstattbericht Nr. 77;* Berlin, 2006
Jakobs; Lehnen; Ziefle (2008)	JAKOBS, E.-M.; LEHNEN, K.; ZIEFLE, M.: *Alter und Technik;* Apprimus Verlag, Aachen, 2008
Janssen; Laatz (2007)	JANSSEN, J.; LAATZ, W.: *Statistische Datenanalyse mit SPSS für Windows;* 6. Auflage, Springer-Verlag, Berlin – Heidelberg - New York, 2007
Jenkis (2001)	JENKIS, H. W.: *Kompendium der Wohnungswirtschaft;* 4. Auflage, Oldenbourg Wissenschaftsverlag, München, 2001
Jenkis (2004)	JENKIS, H. W.: *Grundlagen der Wohnungswirtschaftspolitik;* 1. Auflage, Oldenbourg Wissenschaftsverlag, München, 2004
KfW (2008)	KFW BANKENGRUPPE: *Beiträge zur Mittelstands- und Strukturpolitik Nr. 40, Sonderband Perspektiven der Wohnungswirtschaft;* Frankfurt am Main, 2008

KfW (2009)	KFW BANKENGRUPPE: *Altersgerechtes Wohnen*; KfW Research, Frankfurt a. M., WirtschaftsObserver online, Nr. 45, 2009, Online unter: http:// www.kfw.de; DE_Home; Service; Dowload_ Center; Allgemeine_Publikationen; Research; PDFDokumete_ WirtschaftschObserver_ online; 2009; WOb_online_Maerz_ 2009 .pdf
Klein (2007)	KLEIN, P.: *Die demografische Entwicklung in Deutschland und ihre Auswirkung auf den Markt für Wohnimmobilien*; Eichstätt, 2007
Konrad (2006)	KONRAD, K.: *Die Befragung;* in: WOSNITZA, M.; JÄGER, R. S. (Hrsg.): *Daten erfassen, auswerten und präsentieren - aber wie?;* Verlag Empirische Pädagogik, Landau, 2006, S. 48 - 74
Koop (2007)	KOOP, T.: *Demografischer Wandel und Wohnungsmarktentwicklung;* VDM Verlag Dr. Müller, Saarbrücken, 2007
Krimmling (2005)	KRIMMLING, J.: *Facility Management, Strukturen und methodische Instrumente;* Frauenhofer IRB Verlag, Stuttgart, 2005
Kühne-Büning; Nordalm; Steveling (2005)	KÜHNE-BÜNING, L.; NORDALM, V.; STEVELING, L.: *Grundlagen der Wohnungs- und Immobilienwirtschaft;* 4. Auflage, Fritz Knapp Verlag, Hamburg, 2005
Lehr (2007)	LEHR, U.: *Psychologie des Alterns*; 11. korr. Auflage, Verlag Quelle & Meyer, Wiebelsheim, 2007
Lissmann (2006)	LISSMANN, U.: *Forschungsmethoden - Ein Überblick;* in: WOSNITZA, M.; JÄGER, R. S. (Hrsg.): *Daten erfassen, auswerten und präsentieren - aber wie?;* Verlag Empirische Pädagogik, Landau, 2006, S. 3 - 27
Lochmann (1998)	LOCHMANN, H. D.: *Facility Management - strategisches Immobilienmanagement in der Praxis;* Gabler Verlag, Wiesbaden, 1998
Lüdtke (2008)	LÜDTKE, I.: *Stadt für alle: komfortabel und nachhaltig;* in: DW Die Wohnungswirtschaft 02; 08, Hammonia Verlag, Hamburg 2008
Mayer (2008)	MAYER, A.: *Demografischer Wandel - Auswirkungen auf den Wohnungsmarkt*; in: Weber, L.; Lubk, C.; Mayer, A. (Hrsg.): *Gesellschaft im Wandel - aktuelle ökonomische Herausforderungen*; Gabler Verlag, Wiesbaden, 2008, S. 435 – 460

Meffert; Burmann; Kirchgeorg (2008)	MEFFERT, H.; BURMANN, C.; KIRCHGEORG, M: *Marketing;* 10. Auflage, Gabler Verlag, Wiesbaden, 2008
Meier; Beck (2002)	MEIER, R. (HRSG.); BECK, M.: *Bauen, Sanieren - wirtschaftlich investieren;* Rüeggner Verlag Glarus, Zürich, 2002
Menzel (2009)	MENZEL, C.: *Badausstattung - Grundlage für nachhaltige Bestandsentwicklung;* in: DW Die Wohnungswirtschaft 11; 09, Hammonia Verlag, Hamburg, 2009
Menzel (2009 a)	MENZEL, C.: *Sicheres Wohnen - Grundlage für nachhaltige Bestandsentwicklung;* in: DW Die Wohnungswirtschaft 12; 09, Hammonia Verlag, Hamburg, 2009
Mollenkopf; Kaspar (2004)	MOLLENKOPF, H.; KASPAR, R.: *Technisierte Umwelten als Handlungs- und Erlebnisräume älterer Menschen,* in: Backes, Gertrud M.; Clemens, Wolfgang; Künemund, Harald: *Lebensformen und Lebensführung im Alter;* Wiesbaden, 2004
Mo-Ma (2008)	MODERNISIERUNGS-MAGAZIN: *Aktuelle Trends am deutschen Wohnungsmarkt;* 7 - 8; 2008
Mo-Ma (2009)	MODERNISIERUNGS-MAGAZIN: *Auch im Osten droht Wohnungsmangel;* 4; 2009
Motel-Klingebiel; Künemund; Bode (2005)	MOTEL-KLINGEBIEL, A.; KÜNEMUND, H.; BODE, C.: *Generationenbeziehungen;* in: Kohli, Martin; Künemund, H. (Hrsg.): *Die zweite Lebenshälfte. Gesellschaftliche Lage und Partizipation im Spiegel des Alters-Survey;* 2. erweiterte Auflage, Wiesbaden, 2005
Narten; Scherzer (2004)	NARTEN, R.; SCHERZER, U.: *Älter werden - wohnen bleiben, Strategien und Potenziale der Wohnungswirtschaft in einer alternden Gesellschaft;* Hammonia Verlag, Hamburg, 2007
Narten (2004)	NARTEN, R.: *Wohnen im Alter - Bausteine für die Wohnungswirtschaft;* VdW Niedersachsen Bremen, Hannover, 2004
Narten (2008)	NARTEN, R., DR.: *Ältere Mieter im Wohnungsbestand;* VdW Niedersachsen Bremen, Hannover, 2008
Pestel Institut (2009)	EDUARD PESTEL INSTITUT: *Kurzfassung der Studienergebnisse „Wohnungsmangel in Deutschland?";* 2009, Online unter: http:// www.impulse-fuer-den-wohnungsbau.de; w; files; pics-download; 02_studie_wohnungsmangel-in-deutschland_kurztext.pdf

Pfeiffer; Bethe; Hauschke; Kummer; Steinwachs (1999)	PFEIFFER, M. (HRSG.); BETHE, A.; HAUSCHKE, P.-P.; KUMMER, H.; STEINWACHS, M.: *Facility-Management. Das neue Leistungsangebot für Planer und Bauausführende. Erfolgreicher Einstieg in das kaufmännische, technische infrastrukturelle Gebäudemanagement*; Forum-Verlag Herkert, Merching, 1999
Pfeifer; Faller; Braun; Möhlenkamp (2004)	PFEIFFER, U.; FALLER, B.; BRAUN, R.; MÖHLENKAMP, R.: *Wohnungspolitische Konsequenzen der langfristigen demografischen Entwicklung*; Forschungsvorhaben im Auftrag des Bundesamtes für Bauwesen und Raumordnung, Bonn, 2004 (Heft 117)
Pfnür (2002)	PFNÜR, A.: *Modernes Immobilienmanagement: Facility Management und Corporate Real Estate Management*; Springer Verlag, Berlin, 2002
Pfnür (2009)	PFNÜR, A.: *Die Klimaschutzpolitik der Bundesregierung und der Europäischen Union - Auswirkungen auf die Immobilien- und Wohnungswirtschaft*; Deutscher Verband für Wohnungswesen, Städtebau und Raumordnung e.V., 2009
Previdoli; Beck; Meier (2002)	PREVIDOLI, P., DR.; BECK, M.; MEIER, R., DR.: *Bauen Sanieren wirtschaftlich investieren - Energieeffizienz und Wirtschaftlichkeit im Einklang;* Rüegger Verlag Glarus; Zürich, 2002
Preuß; Schöne; Nehrhaupt (2006)	PREUß, N.; SCHÖNE, L., B.; NEHRHAUPT, A.: *Real Estate und Facility Management - Aus Sicht der Consultingpraxis;* Springer Verlag, Berlin, 2006
Riedel (2002)	RIEDEL G.: *Präventives Quartiersmanagement. Beispiel einer erfolgreichen Kooperation zwischen einem traditionellen kommunalen Wohnungsunternehmen und einem alternativen Träger;* Vortrag auf dem VII. Wohnbund-Kongress in Hamburg, 14.02.2002
RRZN (2007)	REGIONALES RECHENZENTRUM FÜR NIEDERSACHSEN: *SPSS Grundlagen: Einführung anhand der Version 15*; 12. Auflage, Regionales Rechenzentrum für Niedersachsen; Leibniz Universität Hannover, Saarbrücken, 2007 (Handbuch)
SAB (2008)	SAB SÄCHSISCHE AUFBAUBANK: *Wohnungsbaumonitoring 2008;* Dresden, 2008
Sackmann; Weymann (1994)	SACKMANN, R.; WEYMANN, A.: *Die Technisierung des Alltags*; Campus Verlag, Frankfurt am Main, 1994

Saup (2001)	SAUP, WINFRIED: *Ältere Menschen im Betreuten Wohnen;* Verlag für Gerontologie Alexander Möckl, Augsburg, 2001
Schach; Jehle; Naumann (2006)	SCHACH, R., PROF. DR.-ING; JEHLE, P., PROF. DR.-ING.; NAUMANN, R.: *Transrapid und Rad-Schiene-Hochgeschwindigkeitsbahn: ein gesamtheitlicher Systemvergleich;* Springer Verlag, Berlin, 2006
Scharfenorth (2003)	SCHARFENORTH, K.: *Mit dem Alter in die Dienstleistungsgesellschaft? - Perspektiven des demografischen Wandels für Wachstum und Gestaltung des tertiären Sektors;* Univiversitäts-Dissertation, Bochum, 2003
Schierenbeck; Wöhle (2008)	SCHIERENBECK, H.; WÖHLE, C. B.: *Grundzüge der Betriebswirtschaftslehre;* 17. Auflage, Oldenbourg Verlag, München, 2008
Schimany (2003)	SCHIMANY, P.: *Die Alterung der Gesellschaft: Ursachen und Folgen des demografischen Umbruchs*; Campus-Verlag, Frankfurt am Main, 2003
Schirrmacher (2005)	SCHIRRMACHER, F., DR.: *Das Methusalem-Komplott*; 2. Auflage, Wilhelm Heyne Verlag, München, 2005
Schittich (2007)	SCHITTICH, C. (Hrsg.): *Im DETAIL: Integriertes Wohnen - flexibel, barrierefrei, altengerecht*; Birkhäuser Verlag AG, München, 2007
Schmitt; Kruse; Olbrich (1994)	SCHMITT, E.; KRUSE, A.; OLBRICH, E.: *Formen der Selbstständigkeit und Wohnumwelt - Ein empirischer Beitrag aus der Studie „Möglichkeiten und Grenzen der selbstständigen Lebensführung im Alter";* in: Zeitschrift für Gerontologie und Geriatrie, Springer Verlag, Berlin, 1994, Nr. 27, S. 390 - 398
Schuh (2001)	SCHUH, H.: *Entscheidungsverfahren zur Umsetzung einer nachhaltigen Entwicklung*; Dresdner Beiträge zur Betriebswirtschaftslehre Nr. 45; 01, Technische Universität Dresden, Fachgruppe BWL, Dresden, 2001
Schulte (1999)	SCHULTE, G.: *Investition: Grundlagen des Investitions- und Entscheidungsmanagements - Investitionscontrolling und Investitionsrechnung*; Kohlhammer Verlag, Stuttgart Berlin Köln, 1999
Schulze-Darup (2003)	SCHULZE-DARUP, B.: *Energetische Wohngebäudesanierung mit Faktor 10*; Dissertation, Hannover, 2003

Schwarz (2004)	SCHWARZ, M.-E.: *Strategisches Management in der Wohnungswirtschaft - ehemals gemeinnützige Wohnungsunternehmen auf dem Weg zu einem neuen Führungsverständnis*; Deutscher Universitäts-Verlag, Wiesbaden, 2004
SMS; SMI (1996)	SÄCHSISCHES STAATSMINISTERIUM FÜR SOZIALES, GESUNDHEIT UND FAMILIE; SÄCHSISCHES STAATSMINISTERIUM DES INNERN (Hrsg.): *Schriftenreihe Barrierefreies Planen und Bauen im Freistaat Sachsen: Heft Nr. 3 Planungsgrundlagen für barrierefreie Wohnungen*; Dresden, 1996
Spieker (2005)	SPIEKER, R.: *Schrumpfende Märkte in der Wohnungswirtschaft: Ursachen, Folgen und Handlungsmöglichkeiten*; V & R unipress, Göttingen, 2005
Stigler (2001)	STIGLER, H.: *Skriptum Methodologie*; Karl-Franzens-Universität Graz, Geisteswissenschaftliche Fakultät, Vorlesungsskript, Graz, 2001
Stölzle; Heusler; Karrer (2001)	STÖLZLE, W.; HEUSLER, K. F.; KARRER, M.: *Erfolgsfaktor Bestandsmanagement - Konzept, Anwendung, Perspektiven*; Versus Verlag, Zürich, 2004
Tilleczek (2006)	TILLECZEK, K.: *Auswirkungen der demografischen Entwicklung auf deutsche Wohnimmobilienmärkte*; diplom.de, 2006
Urbansky (2009)	URBANSKY, C.: *Erfolgreiches Bestandsmanagement von Wohnimmobilien - Analyse einer Befragung und Strategieentwicklung für Immobilienunternehmen*; Diplomarbeit, Dresden, 2009
Verband Wohneigentum e. V. (2009)	VERBAND WOHNEIGENTUM E. V., *Wohnen im Alter - Bestand entspricht nicht der Bevölkerungsentwicklung*, Online unter: http:// www.siedlerbund.de; bv; om42093
Viering; Liebchen; Kochendörfer (2007)	VIERING, M. G.; LIEBCHEN, J. H.; KOCHENDÖRFER, B.: *Managementleistungen im Lebenszyklus von Immobilien - Leitfaden des Baubetriebs und der Bauwirtschaft*; Teubner Verlag, Wiesbaden, 2007
Völker (2010)	VÖLKER, C.: *Methoden und Baustoffe zur nutzerorientierten Bausanierung*, in: *Nutzerorientierte Bausanierung*; Weimar, ISBN 978-3-86068-421-4, Verlag der Bauhaus-Universität Weimar, Weimar, 2010, Seite 7-11
Volpert (1996)	VOLPERT, S.: *Bestandsmanagement*; Gabler Verlag Studientexte, Wiesbaden, 1996

VSWG (2012)	VERBAND SÄCHSISCHER WOHNUNGSGENOSSENSCHAFTEN E. V.: *Alter Leben - die „Mitalternde Wohnung"*; Eigenverlag Verband Sächsischer Wohnungsgenossenschaften e. V., Dresden, 2012
Weinkopf (2006)	WEINKOPF, C.: *Haushaltnahe Dienstleistungen für Ältere;* in: *Produkte, Dienstleistungen und Verbraucherschutz für ältere Menschen;* Deutsches Zentrum für Altersfragen (Hrsg.), LIT-Verlag, Berlin, S. 155 - 219
Wiechmann (2003)	WIECHMANN, T.: *Zwischen spektakulärer Inszenierung und pragmatischem Rückbau - Umbau von schrumpfenden Stadtregionen in Europa;* in: HUTTER, Gérard; IWANOW, Irene; MÜLLER, Bernhard (Hrsg.): *Demografischer Wandel und Strategien der Bestandsentwicklung in Städten und Regionen;* Leibniz-Institut für ökologische Raumentwicklung, Dresden, 2003 (IÖR-Schriften Band 41)
Wilde; Franke (2006)	WILDE, D.; FRANKE A.: *Die „silberne" Zukunft gestalten - Handlungsoptionen im demografischen Wandel am Beispiel innovativer Wohnformen für ältere Menschen;* wissenschaftliche Abschlussarbeit, Bochum, 2006
Wosnitza (2006)	WOSNITZA, M.: *Computerunterstützte Auswertung von Daten mit SPSS oder STATISTICA*; in: WOSNITZA, M.; JÄGER, R. S. (Hrsg.): *Daten erfassen, auswerten und präsentieren - aber wie?;* Verlag Empirische Pädagogik, Landau, 2006, S. 100 - 153
Wuppertaler Kreis (1990)	WUPPERTALER KREIS (Hrsg.): *Erfolgreiches Bestandsmanagement - ein Leitfaden,* Deutscher Institut-Verlag, Köln, 1990
VDE (2008)	VERBAND DER ELEKTROTECHNIK (Hrsg.): *VDE-Positionspapier Intelligente Assistenz-Systeme im Dienst für eine reife Gesellschaft*; VDE Verlag, Frankfurt am Main, 2008
Zeitner (2005)	ZEITNER, R.: *Bewertung von Handlungsalternativen bei Investitionen in den Gebäudebestand - Eine Aufgabe für Architekten*; Dissertation, Berlin, 2005

Anlagenverzeichnis

Anlage 1: Fragebogen zum Thema „Selbstständiges Wohnen im Alter"

Sehr geehrte Damen und Herren,

zunächst bedanken wir uns bereits an dieser Stelle für Ihre Bereitschaft, an unserer Umfrage mitzuwirken. Bitte teilen Sie uns zu den einzelnen Fragen Ihre ganz persönlichen Erfahrungen und Meinungen mit und beantworten Sie alles möglichst vollständig. Die Daten werden anonym erfasst und streng vertraulich nach den Vorgaben des Datenschutzes behandelt.

Einleitend bitten wir Sie um folgende Angaben:

1. **Wie zufrieden sind Sie im Allgemeinen mit Ihrer Wohnsituation?**
   ☐ sehr zufrieden ☐ zufrieden ☐ unzufrieden ☐ sehr unzufrieden

2. **Wie groß ist Ihre Wohnung und in welcher Etage liegt sie?**
   Bitte entsprechende Zahlenwerte in die Tabelle eintragen.

Etage	Anzahl der Zimmer (ohne Bad, Flur, Küche)	Wohnfläche der Wohnung insgesamt (in m²)
Erdgeschoss bis 1. Obergeschoss		
2. Obergeschoss bis 3. Obergeschoss		
4. Obergeschoss und höher		

Im ersten Schritt bitten wir Sie, uns einige Fragen zu Ihrem <u>Wohnumfeld</u> zu beantworten:

3. **Wie zufrieden sind Sie im Allgemeinen mit Ihrem Wohnumfeld?**
   ☐ sehr zufrieden ☐ zufrieden ☐ unzufrieden ☐ sehr unzufrieden

4. **Wie beurteilen Sie folgende Merkmale Ihres Wohnumfeldes bzw. Ihres Wohngebietes?**

	bereits vorhanden	wird gewünscht	nicht erforderlich
Nähe zu Park/Grünanlage	☐	☐	☐
Ruhe im Wohnumfeld	☐	☐	☐
nette Nachbarschaft	☐	☐	☐
gute Anbindung an öffentliche Verkehrsmittel	☐	☐	☐
gute Erreichbarkeit von Einkaufsmöglichkeiten, Ärzten u. ä.	☐	☐	☐
Kontaktmöglichkeiten/Treffpunkte für Ältere	☐	☐	☐
Nähe zu Freunden/Verwandten	☐	☐	☐
Sicherheit im Wohngebiet	☐	☐	☐

Im nächsten Schritt geht es um das <u>Wohngebäude</u>, in dem Sie wohnen:

5. **Wie zufrieden sind Sie im Allgemeinen mit Ihrem Wohngebäude?**
   ☐ sehr zufrieden ☐ zufrieden ☐ unzufrieden ☐ sehr unzufrieden

138 Anlagenverzeichnis

6. Wie beurteilen Sie die folgenden Ausstattungsmerkmale in/an Ihrem Wohngebäude?

	bereits vorhanden	wird gewünscht	nicht erforderlich
Personen-Aufzug	☐	☐	☐
Handlauf auf beiden Seiten der Treppe	☐	☐	☐
helle Beleuchtung im Eingangs- und Treppenbereich	☐	☐	☐
Gemeinschaftsraum	☐	☐	☐
Gästewohnung	☐	☐	☐
stufenloser Zugang zum Haus	☐	☐	☐
Abstellmöglichkeiten an Haustür und Briefkasten	☐	☐	☐
Sitzgelegenheit vor dem Haus	☐	☐	☐
Ruhe und Ordnung im Haus	☐	☐	☐
Pförtner/Concierge	☐	☐	☐

Nun bitten wir Sie um Beantwortung einiger Fragen zu Ihrer Wohnung:

7. Wie zufrieden sind Sie im Allgemeinen mit Ihrer Wohnung?

☐ sehr zufrieden   ☐ zufrieden   ☐ unzufrieden   ☐ sehr unzufrieden

Damit wir Ihnen den lebenslangen Verbleib in Ihrer Wohnung bei bestmöglicher Wohnzufriedenheit ermöglichen können, stehen verschiedene Maßnahmen der altersgerechten Anpassung zur Verfügung.

Zunächst bauliche Maßnahmen für das barrierefreie Wohnen:

8. Was müsste für Sie persönlich entsprechend Ihrer Wohnbedürfnisse in der Wohnung/im Wohngebäude verändert werden?
Bitte beurteilen Sie folgende Merkmale in Ihrer Wohnung/im Wohngebäude.

Buchst.		bereits vorhanden	wird gewünscht	nicht erforderlich
	Um die Wohnung besser zu erreichen ...			
a)	... Personen-Aufzug mit Erschließung der Hauptpodestebene	☐	☐	☐
b)	... Personen-Aufzug mit Erschließung der Zwischenpodestebene	☐	☐	☐
c)	... stufenloser Zugang zum Haus	☐	☐	☐
	Um die Wohnung besser nutzen zu können ...			
d)	... Beseitigung von Türschwellen	☐	☐	☐
e)	... stufenloser Zugang zu Balkon/Terrasse	☐	☐	☐
f)	... Vergrößerung der Türbreiten	☐	☐	☐
g)	... im Sitzen erreichbare Lichtschalter, Steckdosen und Fenstergriffe	☐	☐	☐
	Für mehr Sicherheit und Komfort ...			
h)	... Gegensprechanlage (ggf. mit Video zur Sichtkontrolle)	☐	☐	☐
i)	... gut gesicherte Wohnungstür mit Türspion	☐	☐	☐
j)	... Anbau eines Balkons/einer Terrasse	☐	☐	☐
k)	... flächenmäßige Vergrößerung von Balkon/Terrasse für mehr Bewegungsfreiheit	☐	☐	☐

	Fortsetzung Frage 8	bereits vorhanden	wird gewünscht	nicht erforderlich
	Für mehr Sicherheit und Komfort …			
l)	… zusätzlicher Sicht-, Wind- oder Witterungsschutz an Balkon/Terrasse	☐	☐	☐
	Um das Badezimmer besser nutzen zu können …			
m)	… Einbau einer Badewanne	☐	☐	☐
n)	… Einstiegshilfe für die Badewanne	☐	☐	☐
o)	… Einbau einer Dusche	☐	☐	☐
p)	… Dusche mit niedriger Einstiegshöhe und Sitzgelegenheit	☐	☐	☐
q)	… Haltegriffe bei Badewanne/Dusche für den sicheren Ein- und Ausstieg	☐	☐	☐
r)	… altengerechtes WC mit Haltegriff und höherer Sitzhöhe	☐	☐	☐
s)	… flaches Waschbecken, das auch im Sitzen benutzt werden kann	☐	☐	☐

9. **Wie wichtig sind Ihnen die eben genannten Einzelaspekte?**
   Bitte geben Sie die Buchstaben von <u>vier Maßnahmen aus Frage 8</u> an, die Ihnen am wichtigsten erscheinen.
   1. Buchst.: ……   2. Buchst.: ……   3. Buchst.: ……   4. Buchst.: ……

Neben den angefragten baulichen Maßnahmen gibt es eine Vielzahl von wohnbegleitenden Dienstleistungen *zur Unterstützung der Lebens- und Haushaltsführung:*

10. Welche der folgenden Dienstleistungen würden Sie sich persönlich wünschen?

	bereits vorhanden	wird gewünscht	nicht erforderlich
Hausmeisterdienst (z. B. für Kleinreparaturen)	☐	☐	☐
Notrufanlage in der Wohnung (zur Benachrichtigung Angehöriger/Nachbarn, Pflege-/Rettungsdienst)	☐	☐	☐
Betreuung im Krankheitsfall	☐	☐	☐
Besuchsdienste/Nachbarschaftshilfe	☐	☐	☐
Haushaltshilfe (z. B. für Reinigung)	☐	☐	☐
Wäscheservice	☐	☐	☐
Hol- und Bringservice (z. B. für Essen, Einkauf)	☐	☐	☐
Fahr- und Begleitservice	☐	☐	☐

11. Stellen Sie sich nun einmal vor, Sie wären aus gesundheitlichen Gründen in Ihrem selbstständigen Wohnen eingeschränkt.
    Wie würden Sie sich in diesem Fall helfen lassen?

Ich würde …	Habe ich bereits getan.	Würde ich mit Sicherheit tun.	Würde ich nur im Notfall tun.	Würde ich niemals tun.
… professionelle Hilfe (z. B. Caritas, AWO, DRK, private Dienstleister) in Anspruch nehmen.	☐	☐	☐	☐
… mir durch Angehörige helfen lassen.	☐	☐	☐	☐

Fortsetzung Frage 11

Ich würde ...	Habe ich bereits getan.	Würde ich mit Sicherheit tun.	Würde ich nur im Notfall tun.	Würde ich niemals tun.
... die neuste Technik einsetzen, um Beeinträchtigungen auszugleichen (z. B. Sicherheitsarmband, Bildtelefonie, Einkaufen per TV).	☐	☐	☐	☐
... in eine Seniorenwohnanlage/ Betreutes Wohnen umziehen.	☐	☐	☐	☐
... in ein Seniorenwohnheim/ Pflegeheim umziehen.	☐	☐	☐	☐

Abschließend beantworten Sie uns bitte noch vier Fragen zu Ihren persönlichen Lebensumständen:

12. Welchen monatlichen Betrag wären Sie zusätzlich bereit, für die Verbesserung Ihrer persönlichen Wohnsituation aufzubringen?
    - ☐ bis zu 30 EUR
    - ☐ bis zu 60 EUR
    - ☐ bis zu 90 EUR
    - ☐ mehr als 90 EUR
    - ☐ Ich kann mir keine zusätzlichen Ausgaben leisten.

13. Mit wem wohnen Sie zusammen?
    Ich lebe ...
    - ☐ ... allein
    - ☐ ... mit Ehepartner/Partner
    - ☐ ... mit Kind/Kindern
    - ☐ ... mit anderen Personen

14. Wie viele Personen welchen Alters leben in Ihrem Haushalt (einschließlich Ihnen)? Bitte tragen Sie die entsprechende Anzahl in die Tabelle ein.

Altersgruppen	Anzahl	Altersgruppen	Anzahl
0 bis 18 Jahre		66 bis 80 Jahre	
19 bis 50 Jahre		über 80 Jahre	
51 bis 65 Jahre			

15. Wie viel Geld hat Ihr Haushalt im Monat zur Verfügung (Haushaltsnettoeinkommen)?
    (Bitte berücksichtigen Sie alle Einkunftsarten.)
    - ☐ unter 1.000 EUR
    - ☐ 1.000 bis unter 1.500 EUR
    - ☐ 1.500 bis unter 2.000 EUR
    - ☐ 2.000 bis unter 2.500 EUR
    - ☐ 2.500 bis unter 3.000 EUR
    - ☐ 3.000 und mehr

Möchten Sie zum Thema "Selbstständiges Wohnen im Alter" noch Anmerkungen zu Bereichen machen, die im Fragebogen nicht berücksichtigt wurden?

_____
_____
_____
_____

Vielen Dank für Ihre Geduld und Mitarbeit!

Anlage 2: Amortisationsrechnung über Umlage nach § 559 BGB

Aufzugsanbau Gesamtinvestitionskosten: -96.118,38 €
umlagefähige Investitionskosten: -95.678,04 €
  z. B. Telefonanschluss für Notruf, Baustellenreinigung nicht umlagefähig
Eigenkapitalverzinsung: 4%
11 % Modernisierungskostenumlage von umlagefähigen Investitionskosten: -10.524,58 €

	1. Jahr	2. Jahr	3. Jahr	4. Jahr
Ausgangsbetrag:	-96.118,38 €	-90.293,70 €	-84.231,71 €	-77.922,75 €
Eigenkapitalverzinsung per anno (monatl. Saldo):	-3.738,72 €	-3.501,41 €	-3.254,44 €	-2.997,40 €
Instandhaltung per anno:	-961,18 €	-961,18 €	-961,18 €	-961,18 €
Modernisierungsumlage per anno:	10.524,58 €	10.524,58 €	10.524,58 €	10.524,58 €
verbleibende Investitionskosten:	-90.293,70 €	-84.231,71 €	-77.922,75 €	-71.356,75 €

	5. Jahr	6. Jahr	7. Jahr	8. Jahr
Ausgangsbetrag:	-71.356,75 €	-64.523,24 €	-57.411,32 €	-50.009,65 €
Eigenkapitalverzinsung per anno (monatl. Saldo):	-2.729,89 €	-2.451,48 €	-2.161,73 €	-1.860,18 €
Instandhaltung per anno:	-961,18 €	-961,18 €	-961,18 €	-961,18 €
Modernisierungsumlage per anno:	10.524,58 €	10.524,58 €	10.524,58 €	10.524,58 €
verbleibende Investitionskosten:	-64.523,24 €	-57.411,32 €	-50.009,65 €	-42.306,43 €

	9. Jahr	10. Jahr	11. Jahr	12. Jahr
Ausgangsbetrag:	-42.306,43 €	-34.289,37 €	-25.945,68 €	-17.262,05 €
Eigenkapitalverzinsung per anno (monatl. Saldo):	-1.546,34 €	-1.219,71 €	-879,78 €	-525,99 €
Instandhaltung per anno:	-961,18 €	-961,18 €	-961,18 €	-961,18 €
Modernisierungsumlage per anno:	10.524,58 €	10.524,58 €	10.524,58 €	10.524,58 €
verbleibende Investitionskosten:	-34.289,37 €	-25.945,68 €	-17.262,05 €	-8.224,64 €

	13. Jahr
Ausgangsbetrag:	-8.224,64 €
Eigenkapitalverzinsung per anno (monatl. Saldo):	-157,79 €
Instandhaltung per anno:	-961,18 €
Modernisierungsumlage per anno:	10.524,58 €
verbleibende Investitionskosten:	1.180,97 €

Energetische Modernisierung

Gesamtinvestitionskosten:	-160.008,12 €
umlagefähige Investitionskosten:	-160.008,12 €
Eigenkapitalverzinsung:	4%
11 % Modernisierungskostenumlage von umlagefähigen Investitionskosten:	-17.600,89 €

	1. Jahr	2. Jahr	3. Jahr	4. Jahr
Ausgangsbetrag:	-160.008,12 €	-149.414,78 €	-138.389,85 €	-126.915,75 €
Eigenkapitalverzinsung per anno (monatl. Saldo):	-6.207,51 €	-5.775,92 €	-5.326,75 €	-4.859,28 €
Instandhaltung per anno:	-800,04 €	-800,04 €	-800,04 €	-800,04 €
Modernisierungsumlage per anno:	17.600,89 €	17.600,89 €	17.600,89 €	17.600,89 €
verbleibende Investitionskosten:	-149.414,78 €	-138.389,85 €	-126.915,75 €	-114.974,18 €

	5. Jahr	6. Jahr	7. Jahr	8. Jahr
Ausgangsbetrag:	-114.974,18 €	-102.546,09 €	-89.611,66 €	-76.150,26 €
Eigenkapitalverzinsung per anno (monatl. Saldo):	-4.372,76 €	-3.866,42 €	-3.339,45 €	-2.791,02 €
Instandhaltung per anno:	-800,04 €	-800,04 €	-800,04 €	-800,04 €
Modernisierungsumlage per anno:	17.600,89 €	17.600,89 €	17.600,89 €	17.600,89 €
verbleibende Investitionskosten:	-102.546,09 €	-89.611,66 €	-76.150,26 €	-62.140,42 €

	9. Jahr	10. Jahr	11. Jahr	12. Jahr
Ausgangsbetrag:	-62.140,42 €	-47.559,80 €	-32.385,15 €	-16.592,25 €
Eigenkapitalverzinsung per anno (monatl. Saldo):	-2.220,23 €	-1.626,20 €	-1.007,96 €	-364,53 €
Instandhaltung per anno:	-800,04 €	-800,04 €	-800,04 €	-800,04 €
Modernisierungsumlage per anno:	17.600,89 €	17.600,89 €	17.600,89 €	17.600,89 €
verbleibende Investitionskosten:	-47.559,80 €	-32.385,15 €	-16.592,25 €	-155,93 €

	13. Jahr
Ausgangsbetrag:	-155,93 €
Eigenkapitalverzinsung per anno (monatl. Saldo):	305,11 €
Instandhaltung per anno:	-800,04 €
Modernisierungsumlage per anno:	17.600,89 €
verbleibende Investitionskosten:	16.950,04 €

Anlage 3: Amortisationsrechnung über Umlage in Anlehnung an § 559 BGB
jedoch mit 8 % Umlage

Aufzugsanbau Gesamtinvestitionskosten: -96.118,38 €
umlagefähige Investitionskosten: -95.678,04 €
   z. B. Telefonanschluss für Notruf, Baustellenreinigung nicht umlagefähig
Eigenkapitalverzinsung: 4%
8 % Modernisierungskostenumlage von umlagefähigen Investitionskosten: -7.654,24 €

	1. Jahr	2. Jahr	3. Jahr	4. Jahr
Ausgangsbetrag:	-96.118,38 €	-93.217,25 €	-90.197,93 €	-87.055,59 €
Eigenkapitalverzinsung per anno (monatl. Saldo):	-3.791,93 €	-3.673,73 €	-3.550,72 €	-3.422,70 €
Instandhaltung per anno:	-961,18 €	-961,18 €	-961,18 €	-961,18 €
Modernisierungsumlage per anno:	7.654,24 €	7.654,24 €	7.654,24 €	7.654,24 €
verbleibende Investitionskosten:	-93.217,25 €	-90.197,93 €	-87.055,59 €	-83.785,23 €

	5. Jahr	6. Jahr	7. Jahr	8. Jahr
Ausgangsbetrag:	-83.785,23 €	-80.381,63 €	-76.839,36 €	-73.152,78 €
Eigenkapitalverzinsung per anno (monatl. Saldo):	-3.289,46 €	-3.150,79 €	-3.006,47 €	-2.856,28 €
Instandhaltung per anno:	-961,18 €	-961,18 €	-961,18 €	-961,18 €
Modernisierungsumlage per anno:	7.654,24 €	7.654,24 €	7.654,24 €	7.654,24 €
verbleibende Investitionskosten:	-80.381,63 €	-76.839,36 €	-73.152,78 €	-69.315,99 €

	9. Jahr	10. Jahr	11. Jahr	12. Jahr
Ausgangsbetrag:	-69.315,99 €	-65.322,89 €	-61.167,11 €	-56.842,01 €
Eigenkapitalverzinsung per anno (monatl. Saldo):	-2.699,96 €	-2.537,28 €	-2.367,96 €	-2.191,75 €
Instandhaltung per anno:	-961,18 €	-961,18 €	-961,18 €	-961,18 €
Modernisierungsumlage per anno:	7.654,24 €	7.654,24 €	7.654,24 €	7.654,24 €
verbleibende Investitionskosten:	-65.322,89 €	-61.167,11 €	-56.842,01 €	-52.340,71 €

	13. Jahr	14. Jahr	15. Jahr	16. Jahr
Ausgangsbetrag:	-52.340,71 €	-47.656,01 €	-42.780,45 €	-37.706,25 €
Eigenkapitalverzinsung per anno (monatl. Saldo):	-2.008,36 €	-1.817,50 €	-1.618,86 €	-1.412,13 €
Instandhaltung per anno:	-961,18 €	-961,18 €	-961,18 €	-961,18 €
Modernisierungsumlage per anno:	7.654,24 €	7.654,24 €	7.654,24 €	7.654,24 €
verbleibende Investitionskosten:	-47.656,01 €	-42.780,45 €	-37.706,25 €	-32.425,32 €

	17. Jahr	18. Jahr	19. Jahr	20. Jahr
Ausgangsbetrag:	-32.425,32 €	-26.929,24 €	-21.209,24 €	-15.256,20 €
Eigenkapitalverzinsung per anno (monatl. Saldo):	-1.196,98 €	-973,06 €	-740,02 €	-497,48 €
Instandhaltung per anno:	-961,18 €	-961,18 €	-961,18 €	-961,18 €
Modernisierungsumlage per anno:	7.654,24 €	7.654,24 €	7.654,24 €	7.654,24 €
verbleibende Investitionskosten:	-26.929,24 €	-21.209,24 €	-15.256,20 €	-9.060,62 €

	21. Jahr	22. Jahr
Ausgangsbetrag:	-9.060,62 €	-2.612,62 €
Eigenkapitalverzinsung per anno (monatl. Saldo):	-245,06 €	17,64
Instandhaltung per anno:	-961,18 €	-961,18 €
Modernisierungsumlage per anno:	7.654,24 €	7.654,24 €
verbleibende Investitionskosten:	-2.612,62 €	4.098,08 €

Energetische Modernisierung

Gesamtinvestitionskosten:	-160.008,12 €
umlagefähige Investitionskosten:	-160.008,12 €
Eigenkapitalverzinsung:	4%
8 % Modernisierungskostenumlage von umlagefähigen Investitionskosten:	-12.800,65 €

	1. Jahr	2. Jahr	3. Jahr	4. Jahr
Ausgangsbetrag:	-160.008,12 €	-154.304,01 €	-148.367,51 €	-142.189,15 €
Eigenkapitalverzinsung per anno (monatl. Saldo):	-6.296,50 €	-6.064,11 €	-5.822,25 €	-5.570,53 €
Instandhaltung per anno:	-800,04 €	-800,04 €	-800,04 €	-800,04 €
Modernisierungsumlage per anno:	12.800,65 €	12.800,65 €	12.800,65 €	12.800,65 €
verbleibende Investitionskosten:	-154.304,01 €	-148.367,51 €	-142.189,15 €	-135.759,08 €

	5. Jahr	6. Jahr	7. Jahr	8. Jahr
Ausgangsbetrag:	-135.759,08 €	-129.067,03 €	-122.102,33 €	-114.853,89 €
Eigenkapitalverzinsung per anno (monatl. Saldo):	-5.308,56 €	-5.035,92 €	-4.752,16 €	-4.456,85 €
Instandhaltung per anno:	-800,04 €	-800,04 €	-800,04 €	-800,04 €
Modernisierungsumlage per anno:	12.800,65 €	12.800,65 €	12.800,65 €	12.800,65 €
verbleibende Investitionskosten:	-129.067,03 €	-122.102,33 €	-114.853,89 €	-107.310,13 €

	9. Jahr	10. Jahr	11. Jahr	12. Jahr
Ausgangsbetrag:	-107.310,13 €	-99.459,03 €	-91.288,06 €	-82.784,19 €
Eigenkapitalverzinsung per anno (monatl. Saldo):	-4.149,51 €	-3.829,64 €	-3.496,74 €	-3.150,28 €
Instandhaltung per anno:	-800,04 €	-800,04 €	-800,04 €	-800,04 €
Modernisierungsumlage per anno:	12.800,65 €	12.800,65 €	12.800,65 €	12.800,65 €
verbleibende Investitionskosten:	-99.459,03 €	-91.288,06 €	-82.784,19 €	-73.933,86 €

	13. Jahr	14. Jahr	15. Jahr	16. Jahr
Ausgangsbetrag:	-73.933,86 €	-64.722,96 €	-55.136,79 €	-45.160,06 €
Eigenkapitalverzinsung per anno (monatl. Saldo):	-2.789,71 €	-2.414,44 €	-2.023,88 €	-1.602,58 €
Instandhaltung per anno:	-800,04 €	-800,04 €	-800,04 €	0,00 €
Modernisierungsumlage per anno:	12.800,65 €	12.800,65 €	12.800,65 €	12.800,65 €
verbleibende Investitionskosten:	-64.722,96 €	-55.136,79 €	-45.160,06 €	-33.962,00 €

	17. Jahr	18. Jahr	19. Jahr	20. Jahr
Ausgangsbetrag:	-33.962,00 €	-23.122,58 €	-11.841,55 €	-100,91 €
Eigenkapitalverzinsung per anno (monatl. Saldo):	-1.161,19 €	-719,58 €	-259,97 €	218,36 €
Instandhaltung per anno:	-800,04 €	-800,04 €	-800,04 €	-800,04 €
Modernisierungsumlage per anno:	12.800,65 €	12.800,65 €	12.800,65 €	12.800,65 €
verbleibende Investitionskosten:	-23.122,58 €	-11.841,55 €	-100,91 €	12.118,07 €

Anlage 4: Amortisationsrechnung für geringinvestive Maßnahmen

(Amortisationszeitraum 4 Jahre)

- Badmodernisierung inkl. Umbau Badewanne zu Dusche
- Einbau einer Wohnungseingangstür WK2

Badmodernisierung inkl. Umbau Badewanne zu Dusche

Investitionskosten	-2.280,00 €
Eigenkapitalverzinsung	4%
Modernisierungskostenumlage:	615,60 €

(entspricht bei 3-Raum-WE mit ca. 76 m² ==> ca. 0,68 EUR/m²*Monat (51,30 EUR/Mon))

	1. Jahr	2. Jahr	3. Jahr	4. Jahr
Ausgangsbetrag:	-2.280,00 €	-1.745,88 €	-1.190,00 €	-611,47 €
Eigenkapitalverzinsung per anno (monatl. Saldo):	-81,48 €	-59,72 €	-37,07 €	-13,50 €
Modernisierungsumlage per anno:	615,60 €	615,60 €	615,60 €	615,60 €
verbleibende Investitionskosten:	-1.745,88 €	-1.190,00 €	-611,47 €	-9,37 €

Einbau einer Wohnungseingangstür WK2

Investitionskosten:	-901,67 €
Eigenkapitalverzinsung:	4%
Modernisierungskostenumlage:	243,45 €

*(entspricht bei 3-Raum-WE mit ca. 76 m² ==> ca. 0,27 EUR/m²*Monat (20,29 EUR/Mon)*

	1. Jahr	2. Jahr	3. Jahr	4. Jahr
Ausgangsbetrag:	-901,67 €	-690,44 €	-470,61 €	-241,82 €
Eigenkapitalverzinsung per anno (monatl. Saldo):	-32,22 €	-23,62 €	-14,66 €	-5,34 €
Modernisierungsumlage per anno:	243,45 €	243,45 €	243,45 €	243,45 €
verbleibende Investitionskosten:	-690,44 €	-470,61 €	-241,82 €	-3,70 €

Anlage 5: Aufzugsanbau Maßnahmenbeispiel 1 -
Bewertungsanalyse von Maßnahmen zur Bestandsentwicklung
Ermittlung Gesamtnutzwert für Einzelmaßnahme

Bewertungskriterien	Gewichtungszahl	Erfüllungsgrad	Teilnutzwert
Gestaltungsfaktor	**35%**		**23,63%**
Infrastruktur	60%		0,53
Bildungseinrichtungen	30%	1,00	
Kinderbetreuung	50%	1,00	
Schulen	50%	1,00	
Versorgungseinrichtungen	40%	1,00	
Einzelhandel	30%	1,00	
ärztliche Versorgung	30%	1,00	
Anbindung ÖPNV	30%	1,00	
Garagen, Carports, Stellplätze	10%	1,00	
Freizeiteinrichtungen	30%	0,60	
Gastronomie	30%	0,60	
Fitness, Sport	40%	0,60	
Unterhaltung, Freizeit	30%	0,60	
Lage	40%		0,15
Objektlage	40%	0,74	
Lage	40%	1,00	
Entfernung zu Zentren	10%	0,30	
Entfernung zu Naherholung	10%	0,30	
Lärmemission	20%	0,70	
Grünflächenanteil	20%	0,70	
Image	60%	0,12	
Teilmarkt	60%	0,00	
Wohnumfeld	40%	0,30	
Funktionsfaktor	**25%**		**14,70%**
Substanz	40%		0,26
Gebäudezustand	40%	0,60	
Anpassungsbedarf	60%	0,70	
Ausstattung	60%		0,32
Ausstattungsmerkmale	60%	0,70	
rechtliche Restriktionen	40%	0,30	
Wirtschaftlichkeitsfaktor	**40%**		**13,36%**
Nachfrageelastizität	30%		0,15
Fluktuation	50%	0,70	
Mieterstruktur	50%	0,30	
Marktsituation	30%		0,05
Stärke der Wettbewerber	30%	0,60	
nachhaltige Entwicklung	70%	0,00	
wirtschaftliche Prämissen	40%		0,13
Unternehmensstruktur	25%	1,00	
Mieterklientel	25%	0,30	
wirtschaftliche Voraussetzungen	50%	0,00	
Gesamtnutzwert			**51,69%**

Anlage 6: Aufzugsanbau Maßnahmenbeispiel 2 -
Bewertungsanalyse von Maßnahmen zur Bestandsentwicklung

Ermittlung Gesamtnutzwert für Einzelmaßnahme

Bewertungskriterien	Gewichtungszahl		Erfüllungsgrad	Teilnutzwert	
Gestaltungsfaktor	35%				30,35%
Infrastruktur		60%		0,50	
Bildungseinrichtungen		*30%*	*1,00*		
Kinderbetreuung		*50%*	*1,00*		
Schulen		*50%*	*1,00*		
Versorgungseinrichtungen		*40%*	*0,88*		
Einzelhandel		*30%*	*1,00*		
ärztliche Versorgung		*30%*	*0,60*		
Anbindung ÖPNV		*30%*	*1,00*		
Garagen, Carports, Stellplätze		*10%*	*1,00*		
Freizeiteinrichtungen		*30%*	*0,60*		
Gastronomie		*30%*	*0,60*		
Fitness, Sport		*40%*	*0,60*		
Unterhaltung, Freizeit		*30%*	*0,60*		
Lage		40%		0,37	
Objektlage		*40%*	*0,80*		
Lage		*40%*	*1,00*		
Entfernung zu Zentren		*10%*	*0,60*		
Entfernung zu Naherholung		*10%*	*0,60*		
Lärmemission		*20%*	*0,70*		
Grünflächenanteil		*20%*	*0,70*		
Image		*60%*	*1,00*		
Teilmarkt		*60%*	*1,00*		
Wohnumfeld		*40%*	*1,00*		
Funktionsfaktor	25%				17,10%
Substanz		40%		0,26	
Gebäudezustand		*40%*	*0,60*		
Anpassungsbedarf		*60%*	*0,70*		
Ausstattung		60%		0,42	
Ausstattungsmerkmale		*60%*	*0,70*		
rechtliche Restriktionen		*40%*	*0,70*		
Wirtschaftlichkeitsfaktor	40%				26,80%
Nachfrageelastizität		30%		0,20	
Fluktuation		*50%*	*0,70*		
Mieterstruktur		*50%*	*0,60*		
Marktsituation		30%		0,20	
Stärke der Wettbewerber		*30%*	*1,00*		
nachhaltige Entwicklung		*70%*	*0,50*		
wirtschaftliche Prämissen		40%		0,28	
Unternehmensstruktur		*25%*	*1,00*		
Mieterklientel		*25%*	*0,60*		
wirtschaftliche Voraussetzungen		*50%*	*0,60*		
Gesamtnutzwert					**74,25%**

Anlage 7: Methode der Bestandsentwicklung

1. Festlegung der Investitionsziele

    z. B. barrierearme und/oder energetische Investition, Erhöhung des Komforts und/oder der Sicherheit

2. Bestimmung des Investitionsbedarfs einschl. Ermittlung der maximalen Gesamtinvestitionssumme *(unternehmensspezifisch)*

    z. B. Maßnahme 1 = ... € (Summe der Investition)

    ⋮

    Maßnahme X = ... € (Summe der Investition)

3. Bestandsentwicklungsanalyse mit Entwicklung von Einzelnutzwerten als Methode der Nutzwertanalyse

    z. B. Gesamtnutzwert Maßnahme 1 = ... %

    ⋮

    Gesamtnutzwert Maßnahme X = ... %

4. Ermittlung der Varianten von Investitionen unter Berücksichtigung der möglichen Investitionssumme („Clusterbildung")

    z. B. Cluster 1 (Maßnahme 1 - ...) = ... € (Gesamtinvestitionssumme)

    ⋮

    Cluster Y (Maßnahme ... - X) = ... € (Gesamtinvestitionssumme)

5. Ermittlung des bevorzugten Clusters durch Verifikation/Risikoanalysen
    Berechnung des durchschnittlichen Clusternutzens

    z. B. Cluster 1 (Maßnahme 1 - ...)
    = durchschnittlicher Gesamtnutzwert .... %

    ⋮

    Cluster Y (Maßnahme ... - X)
    = durchschnittlicher Gesamtnutzwert .... %

6. Unternehmerische Entscheidung

    z. B Ausführung Cluster ...